Renate Barth • Klein Reni

Renate Barth

Klein Reni

Mit kessem Mundwerk kommt man weiter

Autobiografie

Bibliografische Information der Deutschen Nationalbibliothek
Die Deutsche Bibliothek verzeichnet diese Publikation in der Deutschen Nationalbibliografie; detaillierte bibliografische Daten sind im Internet über http://dnb.dnb.de abrufbar.

www.medu-verlag.de

Renate Barth
Klein Reni
Mit kessem Mundwerk kommt man weiter
Autobiografie

Dreieich bei Frankfurt/M.
Lektorat: Carl Thormann

Umschlaggestaltung: im Verlag

Printed in EU

ISBN 978-3-96352-038-9

1

Wie kommt es, dass man gerade im Alter immer häufiger an die Kindheit denkt? Ich sitze mutterseelenallein hier im großen Haus. Das Wetter trägt auch nicht gerade dazu bei, einen zu erheitern. Es ist feucht und schmuddelig kalt. Spätherbst halt.

Wie war ich als Kleinkind? Wie weit zurück kann ich mich erinnern? Ich glaube, ich habe viele, sogar sehr viele Erinnerungen an meine Kindheit. Mein Bruder war älter als ich. Ich wurde als Sonnenkind zehn Jahre nach ihm geboren. Ich weiß nicht, ob meine Eltern mich da überhaupt noch wollten oder ob ich ein Versehen war. Ich weiß noch aus Erzählungen meiner Eltern, dass ich unbedingt „Theresia" heißen sollte, so wie meine Oma mütterlicherseits. Ich hasste diese Oma. Sie war einfach nicht mein Fall. Ich glaube heute, meine Mutter hatte damals schon geahnt, dass ich mit dem Namen Theresia nicht glücklich werden würde. So hatten meine Eltern wohl beschlossen, vor den Namen „Theresia" noch „Renate" zu setzen. So kam ich zu dem Namen „Renate-Theresia". Weil dieser Name zum täglichen Gebrauch ja viel zu lang war, nannte meine gesamte bucklige Verwandtschaft mich einfach „Reni".

Als ich geboren wurde, wohnten meine Eltern im 1. Stock einer Zechenwohnung im Ruhrgebiet. Unten wohnte meine Patentante mit meinen beiden Vettern Rudi, dem Älteren, und Heini, dem Jüngeren. Ebenso mein Onkel Heini sowie die bereits erwähnte Oma Theresia, die Mutter von Onkel Heini und meiner Mutter. Zu meinem Vetter Heini – der eigentlich Heinrich hieß – sagte die gesamte Verwandtschaft Heiniken, um Verwechslungen mit meinem Onkel Heini zu vermeiden. Deswegen Onkel Heini und Vetter Heiniken.

Ich war vielleicht drei oder vier Jahre alt. Es war in den Kriegsjahren etwa 1941/42. Meine Mutter war nicht zu Hause; nur mein Vater, der mich abgöttisch liebte. Klein Reni musste mal aufs Klo. Die Toiletten der Zechenwohnungen befanden sich draußen im Hof. In den Kriegsjahren gab es Verdunkelungsvorschriften und so gut wie keine Außenbeleuchtung, deshalb war es dort sehr dunkel. Mir graute immer davor, dorthin zu müssen. Auf jeden Fall wollte mein Vater mich begleiten, zu diesem, für kleine Mädchen, „grausamen Ort." Er redete mit Engelszungen auf mich ein, doch bitte mit ihm zur Toilette zu gehen. Ich war nicht zu bewegen, mit ihm die Treppe herunter zu steigen. Ich weigerte mich einfach. Ich musste jedoch so dringlich Pipi, dass ich anfing, zu wibbeln und zu wackeln. Alles Bitten meines Vaters jedoch half nichts. Ich wollte einfach nicht auf dieses grausame Klo im dunklen Hof. Es passierte, was passieren musste. Ich spreizte die Beine und machte mir die Hose nass, einfach so, mitten in unserem Wohnzimmer. Da riss meinem Vater der Geduldsfaden. Er zog mir die Hose runter, versohlte mir den Hintern und die Sache war ausgestanden. Ich glaube, das war das erste und letzte Mal, dass mein Vater mich geschlagen hatte. Denn er liebte mich ja abgöttisch.

So viel zu meinem Vater.

Ich war das einzige Mädchen in unserem Häuserblock. Ringsum nur Jungen. Unten meine beiden Vettern und nebenan ebenfalls alles nur Jungen. Ich hatte schon als ganz Kleine erkannt, dass dies mein großer Vorteil war. Wenn ich zum Beispiel mit meinem Puppenwagen im Hof spazieren ging und ein Junge kam nur in meine Nähe oder zu nahe an meinen Puppenwagen, fing ich ganz laut zu schreien an. Nicht nur meine Mutter stürzte dann regelmäßig aus dem Haus, nein, auch meine Tante Agnes von unten und die anderen Frauen aus dem Nachbarhaus. Alle Jungen mussten dann jeweils strammstehen und erklären, was sie nun schon wieder dem armen Mädchen angetan hatten.

Ich stand dann immer nur da, mit einem breiten Grinsen im Gesicht und fühlte mich pudelwohl.

Da ich ein sehr lebhaftes Kind war, beschloss meine Mutter, mich in den Kindergarten zu geben. Der Kindergarten in unserer Gegend ging von morgens 9.00 bis nachmittags 16.00 Uhr. Man musste dort mittagessen und, was das Schlimmste war, man musste auch nach dem Mittagessen auf so komischen flachen Liegen Mittagsschlaf halten. Ich wollte weder im Guten noch im Bösen auf diese verdammte Liege. Ich weiß noch bis heute, dass die Kindergärtnerin mir mit Gewalt das Kleidchen auszog und ich musste im Unterrock auf diese vergraulte Liege. Dies ging aber nur einige Tage gut.

An einem der folgenden Tage bat ich, zum Klo gehen zu dürfen. Klein Reni war damals schon sehr clever. Die Kindergärtnerin ließ mich auch arglos allein aufs Klo gehen und ich lief dann einfach im Unterröckchen nach Hause.

Ich bin nie wieder in diesen so verhassten Kindergarten gegangen. Meine Mutter hätte mich noch so oft und so heftig verhauen können, dort wollte ich nie wieder hin.

Als mein Vater abends von der Arbeit heimkam, meine Mutter ihm von dem Vorfall berichtete, war die Reaktion meines Vaters nur: „Julchen, das Kind fühlt sich einfach zu Hause wohler."

Wie war das damals noch mit dem Brotschneiden? Meine Mutter hatte die Angewohnheit, mit dem Messer die Scheiben abzuschneiden, indem sie den Brotlaib vor die Brust hielt. Zu dieser Zeit wohnten bereits meine beiden Cousinen Helga und Gitte bei uns. Ihre Mutter war im Krieg verstorben. Der Vater, Onkel Emil, auch ein Bruder meiner Mutter, war an der Front. Wer also sollte die Kinder aufnehmen? Natürlich Julchen, meine Mutter. Meine Mutter war in der gesamten Familie immer das, was man heute als „Oberhaupt" bezeichnen würde. Sie hatte acht leibliche Geschwister und fünf Halbgeschwister.

Kinder beobachten Erwachsene ganz genau, so auch Helga, Gitte und ich. Wir sahen immer aufmerksam zu, wie meine Mutter das Brot schnitt. Wir fanden es faszinierend. Sie legte, wie schon erwähnt, den Brotlaib vor ihren doch dicken Busen, setzte das

Messer an und ruck, zuck säbelte sie eine Scheibe nach der anderen ab.

Einige Tage später ging meine Mutter einkaufen, nur einen Katzensprung entfernt. Genau unserem Haus gegenüber war nämlich ein Lebensmittelgeschäft. Doch ist die Katze aus dem Haus, tanzen bekanntlich die Mäuse. Helga, Gitte und ich wollten auch mal probieren, wie es mit dem Brotschneiden bei uns so funktionierte. Gesagt, getan. Wir holten das große Brot aus dem Schrank, das riesige Brotmesser aus der Schublade und wollten loslegen. Es gab erst einmal Streit darüber, wer es als Erste ausprobieren dürfe. Meine Cousine Gitte wollte es als Erste. Das wiederum passte mir aber gar nicht. Ich nahm ihr kurzerhand das Messer aus der Hand und legte es wieder zurück in die Schublade. Ich blieb demonstrativ davor stehen und sagte zu Gitte: „Wenn ich nicht als Erste schneiden darf, darf keiner schneiden. Es ist unser Messer." Da Helga drei Jahre älter war als wir beide, schlichtete sie den Streit, indem sie mir als Erste das Messer gab. Helga war ein ganz anderer Typ als Gitte und ich, viel ruhiger und ausgeglichener. Sie war halt älter.

Gesagt, getan. Ich hielt das große Brot vor meinen kleinen Körper, nicht vor meinen Busen, denn das Brot reichte mir ja bis unter meinen Bauch. Ich nahm das große Messer und säbelte los. Auf einmal fing Helga lauthals zu schreien an.
Was war passiert? In meiner Begeisterung fürs Brotschneiden hatte ich wohl durch das Brot geschnitten, weiter durch meinen Pullover und durch das Unterhemd. Auf jeden Fall floss Blut. Oh Gott, was war zu tun? Helga jammerte, als sei ihr das passiert. „Oh Gott, oh Gott," jammerte sie weiter, „was wird Tante Julchen wohl sagen, wenn sie die Bescherung sieht und was wird sie wohl machen?"

Gitte grinste nur breit und meinte zu mir gewandt: „Das hast du nun davon. Ha! Ha! Ha!"

Was hatte ich getan? Ich sah an mir herunter, zog meinen Pullover sowie mein Unterhemd hoch, zog mir einen Stuhl vor unser Fenster, kletterte auf den Stuhl, schob meine nackte blutende Brust vor die Fensterscheibe, sodass die Fensterscheibe mit Blut beschmiert wurde. Ich wollte, dass meine Mutter das sieht, wenn sie aus dem Laden kommt. Das Fenster war ja direkt in ihrem Blickfeld. Ich hatte Glück. Tatsächlich kam sie endlich aus dem Laden. Sie schaute zu unserem Fenster hoch und sah die ganze Bescherung.

Ich glaube, ich hatte bis dahin meine Mutter noch nie so schnell laufen gesehen. Sie war früher Chefköchin in Amsterdam und wohl durch ihren früheren Beruf etwas vollschlank. Sie stürzte die Treppe hoch und ließ sich von Helga, der ältesten von uns dreien, erklären, was passiert war. Gitte und ich wollten immer dazwischenreden, aber meine Mutter ließ uns nicht zu Wort kommen. Nachdem sie sich die gesamte Geschichte von Helga angehört hatte, war ihre einzige Reaktion: Röckchen hoch und Hintern versohlt. Erst danach wurde meine „Wunde" behandelt. Jedoch war mir dieser Vorfall eine Lehre. Brot habe ich mein ganzes Leben nicht mehr so geschnitten wie meine Mutter.

Ich weiß noch bis heute, dass meine Oma Theresia komischer sprach als wir. Mein Vater sagte einmal zu uns Kindern, als wir danach fragten, dass diese Hexe aus Schlesien käme, er konnte sie nicht leiden. Was auf Gegenseitigkeit beruhte, denn sie mochte ihn auch nicht.

Auf jeden Fall war eine ihrer Lieblingsbeschäftigungen, wenigstens zwei bis drei Mal die Woche mit der Straßenbahn in die Stadt zu fahren. Ständig hatte sie ein Problem mit der genauen Uhrzeit. Eines Morgens stand Oma Theresia wieder unten an der Treppe und rief hoch: „Julchen, wie spät?" Meine Mutter hatte ihr dann wohl jeweils die genaue Uhrzeit zugerufen. Oma fragte dann weiter: „Geht die Uhr auch riktigk?"

Ich als kleines Gör ging an die Treppe und rief zur Oma runter: „Nee Oma, sie geht nix riktigk, sie macht immer Tick, Tick."

Diese Story von mir erzählten meine Mutter sowie Tante Agnes in den folgenden Jahren bei jeder passenden und unpassenden

Gelegenheit. Dadurch blieb sie wohl auch bei mir im Gedächtnis hängen.

Meine Mutter und Tante Agnes waren begeisterte Kinobesucher. Zur damaligen Zeit war das schon etwas Besonderes. Dieser Leidenschaft gingen sie auch hin und wieder nach.

Wir Kinder hatten dann natürlich sturmfreie Bude und Langeweile. Einmal zogen jeder von uns Socken meines Vaters über und machten in unserer großen Wohnküche eine Schlinderbahn. Jeder von uns rutschte hintereinander über den Linoleumboden hin und her, Vetter Rudi, Vetter Heiniken, Helga, Gitte und ich. Das Ergebnis war toll. Auf dem Linoleumboden entstanden so zwei glänzende Bahnen, in denen man sich hätte spiegeln können.

Als meine Mutter und Tante Agnes vom Kinobesuch heimkamen und die Bescherung sahen, gab es keinen großen Kommentar. Wir üblich: Bei uns Mädchen Kleider hoch, Hintern versohlt und fertig. Die beiden Jungen bekamen von Tante Agnes mit dem Kochlöffel direkt durch die Hosen ihr Fett weg.

Was ich aus meiner Kindheit noch in Erinnerung behalten habe, ist die Tatsache, dass die Strafe jeweils auf dem Fuße folgte, wenn man was falsch gemacht hatte. Auf diese Art und Weise lernte man ganz schnell, was richtig oder falsch war.

Wenn das Wetter trübe und regnerisch war, hatten wir drei Mädels oft Langeweile. Dann holte meine Mutter stets einen Kaufladen hervor. Das Spielen damit war für uns immer ein Hochgenuss. Weiß lackiert, kleine Schublädchen mit silbernen Knöpfen und ganz unten eine breite Lade mit dem Kindergeld. Meine Mutter füllte uns die Schublädchen mit Zucker, Salz, Mehl, Rosinen und noch vielem mehr. Wir alle drei hatten kleine geflochtene Strohtäschchen für den Einkauf. Ich wollte immer die Kasse mit den vielen kleinen Geldscheinen führen. Das wollte aber auch meine Cousine Gitte. Stets gab es darüber Streit. Einmal stritten und zankten wir uns so sehr, dass die Fetzen flogen. Ich weiß noch bis heute, dass ich einmal so verärgert darüber war, dass ich den ganzen Kaufladen umgeschmissen habe. Zucker, Salz, Mehl und alles andere aus den Schubfächern verstreute sich über den ganzen Fußboden. Meine Mutter hatte mich vorher wiederholt ermahnt und aufgefordert, die Kasse reihum gehen zu lassen. Dies jedoch wollte ich absolut nicht. Es war mein Kaufladen und ich wollte, dass getan wird, was ich wollte. Meine Mutter packte mal wieder der heilige Zorn. Ich wusste schon, was auf mich zukam. Röckchen hoch, Klaps auf den Hintern, dann bekam ich den Handfeger in die Hand gedrückt, um die ganze Misere zu beheben. Mit Gitte habe ich eine ganze Weile nicht gesprochen; ich saß in der Ecke am Fenster und brammelte vor mich hin.

War das Wetter schön, waren wir tagsüber stets draußen. Im Nachbarhaus wohnte eine Familie, die einen etwas „minderbemittelten" Sohn hatte, wie wir es nannten. Dass er geistig nicht ganz auf der Höhe war, haben wir als Kinder nicht verstanden. Jedoch machten wir uns immer einen Riesenspaß daraus, diese Familie zu ärgern. Wenn sie ihren Waschtag hatte, rief der Sohn immer: „Mutter, wird heute gewäscht?"

Auf jeden Fall gingen wir dann geschlossen immer zum Nachbarhaus und brüllten im Chor und aus voller Brust: „Mutter, wird heute gewäscht?"

Jedes Mal kam dann seine Mutter wutentbrannt aus dem Haus gestürzt und wollte uns verjagen.

Der Vater dieses Jungen jedoch dachte wohl schon lange über Vergeltung nach und wie er uns einmal reinlegen konnte.

Es wurde Frühling; herrlichstes Wetter und Ostern stand vor der Tür. Es war Karfreitag. Wir Kinder bauten uns im Garten ein Osternest. Dafür sammelten wir Moos und legten die Nester fein säuberlich mit diesem Moos aus, damit am Ostersonntag der Osterhase auch seine bunten Eier hineinlegen könne.

Ostersonntag, in Herrgottsfrühe standen Gitte und ich auf, um nachzusehen, ob der Osterhase schon da gewesen war. Meine Mutter wurde wach und wollte uns zurückhalten. (Sie hatte ja noch keine Eier in die Nester gelegt). Wir jedoch ließen uns nicht aufhalten, rannten in den Garten, um unsere Nester zu inspizieren. Wir trauten unseren Augen nicht. In den Nestern lagen nur Hasenköttel. Gitte und ich wussten sofort, wer die da reingelegt hatte. Natürlich der Vater von dem blöden Sohn. Wir gingen ganz betreten wieder zurück ins Haus, sagten aber nichts. Meine Mutter hatte inzwischen das Frühstück gemacht.

Nach dem Frühstück bat Mutter meinen Vater unsere Kaninchen im Hof zu füttern. Sie wedelte mit dem Kopf in Richtung meines Vaters und anschließend zur Tür.

Im ersten Augenblick war mein Vater wohl etwas begriffsstutzig. Er konnte so gar nichts mit dem Kopfnicken meiner Mutter anfangen.

Na, endlich. Er hatte wohl begriffen. Für Gitte und für mich war nun alles klar. Mein Vater sollte die Nester mit den bunten Eiern füllen.

Kurze Zeit später forderte meine Mutter uns drei Mädels auf, doch mal nach unseren Nestern zu sehen, ob der Osterhase schon was gebracht hätte. Helga, die von alledem nichts wusste, freute sich wie Bolle. Gitte und mir machte es gar keinen Spaß mehr, wir hatten eine Stinkwut auf unseren Nachbarn und schworen Rache.

Wie gesagt, bei schlechtem Wetter hockten wir im Haus und langweilten uns zu Tode. Es war mal wieder Kinotag für Tante Agnes und Mutter. Wir beschlossen, unten in der Wohnung von Tante Agnes blinde Kuh zu spielen. Die Wohnküche war nicht allzu groß und so viele Verstecke gab der Raum auch nicht her. Und das angrenzende Schlafzimmer konnten wir nicht mit benutzen, denn darin schlief Oma „Theresia“. Tante Agnes hatte auf einem ihrer Küchenschränke an der Ecke immer ein Körbchen mit Eiern stehen.

Heiniken war auserkoren, als Erster die blinde Kuh zu spielen; er fing an, zu zählen. Wo sollten wir uns denn verstecken? Da hatte ich die glorreiche Idee, auf den Küchenschrank zu klettern. Gedacht, getan, Stuhl rangerückt. Ich wollte mich gerade hochziehen, da fiel mir das Körbchen mit den Eiern entgegen. Die Eier zerbrachen und ich war mit der klebrigen Eimasse total verschmiert.

Das Schlimmste jedoch kam noch. Der Schrank fing auf einmal an zu wackeln. Er hatte in der oberen Vorderfront Glasscheiben. Ich schrie wie am Spieß. Heiniken riss sich die Binde von den Augen. Helga, Gitte sowie Rudi, der älteste und größte von uns allen, sprangen aus ihren Verstecken. Ich weiß noch, dass die Jungen mit Müh und Not das Oberteil vom Schrank auffangen konnten. Jedoch flogen einige Teller durch eine der Glasscheiben des Schrankes. Teller kaputt, Scheibe im Schrank ebenfalls.

Was dann passierte, als meine Mutter und Tante Agnes nach Hause kamen, könnt ihr euch sicher vorstellen. Es war immer die gleiche Prozedur: Kleidchen hoch und zack, zack, zack, A… versohlt.

2

Es war das Jahr 1942. Das Voranschreiten des Krieges zeigte sich auch am Mittagstisch. Wir Kinder hatten mitbekommen, dass man nicht jeden Sonntag Fleisch essen durfte. Wenn wir meine Mutter fragten, warum das so war, sagte sie nur: „Anweisung von Hitler." Wir fragten, wer denn Hitler sei und meinten, dass bei uns doch nur Mutter und danach Vater das Sagen habe. Meine Mutter meinte nur: „Das ist ein böser Mensch. Ihr versteht es noch nicht. Ihr seid einfach dafür noch zu klein. Und jetzt wird nicht weiter gefragt. Wenn ihr älter seid, erfahrt ihr es noch früh genug."

Meine Eltern hielten nicht so viel von dieser Hitler-Anweisung. Mein Vater meinte dazu nur: „Wer tüchtig arbeitet, muss auch tüchtig essen." In unserer Nachbarschaft war jedoch ein Nachbar, der wohl der „Hitlerpartei" angehörte. Meine Eltern sowie die übrigen Erwachsenen in unserem Häuserblock haben ihn alle gehasst. Auf jeden Fall hatte er die Aufgabe, sonntags die Nachbarn abzuklappern und zu kontrollieren, ob sie auch tatsächlich einmal im Monat sonntags einen Eintopf kochten ohne Fleischeinlage.

Ich weiß noch bis heute, wie er in seiner Kniebundhose und gelackten Stiefeln die Treppe zu uns herauf stampfte. Nach seinem kurzen, knappen Gruß ging er einfach auf unseren Herd zu. Meine Mutter hatte in einem Gusseisentopf einen leckeren Schweineschmorbraten brutzeln. Er wollte gerade den gusseisernen Deckel hochheben, hatte jedoch nicht mit der Schnelligkeit meines Vaters gerechnet. Der sprang mit einem Satz aus seinem Sessel hoch. Er war zuerst am Kochtopf, ergriff den Topfdeckel und sagte zu dem Nazi sinngemäß, er solle sofort verschwinden und drohte ihm, dass er ihn mit dem Deckel erschlagen würde, sollte er es wagen, einen Ton über unseren Sonntagsbraten zu verlieren. Gitte und ich sahen uns vielsagend an und waren gemeinsam der Meinung, dass der Nazi ganz dämlich reingeschaut habe. Ohne ein weiteres Wort zu verlieren, verließ er unsere Küche. Wir Kinder hatten einen Riesenspaß und führten einen regelrechten Indianertanz vor Freude auf. In der Folgezeit sorgte diese Begebenheit noch für viel Gesprächsstoff in der ganzen Nachbarschaft.

Eben dieser Nazi war jedoch brandgefährlich, was sich leider bald zeigen sollte.

Unserem Haus schräg gegenüber, neben dem Lebensmittelgeschäft, befand sich ein Möbelgeschäft. Das Geschäft gehörte einer halb-jüdischen Familie. Nette, bescheidene Leute. Wir drei Mädchen spielten häufig mit deren Tochter, die ungefähr so alt war wie wir. Lange Zeit hatten sie Glück gehabt und waren von den Nazis verschont geblieben, weil das Geschäft auf die nichtjüdische Ehefrau lief, erzählten mir später meine Mutter.

Eines Abends kam der Inhaber des Geschäftes zu meinen Eltern. Sie duzten sich als gute Nachbarn. Sämtliche Nachbarn, außer dem Nazi, hatten zu ihnen ein gutes, nachbarschaftliches Verhältnis. Der Ladenbesitzer wollte unbedingt meinen Eltern Möbel schenken. Da wir jedoch komplett eingerichtet waren, auch keine anderen Lagermöglichkeiten vorhanden waren, mussten meine Eltern das großzügige Angebot ablehnen. Ich weiß noch bis heute, dass der Jude, als er sich von meinen Eltern verabschiedete, bitterlich weinte.

Am anderen Morgen standen viele Polizisten vor dem Möbelgeschäft. Es war abgeschlossen. Sie trommelten und randalierten vor dem Geschäft. Letztendlich brachen sie die Ladentür auf. Die Ladenbesitzer samt Tochter waren dort nicht mehr aufzufinden. Ich höre noch bis heute meine Mutter sagen: „Gott sei Dank."

Der Krieg im Ruhrgebiet wurde inzwischen spürbar heftiger. Meine Eltern fühlten sich mit uns kleinen Kindern dort nicht mehr wohl und sicher. Ständig Bombenalarme und meistens begann es spät abends oder in der Nacht, sodass meine Eltern uns stets aus dem Schlaf reißen mussten, um ja so schnell wie möglich in den Bunker zu kommen. Dieser Ablauf ging relativ zügig vonstatten. Wir Kinder mussten unsere Anziehsachen vor dem Schlafengehen anziehbereit ans Fußende unserer Betten legen, weil bei Alarm die Zeit sehr drängte. Hin und wieder gingen wir auch mit unseren Trainingsanzügen schlafen.

Eines Nachts ging die Sirene wieder los. Wir sprangen hurtig in unsere Klamotten, rein in die Schuhe und rannten dann allesamt in den Bunker, der nach meiner Kindererinnerung etwa 30 Meter von den Häusern entfernt und mitten in den Gärten – zwischen zwei Hecken – versteckt in die Erde gebaut war. Hier trafen sich dann fast alle Nachbarn. Für uns Kinder war dies manchmal sehr lustig, aber überwiegend sehr beängstigend und schaurig, wenn wir ganz deutlich die Einschläge von Bomben vernahmen.

Die älteren Frauen fingen meistens an zu beten, wir Kinder murmelten einfach mit.

Manchmal wurde es uns Kindern aber auch mehr als langweilig, besonders dann, wenn die Bombardierung zu lange andauerte. Wir alberten dann herum, rannten hin und her. Wir konnten einfach nicht so lange still sitzen. Das Resultat war dann, dass die „alten" Leute schimpften und einfach für uns kein Verständnis hatten. Wir Kinder konnten jedoch den ganzen Ernst und die Tragweite eines Krieges gar nicht in Gänze begreifen.

Wir waren immer froh, wenn die Sirene die Beendigung des Bombardements ankündigte.

Wir schafften es dann gar nicht schnell genug aus dem Bunker, wie wir es gerne gewollt hätten, und fielen förmlich über die eigenen Füße.

In einer dieser Nächte rannten meine Cousine Gitte und ich schon mal vor zu unserem Haus. Von Weitem sahen wir, dass im Hof, dort wo unser Kaninchenstall stand, der ganze Boden hell glühte. Gitte und ich fanden das ganz toll. So etwas hatten wir ja noch nie gesehen. Wir rannten auf den Kaninchenstall zu und standen auf einmal mitten in dem glühenden Etwas.

Da bekamen wir es dann doch mit der Angst zu tun. Denn die Glut krabbelte an uns hoch. Wir hörten von Weitem meine Mutter nach meinem Vater schreien; die übrigen Frauen kreischten einfach alle durcheinander. Da war aber auch schon mein Vater bei uns angekommen – ich konnte mir nicht erklären, wie er so schnell bei uns sein konnte –, riss uns aus der Glut, rannte mit uns zum Gartenschlauch und spritzte uns einfach von oben bis unten total nass, so lange, bis kein einziger Funken mehr an uns zu sehen war. Diese Prozedur fanden wir zwei natürlich gar nicht besonders gut und fingen an zu maulen. Eigentlich wussten wir überhaupt nicht, was es zu bedeuten hatte.

Wir gingen allesamt schweigend in die Wohnung. Gitte und ich zogen eine nasse Spur hinter uns her. Es triefte nicht nur aus unseren Kleidern und Schuhen, sondern auch aus unseren Haaren. Hier nahm meine Mutter zuerst einmal zwei Handtücher und rieb uns nacheinander trocken. Im Anschluss erklärte sie uns, dass es sich bei der so „hübschen" und „schön leuchtenden" Glut um eine Brandbombe gehandelt habe, die sehr gefährlich sei. Was eine Brandbombe war und warum sie gefährlich war, haben wir damals weder gewusst noch begriffen.

3

Die Zeit verging.

Ich weiß noch, dass eines Tages meine Mutter zu mir sagte: „Mäuschen, wir zwei fahren nach Berlin. Helga und Gitte bleiben für eine Weile bei Tante Agnes."

Ich war mir sicher, dass ein Streit zwischen meinen Eltern vorausgegangen sein musste, ansonsten wäre meine Mutter niemals mit mir allein nach Berlin gefahren. Sie konnte manchmal sehr impulsiv sein. Auf jeden Fall freute ich mich wie eine Schneekönigin. Ich habe meinen Vettern Rudi und Heiniken sowie meinen Cousinen Helga und Gitte den lieben langen Tag vorgeschwärmt: „Ich fahre nach Berlin, ätsch, ich fahre nach Berlin und ihr nicht."

In Berlin wohnte eine Schwester meiner Mutter mit ihrem Mann sowie ihren zwei Töchtern. Dieser Onkel hieß Bernhard. Aus früheren Äußerungen unserer Verwandtschaft hatte ich in Erinnerung, dass eben dieser Onkel Bernhard Beamter bei Hitler war. Angeblich bekleidete er dort einen sehr geheimen Posten. Wir Kinder konnten uns natürlich darunter wieder mal nichts vorstellen. Aber ich wurde während meines Berlinaufenthaltes noch an diese Aussage unserer Verwandtschaft schmerzlich erinnert.

Ich konnte den Tag der Abreise gar nicht abwarten. Endlich, endlich war es so weit. Meine Mutter hatte bereits vor Tagen die Koffer gepackt; sie hatte so einen hässlichen schwarzen Koffer. Für mich hatte sie extra vorher noch einen ach so schönen rot-blau-weiß karierten kleinen Koffer gekauft. Ich war richtig stolz, einen eigenen Koffer zu besitzen. Wir verabschiedeten uns ganz herzlich von allen: Tante Agnes, Rudi, Heiniken, Oma Theresia, Gitte und Helga und nicht zuletzt von meinem Vater. Der sah sehr traurig aus. Ich drückte ihn fest an mich und meinte: „Nicht traurig sein, wir kommen doch wieder."

Vater und Tante Agnes brachten uns mit ihren Fahrrädern zum Bahnhof. Dann ging alles sehr schnell. Meine Mutter kaufte die Fahrkarten; Vater und Tante Agnes radelten wieder heim. Wir stiegen viele Treppen hoch und suchten dann den richtigen Bahnsteig. Als wir dort ankamen, musste meine Mutter mal wieder aufs Klo. Sie setzte die Koffer ab und sagte mir, ich solle auf diese aufpassen.

Es dauerte und dauerte. Für mich eine Ewigkeit. Allmählich wurde es mir zu langweilig. So spazierte ich auf dem Bahnsteig hin und her. Dabei entfernte ich mich immer weiter von unseren Koffern. Züge fuhren ein, Züge fuhren aus. Von meiner Mutter war weit und breit nichts zu sehen.

Irgendwann kam eine Durchsage: „Wo befindet sich ein kleines Mädchen mit dem Namen Reni?" Ich hörte dies sehr wohl, konnte mich aber auf dem großen Bahnsteig nicht mehr zurechtfinden. Ich wusste einfach nicht mehr, in welche Richtung ich laufen musste, um zu den Koffern zu gelangen.

Plötzlich hörte ich meine Mutter so schrill und laut meinen Namen schreien, als steckte sie am Spieß. Ich schaute in die Richtung, aus der die Stimme kam und sah von Weitem meine Mutter bei den Koffern. Ich rannte so schnell ich konnte auf sie zu und umarmte sie in Bauchhöhe. Meine kleinen Arme waren aber nicht lang genug, meine Mutter komplett zu umfassen. Diese drückt mich kurz an sich. Ich war darauf gefasst, dass nunmehr die übliche Zeremonie ablaufen würde, die eigentlich in solchen Situationen immer folgte, Kleidchen hoch, Klaps auf den Po. Aber nichts dergleichen geschah. Das kam mir schon etwas merkwürdig vor. Na ja, dachte ich bei mir, hat sie vielleicht Gott sei Dank einmal vergessen.

Endlich lief der Zug in den Bahnhof ein. Ein netter Bahnbeamter in Uniform hob mich in den Zug. Ich bedankte mich artig. Dann schob er meine Mutter von hinten in den Wagen. Wie gesagt, meine Mutter war etwas korpulent, die Treppen am Zug sehr hoch, sodass sie darüber erfreut war, Hilfe zu bekommen.

Anschließend reichte uns dieser freundliche Mann auch noch die Koffer und wünschte uns eine gute Reise. Und los ging unsere Fahrt Richtung Berlin.

Mir kam die Fahrt wiederum wie eine Ewigkeit vor. Irgendwann holte meine Mutter aus dem Gepäck die zu Hause geschmierten Brote hervor sowie eine Thermoskanne mit warmem Blümchenkaffee. Ihr wisst nicht, was Blümchenkaffee ist? Na, eine ganz dünne Plörre, dass man das Blumenmotiv auf dem Boden der Tasse sehen kann. Damals hatten wir jedoch nicht mal dünnen Bohnenkaffee, sondern Muckefuck. Ihr wisst auch nicht, was Muckefuck ist? Na, Kaffee-Ersatz. Zur damaligen Zeit gab es keinen echten Bohnenkaffee.

Mir taten inzwischen vom langen Sitzen alle Knochen weh. Wir fuhren nämlich 3. Klasse. Und die 3. Klasse hatte damals Holzsitze. Zudem war mir inzwischen stinklangweilig; die Fahrt dauerte für meinen Geschmack viel zu lange. Auf jeden Fall bin ich später irgendwann wohl eingeschlafen. Ich weiß nicht, wie lange die Fahrt tatsächlich gedauert hatte, auf jeden Fall rüttelte meine Mutter mich plötzlich wach und sagte: „Mäuschen, wir sind endlich da."

Der Zug fuhr in den Bahnhof ein. Auf dem Bahnsteig stand meine Tante Else. Ich sah sie in diesem Augenblick zum ersten Mal. Sie hatte aber mit meiner Mutter überhaupt keine Ähnlichkeit. Meine Mutter war dunkelhaarig und Tante Else blond. Komisch, dachte ich so bei mir. Sie stand da, toll rausgeputzt. Waren wir vom Ruhrgebiet so einfach nicht gewohnt. Sie umarmte meine Mutter und freute sich sichtlich, ihre älteste Schwester Julchen mal wieder zu sehen. Im Anschluss wurde ich begrüßt mit den Worten meiner Tante, gewandt an meine Mutter: „Das Gesicht, ganz der Paul." Ich hatte den Eindruck, weder mich noch meinen Vater mochte diese Tante besonders gut leiden. Vielleicht war mein Vater einfach zu hübsch?

Wir fuhren mit der Straßenbahn durch halb Berlin zur Wohnung meiner Tante. Die Gegend war sehr vornehm, vom Krieg keine

Spur. Hier wohnten wohl alle Bediensteten von diesem Hitler, von dem alle sprechen, dachte ich so bei mir. In der Wohnung wurde ich von meinen viel älteren Cousinen begrüßt. Sie waren so ungefähr im Alter meines Bruders, also etwa zehn Jahre älter.

Ganz allmählich taute ich auf. Meine Tante meinte zu ihrer Tochter Ingrid, sie könne mich mal baden, das wäre nach einer so langen Reise sicher notwendig. Ich glaube, sie wollte mich nur loswerden, um mit meiner Mutter in Ruhe quatschen zu können. Als ich das Badezimmer sah, war ich hellauf begeistert. So was hatten wir im Ruhrgebiet nicht. Fliesen bis unter die Decke; zwei Waschbecken, zwei Spiegel und eine so große Wanne, in der ich glatt hätte ertrinken können.

In den Zechenwohnungen im Ruhrgebiet gab es zur damaligen Zeit keine Badezimmer. Es wurde auch nur einmal in der Woche gebadet und das immer nur Samstag nachmittags. Mein Vater musste dann eine große Zinkbadewanne vom Hof hochholen. Ein großer Wecktopf, der in der übrigen Zeit für das Einwecken von Obst und Gemüse verwendet wurde, wurde mit Wasser gefüllt und erhitzt. Anschließend wurden wir drei Mädels gebadet. Jede Woche war eine andere von uns die Erste. Erste zu sein war immer gut, dann war das Badewasser noch klar und sauber.

Gitte und ich hänselten uns immer während dieser Badezeremonie. Wenn eine von uns vor der anderen in die Wanne durfte, sagten wir jeweils zur Nachfolgenden, dass man ins Badewasser gepinkelt habe. Meine Mutter machte vor jedem Baden die klare Ansage, dass ja keiner von uns ins Badewasser machen solle. Wir alle drei haben uns immer daran gehalten, nur gesagt haben wir stets etwas anderes.

Nun zurück zu der Badezeremonie in Berlin.

Ich fand das ganze Badezimmer überwältigend. Ich konnte in der Badewanne regelrecht schwimmen, so groß war sie. Ich konnte einfach nicht genug davon bekommen. Als meine Haut schon ganz schrumpelig wurde, meinte meine Cousine, dass ich jetzt aber aus dem Wasser müsse, sonst würde Tante Julchen – meine Mutter war damit gemeint – sicher mit ihr schimpfen. Diese Aussage trug bei mir immer Früchte. Das Machtwort meiner Mutter kannte ich inzwischen zur Genüge und war mir – meistens – heilig.

Meine Cousine trocknete mich ab, zog mir meinen Schlafanzug an, brachte mich in die Küche, in der meine Tante mit meiner Mutter angeregt redete. Meine Cousine setzte mich einfach auf den Küchentisch. Es war eine spaßige Runde. Ganz plötzlich ging die Küchentür auf und mein Onkel, geschniegelt und gebügelt, herausgeputzt mit Krawatte und Sakko stand im Türrahmen. Bevor er meine Mutter begrüßte, starrte er mich auf dem Küchentisch sitzend strafend an, richtete dann die Frage an meine Tante Else, war hier los sei: „Seit wann sitzen Kinder auf dem Küchentisch?"

Anschließend begrüßte er meine Mutter und wollte im Anschluss mir die Hand geben. Ich war tödlich beleidigt und mucksig. Ich gab ihm einfach nicht die Hand. Aus Verlegenheit bohrte ich mit meinen kleinen Fingern zwischen meinen Zehen herum. Mein Onkel fragte mich, wohl aus Höflichkeit, was ich dort denn suche. Ich war als kleines Kind schon nicht auf den Kopf gefallen und, clever wie ich war, antwortete ich: „Fisse (Fische) fangen."

Mit dieser Antwort hatte ich mir einen „Freund" fürs Leben geschaffen.

An einem der folgenden Nachmittage ging die jüngere meiner Cousinen mit mir ins Theater. Ich war bis dahin noch nie in einem Theater gewesen. Ich konnte mir als kleiner Knirps darunter auch nichts vorstellen. Dementsprechend war bei mir die Anspannung und Aufregung sehr, sehr groß. Immer, wenn ich aufgeregt und voller Spannung war, rötete sich mein rechtes Ohr. Diese Eigenschaft hält übrigens bis heute an. Dieses Phänomen habe ich auch meinem ältesten Sohn sowie meiner Enkelin Tanja und meinem Enkel, Paul, vererbt.

Aber zurück zum Theaterbesuch.

Meine Mutter zog mich besonders schick an. Mein bestes Kleidchen und meine schwarzen Lackschuhe. Diese waren in der Kriegszeit, in der man so gut wie keine guten Sachen kaufen konnte, etwas ganz, ganz Besonderes.

Und los ging es.

Wir bestiegen die Straßenbahn, mit der wir zum Theater fuhren. Die Straßenbahn hielt genau vor dem Theater. Eine riesenlange Schlange von Frauen und noch mehr Kindern stand vor den Kassen. Meine Cousine hatte Glück. Wir bekamen zwei sehr gute Plätze in einer der vordersten Reihen. Dann ging es los. Im Saal wurde es stockdunkel und mucksmäuschenstill. Etwas aufgeregt ergriff ich die Hand meiner Cousine. Die Bühne wurde angestrahlt. Ein schwerer roter Samtvorhang öffnete sich. Ich konnte mich einfach nicht satt sehen an den vielen bunten Gestalten und prächtigen Kostümen. Es wurde Schneeweißchen und Rosenrot gespielt. Ich war als kleine Göre aus dem Ruhrgebiet einfach überwältigt.

Den ganzen Heimweg schwärmte ich meiner Cousine von Rosenrot vor. Als wir zu Hause angekommen waren, erzählte ich ununterbrochen meiner Tante und meiner Mutter von dem Gesehenen. Ich glaube, dass ich das ganze Märchen so intensiv in mich eingesogen hatte, dass ich es haargenau hätte wiedergeben können. Meine Tante und meine Mutter hörten zwar zu, mir entging es aber auch nicht, dass meine Erzählungen sie nicht besonders interessierten.

Was soll ich sagen: Dieses Märchen ist bis heute für mich die schönste Märchengeschichte in meinem Leben geblieben. Und das in meinem Alter!

An einem der folgenden Abende beschloss meine Tante, mit meiner Mutter ins Kino zu gehen. Meine Cousine sollte mich später ins Bett bringen. Abendessen, Waschen, Schlafanzug anziehen, bis dahin ging alles gut. Als sie mich jedoch ins Bett bringen wollte, war meine Geduld vorbei. Ich wollte mich weder ins

Bett bringen lassen, noch durfte meine Cousine mich anfassen. So richtete sie mir auf der Couch ein Bett her, deckte mich zu und holte ein total abgegriffenes Buch aus dem Bücherregal, um mir eine Geschichte vorzulesen.

Ich jedoch konnte mich nicht beruhigen, ich heulte und heulte. Ich wollte mich einfach nicht beruhigen. Je lauter meine Cousine vorlas, je lauter brüllte ich dagegen an.

Manchmal verschluckte ich mich auch und musste dann ganz heftig husten. Dann bekam ich jedes Mal von meiner Cousine etwas Wasser. Wenn ihr jedoch meint, dies hätte zur Beruhigung beigetragen, so täuscht ihr euch gewaltig. Ich heulte und brüllte einfach weiter. Wiederholt lief mir dabei der Rotz aus der Nase, das hinderte mich aber nicht daran, mit dem Gezeter weiter zu machen. Ich war tödlich beleidigt, dass meine Mutter mich in einer so fremden Welt allein gelassen hatte.

Als dann zu später Stunde die beiden Kinogänger nach Hause kamen, meine Mutter mein Geheule hörte, war sie wohl sehr erschrocken. Sie fragte meine Cousine, was mir fehle oder was passiert sei.

Sie kam gar nicht dazu, eine Antwort zu geben. Ich schnellte von der Couch hoch, fiel meiner Mutter um den Hals und teilte ihr unter Schluchzen mit, dass sie mich ja nicht mehr bei Fremden so allein lassen solle. Sonst würde ich es meinem Vater zu Hause erzählen. Meine Mutter wusste sofort, woher der Wind wehte. Die kleine Dickköpfige wollte mal wieder mit aller Gewalt ihren Willen durchsetzen. Davon hatte die kleine Nervtöterin – wohl wahr – im wahrsten Sinne reichlich. Mit den Worten: „Mäuschen, jetzt bringt Mutter dich ins Bett“, war die ganze Situation ausgestanden.

Am nächsten Tag teilte mein sooo geliebter Onkel Bernhard mit geschwollener Brust mit, dass wir noch in dieser Woche uns die „Parade Hitlers“, so nannte es meine Tante, durch Berlin ansehen würden. Er bestimmte das einfach so.

Meine Mutter schaute ihre Schwester nur ganz kurz an; diese wagte aber nicht, etwas Negatives darauf zu antworten. Sie nickte nur stumm mit dem Kopf und meinte, sie würde selbstverständlich mit Julchen und Reni bei der Parade als Zuschauer dabei sein. Meine Neugierde war geweckt. Ich fragte meine Mutter, wer Hitler überhaupt sei und wobei es sich bei dieser Parade handele. Hatte ja noch nie von so etwas gehört.

Ich wusste bisher nur, dass dieser Hitler uns den Sonntagsbraten nicht gönnte und ein böser Mensch war. Wieso bekam so einer eine Parade?

Am folgenden Tag fuhren wir drei dann mit der Straßenbahn in die Innenstadt von Berlin.

In der Straßenbahn uns gegenüber saß eine Mutter mit ihrer kleinen Tochter. Das Mädchen war ungefähr so alt wie ich. Auf beider Mäntel waren große, gelbe Sterne genäht.

Ich sah die tollen, leuchtenden Sterne und sagte zu meiner Mutter, dass ich auch so einen tollen, leuchtenden Stern am Mantel haben möchte. Ich setzte mich neben das kleine Mädchen und wollte gerade mit ihr sprechen, als im selben Augenblick meine Tante auf mich zustürzte, mich vom Sitz neben dem Mädchen wegriss und ganz hysterisch sagte, ich solle mich sofort neben meine Mutter setzen und gefälligst den Mund halten. Trotzig, wie ich nun mal war, stampfte ich mit den Füßen auf dem Boden auf und wollte absolut nicht gehorchen. Meiner Mutter war wohl die ganze Situation sehr peinlich. Sie nahm mich bei der Hand und sagte mit einer traurigen Stimme, die ich so gar nicht an meiner Mutter gewohnt war, dass ich mich bitte zu ihr auf die andere Seite setzen möge. Ich konnte die ganze Situation gar nicht begreifen. Da ich aber meine Mutter selten so traurig erlebt habe, gehorchte ich aufs Wort.

Am Ziel angekommen, stand die fremde Frau mit ihrer kleinen Tochter zuerst am Ausgang der Straßenbahn. Sie traten jedoch zurück und ließen uns zuerst aussteigen. Ich fragte meine Mutter, warum sie nicht zuerst ausgestiegen seien; sie waren doch zuerst am Ausgang. Meine Mutter war wohl von dem gesamten

Vorfall so sehr genervt, dass sie mich anranzte und meinte, ich solle gefälligst mein Plappermaul halten. Ich konnte mir nicht helfen und nicht verkneifen zu sagen, dass ich keinen vorgelassen hätte, wenn ich zuerst am Ausgang gestanden hätte.

Wir kamen zu dem großen Platz mit einer breiten Straße. Eine so breite Straße hatte ich noch nie gesehen. So eine gab es bei uns im Ruhrgebiet auch nicht.

Der ganze Platz sowie die Ränder der breiten Straße waren gefüllt mit Menschen. Auch so viele Menschen auf einen Haufen hatte ich ebenfalls noch nie in meinem Leben gesehen. Viel, viel mehr als kürzlich vor den Kassen beim Theater. Meine Tante wühlte sich durch die Menschenmassen, sprach mit einem Mann in schwarzer Uniform und, siehe da, wir bekamen am Straßenrand in vorderster Reihe einen total günstigen Platz.

Plötzlich wurden wir von hinten angestoßen. Uns wurden Papierfähnchen in die Hand gedrückt. Dieses Fähnchen war für mich nicht das Gelbe vom Ei. Ich fragte daher meine Mutter, was wir mit der blöden Fahne machen sollten. Bevor meine Mutter mir antworten konnte, mischte sich meine Tante ein, obwohl ich sie gar nicht gefragt hatte, und meinte, wir müssten mit der Fahne winken, sobald das Fahrzeug mit Hitler an uns vorbei fahren würde. Wir standen auf einem so kleinen, engen Fleck, eingequetscht von Unmengen an Menschen. Und wir warteten und wir warteten. Nichts tat sich. Mir wurde stinklangweilig. Ich nahm also mein Papierfähnchen und riss davon kleine Stückchen ab. Dies muss wohl einem „schwarzen Wächter“, wie ich ihn innerlich nannte, nicht entgangen sein. Plötzlich kam er mit seiner doofen halben Hose und seinen blitzblank geputzten Stiefeln auf meine Tante zu. In einem sehr scharfen Ton forderte er meine Tante auf, dafür zu sorgen, dass das Kind – damit meinte er wohl mich – sich ordentlich zu benehmen habe und sie solle gefälligst dafür sorgen, dass diese „Göre“ mit der neuen Fahne, die er mir inzwischen in die Hand gedrückt hatte, zu winken habe, wenn der Führer sich mit seinem Fahrzeug nähere. Ich fragte meine Mutter, warum ein fremder Mann so mit meiner Tante sprechen dürfe. Meine Mutter forderte mich auf, einfach den Mund zu halten. Ihre Stimme war so bestimmt, dass ich nicht wagte, weiter zu bohren.

Endlich kam eine Fahrzeugkolonne angerollt. Alle wedelten mit ihren blöden Papierfähnchen und schrien: „Heil Hitler, Heil Hitler!“ Ich sah meine Mutter an. Diese legte den Finger auf den Mund. Ich hatte begriffen. Mund halten, bloß nichts mehr fragen oder sagen.

Endlich! Nach einer für mich unendlich langen Zeit war diese langweilige Zeremonie vorbei. Das war für mich absolut kein schöner Nachmittag, obwohl mein Onkel uns einen schönen Nachmittag angekündigt und versprochen hatte. Es war ein ganz stinklangweiliger Nachmittag. Wir drei gingen relativ schweigsam wieder zur Straßenbahnstation; die gesamte Fahrt verlief ebenfalls schweigsam. Keiner hatte Lust, auch nur ein Wort zu verlieren. Wir waren alle drei froh, endlich wieder zu Hause angekommen zu sein.

Mein Onkel, der bereits von seinem Dienst zu Hause war, öffnete uns die Tür und fragte, wie es uns gefallen habe. Meine Tante kleinlaut: „Gut.“ Ich konnte mich jedoch nicht zurückhalten und teilte ihm mit, dass ich den Nachmittag Scheiße gefunden hätte. Mein Onkel schaute zuerst schweigend meine Mutter an, dann richtete er seinen strafenden, bösen Blick auf mich. Und, plötzlich, ganz unvermittelt, maßregelte er meine Mutter, indem er sagte, sie täte gut daran, mich zivilisierter zu erziehen. Solche Wörter, wie ich sie gebraucht hätte, verbäte er sich in seinem Haus. Meine Mutter, ebenfalls stocksauer, sagte ihm dass wir Ende der Woche nach Hause fahren würden.

Mir war inzwischen ständig langweilig. Ich vermisste meine Cousinen, besonders Gitte, mit der man immer was Besonderes unternehmen und Dinge aushecken konnte, die meiner Mutter nicht gefielen.

An einem der Nachmittage plagte mich wieder mal die Langeweile. Mein Onkel war früh vom Dienst nach Hause gekommen. Er setzte sich ins Wohnzimmer und stellte das Radio an. Alle anderen mussten das Wohnzimmer verlassen. Ich dachte, was für ein Blödmann. Will er Musik ganz allein hören? Ich jedoch wollte ebenfalls die Musik hören. Er warf mich regelrecht aus dem Wohnzimmer. Ich ging in die Diele, machte die Eingangstür auf und hinkte und hopste durch die Eingangstür in den Außenflur und zurück, hin und her, hin und her. Auf einmal kam mein Onkel wie von einer Tarantel gestochen aus dem Wohnzimmer gestürzt, gab mir eine schallende Ohrfeige und knallte die Eingangstür zur Wohnung zu. Nun stand ich auf dem fremden Flur, aus der Wohnung ausgesperrt.

Plötzlich riss mein Onkel die Eingangstür wieder auf und mit wutverzerrtem Gesicht drohte er mir: „Wenn ich dich noch einmal dabei erwische, dass du die Wohnungstür aufsperrst und sie auch noch offen stehen lässt, passiert was!" So etwas war mir zu Hause noch nie passiert. Ich rannte in die Küche, heulte meiner Mutter was vor und sagte ihr weinend, dass mein Onkel mir eine Backpfeife gegeben habe. Ich forderte meine Mutter auf, meinem Onkel ebenfalls eine zu geben. Meine Mutter war seit unserem Ausflug zur Parade von Hitler überhaupt ganz komisch, ruhiger als sonst, ich meine, auch schweigsamer. Sie gab mir nur zur Antwort, dass wir ja Ende der Woche wieder nach Hause fahren würden. Oh, war ich glücklich. Ich umarmte meine Mutter, drückte sie ganz doll und sagte ihr auch, wie lieb ich sie hätte und wie sehr ich mich auf zu Hause freuen würde.

Meine Mutter sagte nur lakonisch: „Ich auch, Mäuschen, ich auch."

Später, als ich größer war, und das Gespräch innerhalb der Verwandtschaft auf diesen Onkel kam, erklärten die Schwestern meiner Mutter, dass eben dieser Onkel den englischen Sender gehört hatte, wohl weil er seinem eigenen „Chef" (sie meinten damit wohl Hitler) und seinem eigenen A… nicht mehr getraut hätte.

Meine Tante litt wohl sehr unter dieser angespannten Situation. Abends fragte sie ihre Tochter, ob sie nicht am anderen Tag mit mir zum Ballett gehen wolle. Meine beiden Cousinen gingen nämlich regelmäßig zum Ballett. Sie meinte, zu meiner Mutter gewandt, dass das doch eine schöne Abwechslung für mich sei, bevor wir wieder nach Hause reisen würden. Meine Cousine, sie war wirklich sehr nett zu mir, erklärte sich sofort bereit.

Neugierig, wie ich nun mal war, fragte ich meine Mutter, was Ballett denn sei. Meine Mutter meinte: „Da hüpfen sie auf den Zehenspitzen hin und her."

Meine Cousine, in diesem Augenblick wohl sichtlich beleidigt, meinte daraufhin zu meiner Mutter gewandt: „Tante Julchen, etwas mehr machen wir da schon." Sie packte ihre Sachen zusammen, nahm mich bei der Hand und los ging es zur Straßenbahn.

In der Ballettschule angekommen, wurde meine Cousine von vielen herzlich begrüßt. Sie stellte mich der Ballettlehrerin, einer etwas älteren Dame mit grauem Haarknoten vor. Diese ältere Dame begrüßte mich und war ganz nett zu mir. Meine Cousine bat um Garderobe für mich. Diese konnte man dort wohl leihweise bekommen. Man zog mir ein rosa Tüllröckchen an, weiße Ballettschuhe und fertig war die kleine Ballerina Reni aus dem Ruhrgebiet. Ich fühlte mich in den komischen Schuhen, in denen vorne Watte drin steckte, gar nicht wohl. Und erst mal dieses rosa Tüllröckchen. Meine Güte. Wenn Gitte mich so gesehen hätte. Nicht auszudenken. Sie hätte mich garantiert für eine Vogelscheuche gehalten.

Nach und nach kamen mehrere Mütter mit ihren kleinen Töchtern herein. Meine Güte, waren diese Mädchen – viele in meinem Alter, einige älter – komisch drauf. Einige hatten wie die Erwachsenen Dauerwellen-Frisuren, andere hatten ihre Lippen rot angemalt. Was sind das doch für komische Vögel, dachte ich im Stillen so bei mir.

Als alle umgezogen waren, gab die Lehrerin mit energischer Stimme das Startzeichen. Ich wurde in die Mitte eingereiht. Man wurde an eine lange Stange gestellt, rechte Hand an die Stange. Dann musste man das linke Bein erst nach vorne und dann nach links zur Seite drehen. Dabei sollte das Bein, nein, musste das Bein natürlich ganz gerade gestreckt bleiben. Ich war ein sehr gelenkiges Mädchen. Mir fiel diese Übung gar nicht schwer. Ich war so begeistert dabei, dass ich beim Beine nach vorne schwingen regelmäßig dem Mädchen vor mir in den Hintern trat. Ich hatte bei dieser Aktion einen Riesenspaß.

Die Tanzlehrerin jedoch fand das Ganze gar nicht so spaßig. Sie forderte mich energisch auf, dies zu unterlassen. Ich musste ein Stückchen weiter nach hinten rücken. Auf einmal machten mir diese affigen Übungen gar keinen Spaß mehr. Besonders die nachfolgenden Übungen waren so gar nicht mein Fall. Es ging nämlich darum, sich auf die Zehenspitzen zu stellen. Dabei fiel ich erst einmal um. Da war auf einmal meine gute Laune total im Eimer und ich hatte schon gar keine Lust mehr, an irgendwelchen Verrenkungen teilzunehmen. War ja auch eine blöde Übung. Ich war total sauer und setzte mich einfach auf den Fußboden. Von meiner Cousine war weit und breit nichts zu sehen. Die Größeren waren wohl in einem anderen Übungsraum. Die Lehrerin kam auf mich zu, nahm mich bei der Hand, hielt mich an den Händen fest und meinte, ich sollte es noch einmal versuchen mich auf die Zehenspitzen zu stellen. Da ich große Angst hatte, umzufallen, hielt sich mich weiterhin ganz fest und meinte: „Du fällst schon nicht um. Ich halte dich doch fest."

Und? Was soll ich sagen? Auf einmal konnte ich auf den Zehenspitzen stehen. Ich glaube, in diesem Moment strahlte ich wie ein Honigkuchenpferd.

Als wir wieder zu Hause angekommen waren, konnte ich nicht schnell genug meiner Mutter begeistert und in den höchsten Tönen erzählen, wie schön es dort gewesen sei. Vor lauter Begeisterung überschlug sich meine kleine Stimme und wurde immer piepsiger.

Dann kam der Tag unserer Abreise. Ich konnte es gar nicht abwarten, wieder nach Hause zu kommen. Meine Tante Else weinte beim Abschied, meine beiden Cousinen drückten mich ganz innig, nur mein Onkel, dieser Stinkstiefel, verabschiedete sich sehr kalt und reserviert von uns.

4

Die Heimreise mit dem Zug war genau so lang und genau so langweilig wie die Hinreise. Ich konnte es gar nicht abwarten, bis der Zug endlich wieder zu Hause anhielt. Ich stand schon eine Ewigkeit im Zug am Fenster, um ja nicht zu verpassen, meinen Vater auf dem Bahnsteig zu sehen, der uns abholen sollte. Endlich, endlich, fuhr der Zug in den Bahnhof ein. Ich bat meine Mutter, das Fenster zu öffnen, damit ich ja auch schnell genug Vater erblicken könne. Dann sah ich ihn. Oh wie schön, Gitte und Helga standen ebenfalls auf dem Bahnsteig. Ich konnte gar nicht schnell genug aus dem Zug kommen, um alle zu begrüßen. Vater hob mich aus dem Zug; er drückte mich so sehr, dass ich dachte, ich müsste gleich ersticken. Dann rannte ich auf Gitte zu. Wir umarmten uns und sagten beide wie aus der Pistole geschossen: „Ist doch schön, wieder zusammen zu sein." Dann begrüßte ich etwas weniger herzlich Helga. Sie war – wahrscheinlich auch bedingt durch die drei Jahre Altersunterschied – mir viel zu vernünftig und ruhig, ganz anders als Gitte und ich.

Zu Hause angekommen, musste ich allen haarklein erzählen, was wir so in Berlin erlebt hatten. Ich „schwärmte" in den höchsten Tönen von Berlin. Von den Tagen, an denen ich geheult hatte und von den Tagen, an denen mein Onkel so fies zu mir war. Alles, aber auch alles habe ich erzählt.

Als ich Gitte von dem Besuch in der Ballettschule erzählte, forderte sie mich auf, ihr zu zeigen, wie man auf Zehenspitzen tanzen könne. Ich zog meine Schuhe aus, stellte mich auf die Zehenspitzen und war auf mich selbst mächtig stolz.

Gitte meinte nur: „Und? Ist das alles?"

Stolz erwiderte ich ihr, dass ich die Ballerina vom Ruhrgebiet werde!

Als der Krieg im Ruhrgebiet immer heftiger wurde, beschlossen meine Eltern, dass meine Mutter mit uns drei Mädels aufs Land ziehen solle. Dort befand sich noch die Wohnung von Gittes und Helgas Eltern, die schon lange leer stand. Wie bereits erwähnt, war die Mutter von Gitte und Helga verstorben, und ihr Vater, Onkel Emil, befand sich an der Front. Vater meinte, er würde später nachkommen. Er war nämlich Steiger auf der Zeche. Er konnte nicht so einfach mit uns gehen.

Aufgrund seines Berufes wurde mein Vater auch nicht zum Militär eingezogen. Meine Mutter ließ nicht viel Zeit verstreichen. Es wurde gepackt und gepackt. Viele Dinge, die wir Kinder gern mitnehmen wollten, gingen einfach nicht mehr in die Koffer. Dann kam der Tag des Abschieds von Tante Agnes, Rudi, Heiniken und Onkel Heini, die blieben im Ruhrgebiet. Eigentlich war es ein trauriger Tag. Es ging etwas zu Ende, was wir Kinder noch nicht so richtig begreifen konnten. „Ein Lebensabschnitt."

Auf dem Land angekommen, mussten wir fleißig mithelfen, erst einmal die Wohnung gründlich zu putzen. Sie stand ja bereits eine ganze Weile leer. Unsere kleinen Händchen wienerten und putzten, was das Zeug hielt. Dann erst wurden die Koffer ausgepackt. Jeder wurde ein Schrankteil und ein Bett von meiner Mutter zugewiesen.

Der erste Abend im fremden Bett, in einer fremden Umgebung war für uns Kinder gar nicht schön. Selbst Helga konnte sich nur noch vage an die Wohnung erinnern. Wir quatschten die halbe Nacht. Plötzlich riss meine Mutter die Tür auf und rief mit barscher Stimme: „Jetzt wird aber endlich geschlafen." Gitte und ich waren in ein Bett gekrochen, flüsterten noch eine Weile unter der Bettdecke, bis wir endlich einschliefen.

Am anderen Morgen waren Gitte und ich schon sehr früh wach. Wir beeilten uns, in unsere Kleider zu kommen, um die noch unbekannte Gegend zu erforschen. Als wir uns gerade anschickten, aus dem Haus zu schleichen, rief meine Mutter: „Zuerst wird mal gefrühstückt." Wir verschlangen das Brot so schnell, dass ein normaler Mensch sicherlich daran erstickt wäre. Nachdem wir unser Brot aufgegessen und unsere Milch ausgetrunken hatten, hielt uns nichts mehr am Frühstückstisch.

Wir stürzten nach draußen. Du meine Güte: Wo waren wir denn hier gelandet?

In der Wüste? Da, wo wir im Ruhrgebiet eine schöne, ausgebaute Straße hatten, auf der man so gut Rollschuh laufen konnte, war hier nur ein aus Sand angelegter, etwas breiterer Weg. Dieser war noch dazu von tiefen Furchen – wohl von Pferdefuhrwerken – ausgefahren. Gitte und ich waren übereinstimmend der Ansicht, wir seien in der Wüste gelandet.

Wir schauten uns neugierig um. Und, was meint ihr, was wir da sahen? Es standen nur drei läppische, kleine Siedlungshäuschen, hintereinander in Reih und Glied. Nicht die großen Häuser, wie wir sie aus dem Ruhrgebiet kannten. Na ja, das kann ja heiter werden, dachten wir so bei uns.

Weit und breit war kein einziger Mensch zu sehen. Wir gingen auf die gegenüberliegende Straßenseite. Da waren Bäume und viel Gebüsch. Wir durchquerten das dichte Strauchwerk. Als sich das Strauchwerk lichtete, entdeckten wir einen Fluss, wirklich, einen richtigen Fluss. Wir hatten so einen Fluss in natura noch nicht gesehen. Toll!

Einfach toll, da waren wir uns einig. Wir kletterten die Böschung hinunter, wären fast in den Fluss gerutscht, weil der Boden sehr feucht war. Wir suchten nach Steinen, die wir in den Fluss werfen konnten.

Als wir wieder hochkrabbeln wollten, standen plötzlich drei Gestalten oben auf der Böschung. Diese beäugten uns stumm. Wir glotzten sie ebenfalls stumm an. Keiner sagte ein Wort. Sie musterten uns von oben bis unten, von unten bis oben.

Ich hielt diese Stille einfach nicht mehr aus. Ich sagte: „Ich bin Reni und ihr? Und das ist meine Cousine Gitte.“ Ich zeigte mit dem Finger auf Gitte.

Bei den drei Gestalten handelte es sich wohl um die Kinder aus einem der Nachbarhäuser. Ein Junge und zwei Mädchen.

Bevor eines der Mädchen überhaupt etwas sagen konnte, meinte der Junge: „Ich bin Reinhold und der älteste von uns dreien.“

Meine Güte. Sollte das wirklich ein Junge sein? Strohblondes, krauses Haar und die Augen erst: wasserblau. Oh, wie fies, nicht nett. Gitte und ich sahen einander nur stumm an, nickten einander dann zu. Wir waren mal wieder der gleichen Meinung. Reinhold, so stellten wir fest, würde nie unser Freund werden. Das war doch gar kein Junge. Sicher Mamas Söhnchen. Bevor eines der Mädchen überhaupt etwas sagen konnte, redete er schon weiter und stellte uns die ältere seiner Schwestern vor. Sie hieß Irmgard; alle würden sie jedoch nur Irmi nennen.

Gitte fragte lakonisch: „Sag mal, können deine Schwestern auch selbst reden und sich selbst vorstellen? Oder sind die taubstumm?“ Plötzlich antwortete die kleinste und jüngste von den dreien: „Ich heiße Marianne. Ich gehe aber noch nicht in die Schule.“

Wir sagten ihr, dass wir auch noch nicht zur Schule gingen; kämen jedoch bald rein. Marianne war aber noch viel jünger als wir. Gitte fragte, wo sie denn wohnten und wo ihre Eltern seien. Reinhold meinte, sie würden mit ihrer Mutter gleich in dem zweiten Haus in der Reihe wohnen. Er sagte dann auch noch, dass sein Vater an der Front sei. Da wurde Gitte auf einmal etwas traurig und meinte nur, dass auch ihr Vater dort sei.

Reinhold, sehr redselig und mitteilungsbedürftig, sagte auch noch dass er bereits zur Schule gehe. Aha, genau wie Cousine Helga, dachte ich so bei mir. Wir quatschten noch eine geraume Zeit miteinander.

Gegen Mittag rief meine Mutter, wir sollten zum Mittagessen hereinkommen. Hm, es gab Spinat, Kartoffelpüree und Spiegeleier. Das aßen wir alle drei sehr gerne. Noch während des Essens erzählten wir, was wir alles erkundet und wen wir bereits alles kennengelernt hatten.

Wir sprachen meistens mit vollem Mund, was meiner Mutter mal wieder missfiel.

Weiter sagten wir, in Richtung Helga gewandt, dass sie demnächst mit einem gewissen Reinhold in die gleiche Klasse zur Schule gehen würde. Wir hatten ihr Reinhold in den hässlichsten Farben geschildert. Helga war grundsätzlich nicht so neugierig wie Gitte und ich, hier merkte man ihr jedoch eine gewisse Neugier und Spannung an.

Am anderen Morgen brachte meine Mutter Helga zur Schule. Gitte und ich fragten, ob Helga nicht alleine zur Schule gehen könne, groß genug und drei Jahre älter als wir sei sie ja auch schon. Meine Mutter meinte, sie müsse Helga erst in der Schule anmelden und dem Lehrer die Abmeldepapiere ihrer alten Schule aus dem Ruhrgebiet übergeben. Gitte und ich mussten an diesem Morgen allein zu Hause bleiben.

Als Helga aus der Schule nach Hause kam, trauten wir unseren Augen nicht. Im Schlepptau Reinhold, dieses Bleichgesicht und Muttersöhnchen. Sie unterhielten sich ganz angeregt. Wir erkundigten uns bei ihr, was sie denn so viel und so angeregt mit dem Blödmann zu besprechen habe. Sie meinte nur, so übel, wie wir ihn beschrieben hätten, sei er gar nicht. Er sei doch sehr nett. Na klar, hat sich sicher enorm bei ihr ins Zeug gelegt.

Neugierig fragten wir, wie es denn in der Schule gewesen sei; ob sie eine Lehrerin oder einen Lehrer habe. Helga war wohl von der Schule nicht so sehr angetan. Sie sagte meiner Mutter und uns, sie habe einen Lehrer. Aber für sie sei jedoch das Schlimmste, dass von der 1. bis zur 4. Klasse alle Schülerinnen und Schüler in einem Raum säßen. Zu meiner Mutter gewandt meinte sie, da könne man doch nichts lernen. Die Schule besäße auch nur zwei Klassenzimmer. Der Lehrer würde während des Unterrichts von den I-Männchen in den ersten zwei Reihen und dann zu den aufsteigenden anderen Klassen immer hin und her springen. Und jedes Mal müsse er vom Pult vorher ein anderes Buch holen. Helga meinte mehr als enttäuscht „Einfach ätzend, ganz einfach ätzend. Da kann man ja gar nichts Vernünftiges lernen.“

Mein Vater kam jedes Wochenende zu uns. Ich freute mich schon ab Mitte der Woche auf seinen Besuch. Denn letztendlich war ich doch sein kleines „Mäuschen."

Vater erkundigte sich in der Nachbarschaft, ob noch weitere Männer dort wohnen würden. Aber es wohnten in den drei Siedlungshäusern nur Frauen und Kinder. Die Männer befanden sich allesamt im Einsatz.

Weiter entfernt von den Siedlungshäusern befanden sich etliche Bauernhöfe und eine Mühle. Eine richtige Mühle mit einem riesengroßen Wasserrad. Diese Mühle lag direkt an dem Fluss, der bei uns vor dem Haus entlangfloss. Das Wasserrad hatte riesige Schaufeln. Tatsächlich war die Mühle in Betrieb und die Bauern ließen dort ihr Korn zu Mehl mahlen. Seitlich von dem Wasserrad befand sich ein Flaschenzug, dessen Seil vom 1. Stock bis zum Boden reichte. Am unteren Ende des Seiles war ein dicker Eisenhaken befestigt. Unten vor der Mühle wurden die Kornsäcke an dem Haken befestigt und mithilfe des Flaschenzuges nach oben in den ersten Stock der Mühle gezogen. Für Gitte und mich wieder mal etwas Neues, was wir entdeckten und sehr interessant fanden.

Mein Vater nahm mit den Bauern Kontakt auf, um für uns Kinder und unsere Mütter einen Bunker zu bauen. Er meinte, man wisse nie, wie schnell der Krieg auch hier vor der Tür stehen würde. Die Bauern waren allesamt sehr nett. Sie halfen mit vereinten Kräften, für uns einen Bunker zu bauen. Sie schleppten Holzstämme, Bretter und alles notwendige Baumaterial heran. Der Bunker wurde rund 20 Meter von den Siedlungshäusern entfernt in die Erde gebaut. Davor nagelten sie eine schwere Holztür, die sie vorher angefertigt hatten. Ich muss schon sagen, das Bauwerk war denen gut gelungen. Kein Mensch hätte dort einen Bunker vermutet. Man sah nur eine kleine Erhebung; diese war völlig mit Moos bedeckt und mit Strauchwerk aus dem nahe gelegenen Wald bepflanzt.

Diese Aktion schaffte einen engeren Kontakt zwischen den Bauern und uns „Siedlungsbewohnern", wie sie uns nannten. Mein

Vater organisierte mit einem der Bauern, dass wir dort täglich frische Milch abholen konnten. Jeden Tag, gegen Abend, zogen wir dann mit unserer Blechkanne zum Bauern Lammerding. Frau Lammerding, eine schon ältere Frau mit krummem Rücken – wohl von der vielen, schweren Feldarbeit – war uns Kindern sehr wohlgesonnen.

Immer, wenn wir dort ankamen, hatte sie für uns irgendeine Kleinigkeit parat. Entweder ein halbes Weißbrot mit viel Butter und Marmelade oder mal einen Apfel oder anderes Obst, was gerade zu der jeweiligen Jahreszeit reifte. Was nicht so schön war, dass wir, um in die Küche von Frau Lammerding zu kommen, über die dunkle Tenne mussten. In der Mitte lag ständig ein großer Haufen Heu, rechts standen zwei Arbeitspferde in der Box, links in den Boxen, die Kühe. Einmal ging ich zu dicht an den Pferdeboxen vorbei. Dabei stieß mich eines der Pferde mit der Schnauze in den Rücken. Dabei fiel ich vor Schreck in den Heuhaufen. Und, was soll ich sagen: In dem Heuhaufen lag der Hund vom Bauern. Der biss mir tatsächlich in meine linke Hand. Ich war so sauer, dass ich diesen dämlichen Köter in den Hintern trat. Ich glaube, der Hund war in diesem Augenblick genau so erschrocken wie ich. Frau Lammerding meinte nämlich, als wir ihre Küche betraten, der Hund sei nicht so bösartig und würde eigentlich keine Leute beißen. Sie meinte nur: „Er hat sich sicher einfach nur erschrocken. Deshalb hat er sich gewehrt."

„Und ich habe eine kaputte Hand", war meine Antwort.

Helga lachte mich lauthals aus und meinte: „Eine kaputte Hand sieht aber anders aus." Frau Lammerding nahm mich zur Seite, streichelte meinen Kopf, holte aus ihrem kleinen Medikamentenschränkchen, eine kleine Flasche. Sie wollte mir mit der Tinktur aus der Flasche meine Hand einreiben. Sie meinte dazu lediglich: „Es ist nur Jod. Es wird ein bisschen brennen, aber es entzündet sich dann nicht und reinigt nur die Wunde."

Ich, noch total geschockt von diesem Vorfall, meinte nur: „Hoffentlich bekomme ich keine Tollwut."

Gitte gab auch ihren Senf dazu und erwiderte: „Die Tollwut hast du doch schon, so wie du immer keifst und drauf bist."

Frau Lammerding ging zwischen uns zwei Streithähne, nahm uns bei der Hand und ging mit uns in ihren Vorratskeller.

Mensch, was da alles gelagert war. Regale voll mit Einmachgläsern, weitere Regale voll mit Äpfeln. Wir durften uns selbst einen Apfel aussuchen.

Seit diesem Ereignis machte ich jedoch beim Milchholen auf der Tenne sowohl einen großen Bogen um die Pferdeboxen als auch um den Heuhaufen.

So allmählich rückte der Krieg auch immer näher zu uns aufs Dorf. Wir hörten fast täglich die lauten Bombeneinschläge in der nahe gelegenen Stadt. Und genauso wie im Ruhrgebiet ertönten nun auch hier die Sirenen, sobald sich Flugzeuge näherten.

Und genau wie im Ruhrgebiet ging der Alarm meistens erst spät abends oder in der Nacht los. Wir waren aber auf diese Situation schon vom Ruhrgebiet her vorbereitet. Wir waren gut gedrillt auf das fixe Aufstehen, das schnelle Anziehen und Verlassen des Hauses. Wir rannten dann alle gemeinsam zum Bunker.

Ich kann mich noch genau an eine amüsante Begebenheit erinnern: Eines Tages besuchte uns unser Vetter Rudi. Rudi war, wie ihr wisst, der älteste Sohn meiner Patentante Agnes, mit denen wir im Ruhrgebiet zusammen gewohnt hatten. Rudi war noch ein bisschen älter als Helga. Wir hatten uns über seinen Besuch und die damit einhergehende Abwechslung riesig gefreut. Endlich mal wieder etwas Neues. Er schloss jedoch ganz intensiv Freundschaft mit unserer Helga. Häufig tuschelten die beiden über irgendetwas, was Gitte und ich nicht mitbekommen sollten. Das ging uns natürlich mächtig gegen den Strich und stank uns total. Waren halt blöde Ältere.

In einer der folgenden Nächte ging wieder die Alarmsirene los. Immer die gleiche Prozedur. Wir sprangen in unsere Trainingsanzüge, die am Fußende vom Bett stets parat lagen. Anschließend weckten wir Rudi: Der schlief jedoch so fest, dass wir ihn zuerst gar nicht wach bekamen. Wir rüttelten ihn ganz fest.

Und dann? Wir konnten es gar nicht glauben. Schlaftrunken riss er den Kleiderschrank auf und pinkelte in den Schrank. Er war wohl im Halbschlaf der Meinung, er sei geweckt worden, um aufs Klo gehen zu müssen.

Ich weiß bis heute nicht, ob er als Kleinkind Bettnässer gewesen war und daher diese Reaktion von ihm kam.

Gitte und ich lachten uns jedenfalls halb krank. Meine Mutter verlor ob dieser Sache total die Nerven, Gitte und ich bekamen jede eine schallende Backpfeife; Helga war es wohl sichtlich peinlich. Meine Mutter wandte sich an Rudi mit den Worten: „Hau bloß ab in den Bunker. Nachher reden wir noch darüber."

Ich total sauer, meinte zu meiner Mutter: „Warum haben wir die Backpfeife bekommen? Die hätte doch der Pisser verdient."

„Sieh bloß zu, dass auch du so schnell wie möglich in den Bunker kommst, bevor ich total die Nerven verliere", war ihre Antwort. Ich wusste, jetzt ist es besser, den Mund zu halten, bevor meine Mutter völlig ausrastete. Scheibenkleister, diese Geschichte ist bei Gitte und mir bis ins Erwachsenenalter hängengeblieben.

So allmählich gewöhnten wir uns auch hier auf dem Land an den Krieg. Er gehörte für uns alle ganz einfach zum Alltag.

Es kam das Frühjahr und für Helga stand die erste heilige Kommunion bevor. Meine Mutter kungelte und schacherte mit verschiedenen Leuten, um für Helga ein Kommunionkleid nähen zu können und für Gitte und mich Kleidchen; denn wir sollten „Engelchen" bei der Kommunion von Helga sein. Mit was meine Mutter seinerzeit gehandelt hat, wussten und verstanden wir Kinder nicht so genau. Sie meinte nur zu Helga gewandt, dass sie eine schöne Kommunionfeier bekommen würde. Auf jeden Fall hatte sie es schon mal geschafft, für uns drei Mädels wunderschöne Kleidchen zu nähen. Jede von uns bekam sogar ein Kränzchen. Das von Helga war natürlich das Schönste. Ihre Blumen waren größer als die im Kränzchen von Gitte und mir. Aber wir fanden das schon okay. Denn wir hatten ja keine Kommunion, sondern Helga. Sie war heute der „Pfingstochse", wie die Meinung von Gitte und mir war. Helga bekam sogar ein Kettchen mit einem Kreuzanhänger. Wir alle drei waren stolz wie Oskar, und stolz auf meine Mutter und hatten sie in diesem Augenblick mehr als nur lieb.

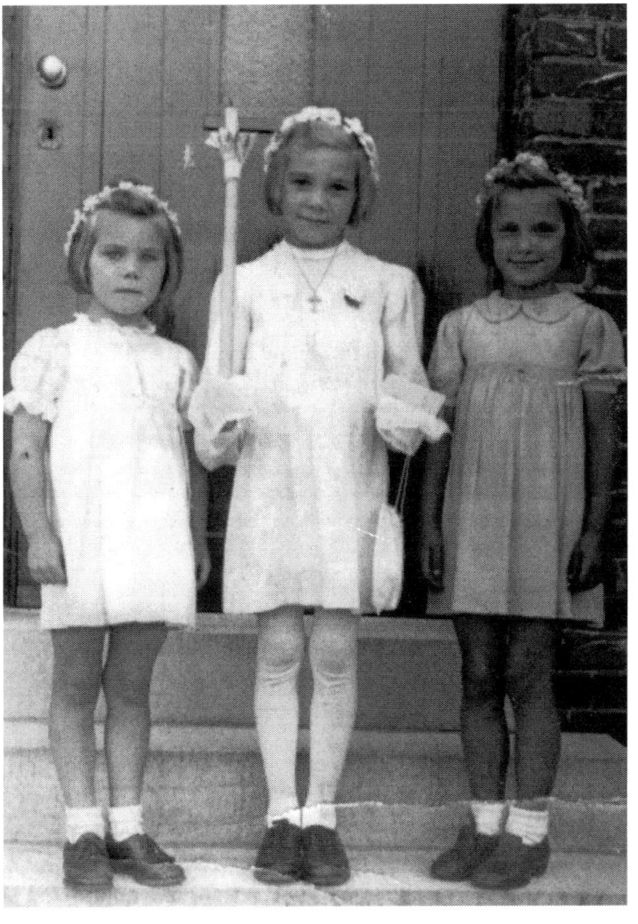

Helgas Kommunion 1944 (von links: Gitte, Helga, Reni)

Wie ihr dem Foto oben entnehmen könnt, waren wir mächtig stolz. In der Mitte natürlich Helga, das Kommunionkind, links

Gitte und rechts – das kleine „Negerkind" – das war natürlich ich. Ich wurde ab dem Frühjahr stets sehr schnell braun und war dunkler als die übrigen Kinder. Unsere Verwandten und die übrigen Leute meinten dazu nur, ich hätte das von meinem Vater geerbt. Denn nicht umsonst nannten sie meinen Vater „den schwatten Paul." Mein Vater hatte leicht gewellte blauschwarze Haare und immer einen gebräunten Teint. Er war halt kein Bleichgesicht. Gitte meinte nur einmal anzüglich zu mir: „Vielleicht hast du Negerblut in dir und darum bist du so dunkel."

Ich konnte vor Ärger und Wut kaum Luft bekommen, überlegte mir aber ganz angestrengt, was ich darauf wohl antworten könne. Mir fiel so recht nichts Besseres ein als: „Wenn ich Negerblut in mir habe, warum habe ich dann nicht so dicke Jumbolippen wie die Neger? He, he? Sag mal." Darauf Gitte nur: „Weiß ich auch nicht so genau." „Dann halte doch einfach deinen dummen Mund und lass diese blöden Vergleiche." Gitte zuckte daraufhin nur mit den Schultern und trottete weg.

Endlich kam Helgas großer Festtag: die heilige Kommunion. Es war ein Sonntag und strahlend blauer Himmel. Meine Eltern hatten es tatsächlich geschafft, eine Kutsche zu besorgen, mit der wir alle zur Kirche fahren konnten. Wir waren mächtig stolz; die meisten mussten nämlich zu Fuß in die nahe gelegene Kreisstadt laufen. Diese lag wohl rund fünf bis sechs Kilometer von unserer Wohnung entfernt. Gitte und ich stritten uns mal wieder über die Sitzordnung in der Kutsche. Trotz der Ermahnungen meiner Mutter hörten wir einfach nicht auf zu streiten und zu rangeln. Die Kutsche fuhr in der Stadt in einen großen Innenhof, um dort abgestellt zu werden. Sie rollte noch ein wenig vorwärts, als Gitte schon die Kutschentür öffnete. Im gleichen Augenblick ruckte die Kutsche – weil wohl die Pferde nicht auf Anhieb stehen geblieben waren – und, es passierte, was passieren musste. Die Tür schlug auf, Gitte und ich vertieft in unserem Gerangel flogen aus der Kutsche. Oh mein Gott! Oh mein Gott!

Was dann geschah, könnt ihr sicher ahnen. Meine Mutter, etwas behäbig wegen ihrer Körperfülle, war so schnell aus der

Kutsche, dass wir unseren Augen nicht trauten. Sie fragte uns gar nicht erst, ob wir uns verletzt hätten. Nein! Sie zog uns nacheinander unsere „Engelkleidchen“ hoch, versohlte uns den Hintern und dann erst fragte sie uns, ob uns was weh täte. Wir mochten vor lauter Angst und Schrecken nicht sagen, ob und was uns alles wehtat. Ganz kleinlaut trotteten wir zwei hinter den übrigen Familienmitgliedern in die Kirche.

Helga war ganz andächtig. Gitte und ich meinten dazu nur, als die Messe endlich zu Ende war, ob sie jetzt einen „Heiligenschein“ habe, so strahlte sie. Sie war einfach glücklich.

Zu Hause angekommen, waren bereits viele Verwandte von uns aus dem Ruhrgebiet eingetroffen. Die Schwestern meiner Mutter hatten schon das Frühstück vorbereitet und den Tisch sehr schön mit Blumen geschmückt. Um das Gedeck von Helga hatten sie Blumen mit grünen Halmen gelegt. Wirklich toll.

Die Schwestern meiner Mutter waren recht lustige Tanten. Gern erzählten sie aus alten Zeiten und gaben diese Geschichten bei Familientreffen stets zum Besten, wie auch diese hier:

Die zweitjüngste Schwester meiner Mutter, Tante Toni, war die einzige, die keinen richtigen Berufsabschluss hatte. Meine Mutter war damals bereits Köchin in Holland. Der Opa Ernst, Vater meiner Mutter, ein groß gewachsener Mann mit einem gezwirbelten Schnauzbart, vor dem wir Kinder uns immer fürchteten, beschloss, Tante Toni zu meiner Mutter nach Holland zu schicken. Er war der Ansicht, da könne sie noch was lernen, und vor allen Dingen sich nützlich machen.

Die Anweisung des Opas musste auch sofort in die Tat umgesetzt werden. Tante Toni wurde im Ruhrgebiet in den Zug in Richtung Holland gesetzt. Meine Mutter sollte Tante Toni vom Bahnhof abholen. Was dann geschah, könnt ihr euch in den kühnsten Träumen nicht vorstellen. Meine Mutter stand auf dem Bahnsteig, der Zug lief ein. Von Weitem sah meine Mutter ihre Schwester. Sie traute ihren Augen nicht. Tante Toni war gekleidet wie eine Vogelscheuche. Sie selbst war jedoch der Ansicht, ganz große Dame von Welt zu sein.

Sie trug einen viel zu großen Mantel, der von Oma Theresia stammte und der darüber hinaus auch noch viel zu lang war; um den Hals den alten gammeligen Fuchs von Oma und, was für meine Mutter das Schlimmste war, sie hatte auch noch Schuhe mit hohem Absatz an, die ihr viel zu groß waren und in denen sie kaum laufen konnte.

Auf dem Kopf trug sie einen alten Kompott-Hut, ebenfalls von Oma Theresia. Den Erzählungen meiner Tanten zufolge soll Tante Toni auf dem Bahnsteig lauthals gerufen haben: „Julchen, Julchen, hier bin ich!" Meine Mutter hatte sich, so den Erzählungen zufolge, so geschämt, dass sie fluchtartig den Bahnsteig verlassen hatte. Sie wartete vor dem Bahnhof auf ihre Schwester. Bei der Erzählung dieser Geschichte lachten die Geschwister sich stets halb tot.

Eine weitere Begebenheit mit Tante Toni soll so gewesen sein:

Meine Mutter war die erste Köchin in dem Restaurant. Tante Toni sollte abends in diesem Restaurant als Aushilfe bedienen; das heißt, die Speisen, die meine Mutter dekorativ angerichtet hatte, in den Speisesaal zu den Gästen tragen. An einem dieser Abende richtete meine Mutter eine Platte mit schön garniertem Roastbeef her, sie drückte ihrer Schwester die Platte in die Hand. Tante Toni wollte eine kleine Scheibe von dem Roastbeef-Teller stibitzen. Meine Mutter sah das, klopfte ihrer Schwester auf die Finger. Tante Toni zog mit der delikaten Platte los in Richtung Restaurant, wo die Gäste schon auf die Vorspeise warteten. Da meine Mutter ihre Schwester jedoch genauestens kannte, traute sie dem Braten nicht. Sie ging leise hinterher. Und, was meint ihr, was geschah? Tante Toni hatte sich gerade eine Scheibe des köstlichen Fleisches von der Platte genommen und in den Mund gestreckt, als meine Mutter sie ganz derb anranzte und zusammenstauchte. Dabei soll sich meine Tante Toni vor Schreck so sehr erschreckt und an dem Fleisch verschluckt haben, dass sie daran beinahe erstickt wäre. Meine Mutter nahm ihr die Platte aus der Hand, richtete sie einigermaßen wieder her, trug sie selbst in den Speisesaal und meinte nur lakonisch zu ihrer

Schwester: „Ich hoffe, dass dies für dich eine Lehre war. Es könnte sonst passieren, dass du beim nächsten Mal tatsächlich daran erstickst."

All diese alten Geschichten kramten die Geschwister meiner Mutter bei Familienfeiern regelmäßig aus der Mottenkiste hervor. Wir Kinder konnten von diesen alten Kamellen gar nicht genug bekommen und forderten regelmäßig die Tanten auf, doch bitte noch mehr zu erzählen.

Alles in allem wurde es doch noch ein sehr schöner Tag. Neben den Geschwistern meiner Mutter, deren Ehemännern und Kindern war auch die Oma von Helga und Gitte aus Bocholt angereist. Oma Bocholt – so nannten wir sie – hatte ein Holzbein. Bevor alle abends zu Bett gingen, fragte Oma Bocholt meine Mutter, ob sie ihr wohl behilflich sein könne beim Abschnallen des Holzbeines. Sie meinte, es drücke sie doch sehr. Sie meinte, zu meiner Mutter gewandt: „Hoffentlich kommt diese Nacht kein Alarm." Als meine Mutter versuchte, die Oma zu beruhigen, meinte diese nur, dass sie Angst habe, da sie dann ihr Holzbein nicht so schnell wieder angeschnallt bekomme und vielleicht nicht schnell genug in den Bunker gelange. Meine Mutter redete beruhigend auf Oma Bocholt ein, befreite sie von dem Holzbein, stellte dieses neben den Kleiderschrank und half der Oma ins Bett.

Gitte und ich waren mehr als neugierig. Wir hatten in unserem ganzen Leben noch kein Holzbein gesehen. Dieses Holzbein regte unsere ganze Fantasie an. Wir schauten uns vielsagend an und wussten, was wir zu tun hatten. Wir nahmen das Holzbein an uns. Wir wollten ausprobieren, wie es sich anfühlt, mit einem Holzbein zu laufen. Gerade, als wir dabei waren, das Holzbein an Gitte auszuprobieren, stand unvermittelt meine Mutter im Türrahmen und meinte: „Stellt sofort das Bein wieder an Ort und Stelle und ab ins Bett. Stellt es so hin, dass Oma Bocholt zur Not es auch sofort findet." Gesagt, getan. Aber so ein Holzbein, dazu noch mit Lederriemen dran, sah schon mehr als komisch aus. Was soll ich sagen? Für uns eklig.

Genau in dieser Nacht ging mal wieder der verflixte Alarm los. Immer die gleiche Prozedur: Schlafanzug aus, Trainingsanzug an, rein in die bereitstehenden Schuhe und losrennen in Richtung Bunker. Meine Mutter war Oma Bocholt behilflich, so schnell wie möglich ihr Holzbein anzubekommen, damit auch sie rechtzeitig in den Bunker gelangte.

Für uns war es ein sehr aufregender Tag gewesen.

5

So allmählich gewöhnte man sich an den Krieg, an den ständigen Bombenalarm und die damit verbundenen Bombenabwürfe. Der Krieg wurde einfach Bestandteil unseres Alltags.

Mein Vater hatte eines Tages die glorreiche Idee, sowohl einen Hühner- als auch einen Schweinestall zu bauen. Meine Mutter war von dieser Idee jedoch gar nicht erbaut und strikt dagegen. Sie meinte, sie sei keine Bäuerin und sie wolle auch nicht Ackerbau und Viehzucht betreiben. Vater hatte gegenüber Mutter jedoch die überzeugungskräftigere Idee, meiner Mutter die Stallungen schmackhaft zu verkaufen, indem er ihr erklärte, dass man doch auf diese Art und Weise auch ihre Verwandtschaft im Ruhrgebiet mit den Produkten versorgen könne. Oh, dieses Argument zog bei meiner Mutter und sie war auf einmal Feuer und Flamme dafür.

Zuerst wurde der Hühnerstall gebaut. Dieser wurde etwas abseits vom Haus errichtet. Der Bau wurde relativ flott fertig. Hühner und einen Hahn bekam mein Vater von den Bauern aus der Nachbarschaft. Für Gitte und für mich war dies eine Besonderheit. Da meine Mutter nicht so viel mit dem Federvieh am Hut hatte und auch nicht so gerne in den Hühnerstall ging, blieb diese Arbeit überwiegend an Gitte und mir hängen. Wir fütterten täglich das liebe Federvieh, was für uns eine willkommene Abwechslung war. Nicht so schön war es, dass der Hühnerstall gar keine Beleuchtung hatte. Drinnen war es relativ dunkel und manchmal gruselte es uns schon sehr. Doch diese Aufgabe war für uns eine neue Herausforderung.

Manchmal aber entwickelte sich unsere Hühnerbetreuung auch zur Katastrophe. Denn hin und wieder stritten und zankten wir darüber, wer denn die dicksten Eier gefunden hatte. Es kam schon manchmal vor, dass wir mit einigen angedrückten

Eiern zu Hause ankamen. Die Zeremonie, die dann jeweils folgte, habe ich ja schon hinlänglich beschrieben.

Etwas später baute mein Vater dann den Schweinestall. Als unsere Nachbarin das bemerkte, bat sie meinen Vater, doch auch ihr einen Schweinestall zu bauen. Es war die Nachbarin mit den drei Kindern, Reinhold, Irmgard (Irmi) und Marianne. Ihr Mann befand sich wie der Vater von Helga und Gitte ja ebenfalls im Krieg. Da mein Vater ein hilfsbereiter Mensch war, hat er das auch gemacht. Dann kam der große Tag. Wir bekamen von unseren Bauern in der Nachbarschaft zwei kleine Ferkel, die sehr niedlich waren. Gitte und ich hätten sie am liebsten in den Armen getragen. Manchmal durften wir sie auch mit Maisbroten füttern.

Ihr wisst nicht, was es mit den Maisbroten auf sich hatte?

Zur damaligen Zeit wurden Lebensmittelkarten von der Verwaltung an jeden Haushalt verteilt. Jeder Haushalt erhielt pro Person eine Lebensmittelkarte. Nur gegen Vorlage dieser Karten konnte man Lebensmittel einkaufen. Darunter waren auch die Essensmarken für die Maisbrote. Wenn man jedoch die Marken für das Maisbrot nicht einlöste, verfielen sie, man bekam dafür keine anderen Lebensmittel.

Meine Mutter schickte Gitte und mich regelmäßig in den kleinen Tante-Emma-Laden, um die Lebensmittel einzukaufen. Zu diesem Zweck drückte sie uns die Lebensmittelkarten mit ihrem Einkaufszettel in die Hand. Gleichzeitig schärfte sie uns vor jedem Einkauf ein, ja nicht im Laden abfällig über das Maisbrot zu reden. „Bringt es einfach mit“ war ihre Devise. Wir selbst haben das Maisbrot nie gegessen. Meine Mutter hat immer das Brot selbst gebacken. Mein Vater versorgte uns ja regelmäßig mit Mehl aus der Mühle.

Eben dieses Maisbrot durften alsdann Gitte und ich an die Schweine verfüttern. Die Schweine gingen Dank der Maisbrote auf wie Hefekuchen und entwickelten sich prächtig.

Es kam die Zeit, dass Hühner, die zu alt geworden waren und nicht mehr regelmäßig Eier legten, geschlachtet wurden. Dieses Ereignis war für Gitte und für mich wieder etwas Neues. Wir wollten unbedingt dabei sein, wenn ein Huhn geschlachtet würde. Meine Mutter meinte zwar, das sei nichts für kleine Mädchen. Zu meinem Vater sagte sie, lass die beiden – damit meinte sie natürlich Gitte und mich – bloß nicht beim Schlachten zusehen.

Wir wussten aber, wo wir uns verstecken konnten, um unbemerkt zuschauen zu können. Den Schlachtvorgang wollten wir uns nicht entgehen lassen.

Vor dem Hühnerstall wurde ein großer, schwerer Holzklotz aufgestellt. Dann schärfte mein Vater das Beil. Anschließend holte er ein Huhn aus dem Stall. Er drehte und schwenkte das Huhn mehrere Male im Kreis herum. Gitte meinte leise, er mache das Huhn besoffen. Dann legte er den Kopf des Huhnes auf den Holzklotz und, bums fiel der Kopf auch schon zu Boden. Es geschah alles so schnell, dass wir total sprachlos waren. Anschließend säuberte er den Hauklotz, das Beil und brachte das Huhn zu meiner Mutter in die Küche zum Rupfen.

Diese Schlachtzeremonie ließ Gitte und mich einfach nicht mehr los. Wir wollten dies auch so gerne einmal ausprobieren. Eines Tages, als wir Langeweile hatten und uns der Gedanke an die Schlachtzeremonie mal wieder gefangen hielt, schlichen wir zum Hühnerstall.

Wir stellten den Hauklotz auf, holten das Beil hervor und schnappten dann das erstbeste Huhn, welches wir zu packen bekamen. Dass es ausgerechnet ein Huhn war, was noch viel und regelmäßig Eier legte, konnten wir nicht wissen. Ich nahm das Huhn, schleuderte es mit meinen zu kurzen Ärmchen herum, so, wie ich es bei meinem Vater gesehen hatte. Gitte meinte, das Huhn sei nun schon besoffen genug. Ich solle einfach den Kopf des Huhns auf den Hauklotz legen. Das tat ich dann auch. Gitte hatte schon das Beil in der Hand und schlug ganz plötzlich zu. Spätestens jetzt bekamen wir so viel Schiss, dass ich vor lauter

Angst das Huhn losließ. Ihr könnt es nicht glauben! Das Huhn lief noch ein ganzes Stück ohne Kopf von uns weg, bis es endlich tot umfiel.

Jetzt mussten wir noch das Huhn zu meiner Mutter nach Hause bringen. Wir nahmen unseren ganzen Mut zusammen und brachten es zu meiner Mutter in die Küche. Der fielen vor Schreck fast die Augen aus dem Kopf. Sie konnte vor lauter Aufregung im ersten Moment keinen Ton von sich geben. Nachdem die Starre von ihr gefallen war, nahm sie den ledernen Rasierriemen von der Wand, der neben dem Schrank an einem Haken hing, und versohlte uns damit den Po. Danach wurden wir in ein Zimmer neben der Küche eingesperrt mit dem ausdrücklichen Hinweis meiner Mutter: „Und muckst euch ja nicht!"

Wir waren von der Reaktion meiner Mutter doch sehr enttäuscht. Gitte und ich waren der Meinung, wir hätten etwas Tolles und Besonderes vollbracht. Allmählich wurde es uns in dem zugesperrten Zimmer doch sehr langweilig. Wir wussten darin nichts mit uns anzufangen. Wir waren doch ansonsten den lieben langen Tag draußen im Freien, entweder am Fluss oder im nahe gelegenen Wald.

Plötzlich meinte Gitte, sie müsse aufs Klo. Ich riet ihr, doch nach meiner Mutter zu rufen. Gitte brüllte sehr laut nach meiner Mutter und gab ihr zu verstehen, dass sie zur Toilette müsse. Meine Mutter reagierte nicht sofort. Ich glaube, sie war der Ansicht, wir wollten wieder mal etwas aushecken oder sie verdummdeubeln. Das war so ein gängiger Ausdruck bei uns auf dem Land.

Nach einer längeren Weile bequemte sich meine Mutter, die Tür aufzuschließen und befahl Gitte, zur Toilette zu gehen. Zu mir meinte sie: „Und du bleib bloß da sitzen, wo du bist."

Plötzlich wurde Gitte total sauer und starrsinnig. Sie wollte auf einmal nicht mehr aufs Klo. „Dann nicht", meinte meine Mutter und schloss die Tür wieder ab. Was dann geschah, war selbst für mich, die schon viel mit Gitte erlebt hatte, nicht zu glauben und auch zu viel. Sie setzte sich ganz bequem in den großen

Polstersessel, der in dem Zimmer stand und pinkelte tatsächlich in den Sessel. Danach grinste sie nur frech, stand auf und setzte sich auf einen Stuhl. Plötzlich wurden wir beide ganz still. So allmählich dämmerte es uns, was geschehen würde, wenn meine Mutter die Bescherung feststellte.

Ich glaube, die Ruhe in unserem Zimmer wurde meiner Mutter doch allmählich unheimlich. Sie schloss die Tür auf und befahl uns, herauszukommen. Wir schlichen leise und kleinlaut an ihr vorbei aus dem Zimmer. Meine Mutter wollte die Tür schon hinter sich zuziehen, als sie sah, dass es unter dem Polstersessel tropfte.

Sie traute ihren Augen nicht. Sie hat uns nicht gefragt, wer der Übeltäter gewesen sei. Nein! Wir bekamen beide eine Abreibung, die sich gewaschen hatte. Mein Einwand, ich sei es ja nicht gewesen, interessierte meine Mutter absolut gar nicht und ließ sie ebenso kalt. Dazu nahm sie erneut den Lederriemen, mit dem mein Vater stets sein Rasiermesser schärfte, von der Wand. Uns tat der Po so weh, dass wir kaum sitzen konnten, vermieden es jedoch tunlichst, einen Mucks von uns zu geben.

Als abends mein Vater nach Hause kam, berichtete meine Mutter ihm haarklein, was wir mal wieder angestellt hätten. Mein Vater meinte nur lakonisch: „Hoffentlich hast du nicht wieder meinen Rasierriemen benutzt. Der Rasierriemen bekommt dann einen Knick, wenn er zweckentfremdet wird und das ist für mein Rasiermesser absolut nicht gut."

Meine Mutter meinte nur zu meinem Vater: „Wenn das deine einzige Sorge ist, dann gute Nacht." Sie meinte weiter, dass sie allmählich nicht mehr wisse, was sie mit uns beiden anstellen solle, damit wir einigermaßen gehorchten. Immer hielt meine Mutter uns das Verhalten von Helga vor, die sehr ruhig und geduldig war, im Gegensatz zu uns. Sie meinte stets, wir sollten uns mal ein Beispiel an Helga nehmen. Ob dieser Lobreden waren wir natürlich häufig nicht so gut auf Helga zu sprechen.

6

Es kam kriegsbedingt so allmählich die Zeit, in der alles drunter und drüber zu gehen schien. Mein Vater war inzwischen aus dem Ruhrgebiet auch zu uns aufs Land gezogen. Er fand sofort Arbeit in der nahe gelegenen Mühle. Er entwickelte sich zu einem wahren Versorgungstalent, was uns Kindern gar nicht so bewusst war.

In der Mühle waren inzwischen außer Getreide auch eine Menge anderer Lebensmittel deponiert. Woher sie stammten und für wen sie bestimmt waren, wussten wir Gören natürlich nicht. Eines Abends, es war schon stockdunkel und wir warteten bereits mit dem Abendessen auf meinen Vater, kam er endlich heim. Er stöhnte und ächzte, als er die Wohnungstür öffnete. Auf seinem Rücken befand sich ein dick gefüllter Jutesack. Meine Mutter war mal wieder auf der Palme und ranzte meinen Vater an: „Was schleppst du denn heute schon wieder ran?"

Mein Vater sagte vorerst keinen Ton, stellte erst einmal den schweren Sack auf dem Fußboden ab, rang nach Luft, da er den schweren Sack von der Mühle bis nach Hause auf dem Rücken geschleppt hatte. Die Mühle lag ja nicht gerade vor unserer Haustür, sondern schon ein ziemliches Stück entfernt. Wie gesagt, er war völlig außer Puste. Nachdem er einigermaßen wieder durchatmen konnte, meinte er zu meiner Mutter: „Julchen, das ist Kubazucker."

„Was? Kubazucker? Wie kommst du an Kubazucker?"

„Frag nicht so viel. In der Mühle steht von diesen Säcken eine größere Anzahl herum. Da fällt es gar nicht auf, ob ein Sack mehr oder weniger dort steht."

Plötzlich wurde meine Mutter sehr hilfreich und hatte es auf einmal recht eilig. Zu meinem Vater gewandt, meine sie: „Paul, komm, stell den Sack erst einmal im Schlafzimmer hinter unserem Bett ab."

Gesagt, getan. Mein Vater nahm ohne Widerworte den Sack und stellte ihn hinter deren Ehebett ab. Mein Vater tat meistens das, was meine Mutter ihm sagte, oder besser gesagt, befahl, um einfach seine Ruhe zu haben und um Stress zu vermeiden.

Wir drei Mädchen sperrten Mund und Ohren auf und schauten uns dabei vielsagend an. Als meine Eltern wieder aus dem Schlafzimmer in die Küche kamen, musste ich sofort von meinem Vater wissen, was denn „Kubazucker" sei und fragte ganz aufgeregt danach. Bevor mein Vater mir überhaupt eine Antwort geben konnte, meinte meine Mutter ganz energisch und resolut wie immer zu uns dreien: „Das ist kein weißer, sondern brauner Zucker."

„Wieso denn brauner Zucker?"

„Der ist noch nicht gebleicht", war die Antwort meiner Mutter.

„Wieso wird Zucker denn gebleicht?", fragte ich weiter. Mir lagen noch so viele Fragen auf der Zunge und wollte weiter nachhaken. Als ich jedoch in das Gesicht meiner Mutter schaute, wurde mir bewusst, dass es jetzt besser sei, den Mund zu halten.

Und prompt fuhr meine Mutter mich an: „Schluss jetzt. Und, was ich euch noch zu sagen habe: Ihr habt weder was gehört noch gesehen. Habe ich mich deutlich genug ausgedrückt und habt ihr mich auch verstanden?"

Da ich jedoch stets alles haargenau wissen wollte und mich die Antwort meiner Mutter nicht befriedigte, wagte ich doch noch eine weitere Frage. „Warum heißt er denn Kubazucker?"

Meine Mutter schaute mich sehr, sehr energisch an und meinte nur: „Weil er eben so heißt."

Mein Vater meinte: „Weil er eben aus Kuba kommt."

„Wo liegt denn Kuba?", wollte ich ganz genau wissen. Mein Vater kam gar nicht mehr dazu, meine Frage zu beantworten. Meine Mutter schlug mit der flachen Hand auf den Küchentisch und meinte: „Jetzt ist aber endlich Schluss mit der Fragerei und

Feierabend. Setzt euch alle wieder an den Tisch, damit wir endlich zu Abend essen können."

Sie war sichtlich genervt. Aber dabei hatte sie trotz alledem auf einmal einen mehr als zufriedenen Gesichtsausdruck.

Gitte und ich besuchten in den folgenden Wochen oft meinen Vater in der Mühle. Wir entdeckten in der Mühle immer wieder Dinge, die uns brennend interessierten. Bei unseren häufigen Besuchen trafen wir eines Tages auf einen Jungen, der so alt war wie wir. Dies stellten wir nach intensivem Befragen fest. Er war nämlich schüchterner als wir, aber nett. Er hieß Günter. Er meinte, er würde demnächst mit uns in die Schule gehen.

„Woher weißt du das denn?", fragte Gitte.

„Das hat mir meine Tante gesagt. Und die weiß es von eurem Vater, der ihr erzählt hat, wie alt ihr seid."

Gitte antwortete: „Das ist nicht mein Vater. Das ist mein Onkel Paul. Mein Vater ist im Krieg. Meine Mutter ist gestorben; und ich lebe mit ihr – dabei zeigte sie auf mich – und mit meiner Schwester bei unserer Tante Julchen. Das ist nämlich die Frau von Onkel Paul. Und überhaupt. Warum erzählt dir so was deine Tante und nicht deine Mutter oder dein Vater?"

Günter wurde noch kleinlauter und meinte: „Mein Bruder Ludger und ich haben keine Eltern mehr. Wir sind von meiner Tante adoptiert worden."

Gitte wollte es genauer wissen und wollte weiter bohren. Ich stieß sie in die Rippen und meinte nur: „Lass gut sein. Er hat es doch deutlich erklärt." Ich merkte nämlich, dass es Günter offensichtlich schwerfiel, darüber zu reden. Unsere Neugierde war fürs Erste gestillt und wir trotteten zufrieden nach Hause.

Zu Hause angekommen, erzählten wir meiner Mutter von unserem Erlebnis. Sie meinte dazu, dass es doch schön sei, einen weiteren Freund kennengelernt zu haben.

„Freund kann man dazu aber nicht sagen", meinte ich, „aber nett ist er."

„Nett, nett! Du bist doch total plemplem. Nett ist was anderes“ meinte Gitte. „Er ist ein Hasenfuß, total ängstlich. So einen kann man doch nicht nett und schon gar nicht Freund nennen. Den können wir bei unseren Unternehmungen überhaupt nicht gebrauchen.“ Da Gitte weder von meiner Mutter noch von mir darauf eine Antwort erhielt, rückte auch sie von diesem Thema ab.

Bei uns auf dem Land hatten die Menschen in der Regel im Überfluss zu essen; fast jeder hatte einen Garten oder ein Stück Land, auf dem alles wuchs, was man zum Essen benötigte und auch Vieh, welches geschlachtet werden konnte. Was die Leute auf dem Land jedoch nicht hatten, war Kohle. Es gab nur Holz.

Daher fragten sie eines Tages meinen Vater, ob er nicht aufgrund seiner guten Beziehungen zum Ruhrgebiet an Kohle kommen könne. Mein Vater, stets sehr hilfsbereit, meinte nur, dass das sicher kein Problem sein werde.

Er nahm mit unseren Verwandten im Ruhrgebiet, die noch auf der Zeche beschäftigt waren und die für den Eigenbedarf kostenlos von der Zeche Kohle zugewiesen bekamen, Kontakt auf. Nachdem mein Vater mit denen alles geklärt hatte, dass er die Kohle für die Bauern im Tausch gegen Lebensmittel – vor allen Dingen Schweinehälften – haben könne, war nur noch die Frage zu klären, wie man die Kohle im Ruhrgebiet abholen könnte.

Ein Bauer stellte seinen Trecker mit Anhänger zur Verfügung. Zur damaligen Zeit hatten die wenigsten Bauern einen Trecker, die meisten hatten nur Pferdefuhrwerke. Das war ein Trecker! Er fuhr maximal 20 km/h. Nicht so ein modernes Ding, wie ihr sie heute kennt. Nein. Halt ein klappriger Schinken, für die damalige Zeit jedoch schon ein enormer Fortschritt. Der Trecker hatte hinten so ein langes Rohr, aus dem der Qualm beim Fahren ausgestoßen wurde.

Helga, Gitte und ich bedrängten meine Mutter so sehr, uns doch mit meinem Vater mitfahren zu lassen. Nachdem mein Vater meiner Mutter das Versprechen gab, gut auf uns aufzupassen, stimmte diese letztendlich widerwillig zu.

Am anderen Morgen sollte unsere Reise beginnen. In der Herrgottsfrühe, draußen war es noch stockdunkel, weckte meine Mutter uns auf. Wir flogen nur so in unsere Trainingsanzüge und eilten ungewaschen in die Küche. Dort stand das Frühstück schon für uns bereit. Mein Vater war mit dem Frühstück bereits fertig. Er hatte auch schon in der Frühe den Trecker vom Bauern geholt, der abfahrtbereit vor unserem Haus stand. Nach dem Frühstück steckte meine Mutter uns noch belegte Brote zu, die sorgfältig in Pergamentpapier eingewickelt waren. Sie verabschiedete uns mit den Worten: „Macht mir bloß keine Schande. Sitzt ruhig auf dem Trecker. Hampelt nicht herum. Ich will nicht hoffen, dass eine von euch vom Trecker fällt."

„Tante Julchen! Mach dir keine Sorgen. Ich pass schon auf die beiden auf", war die Antwort von Helga.

„Wenigstens eine Vernünftige", war die Antwort meiner Mutter, sie drehte sich um und ging schweigend ins Haus. Ihr war wohl nicht ganz gut zumute, uns auf dem klapprigen Trecker zu wissen und das noch hinten auf der Ladefläche. Wir Kinder hatten Spaß ohne Ende. Es wurde langsam heller und wir entdeckten unterwegs tausend neue Dinge. Uns wurde während der Fahrt nie langweilig.

Nach unendlich langer Fahrt kamen wir endlich im Ruhrgebiet an. Hier wurden wir von unseren Verwandten zuerst einmal ganz herzlich begrüßt und verköstigt. Wir Kinder blieben im Haus, während die Männer die Kohle aufluden. Mein Vater musste an drei Stellen die Kohle abholen. Dadurch verzögerte sich unsere Heimfahrt doch sehr. Als wir endlich losfuhren, war es schon später Nachmittag. Meine Mutter konnten wir nicht benachrichtigen, dass sich unsere Abfahrt verzögerte, denn zu dieser Zeit hatten die normal Sterblichen kein Telefon.

Da es vorne auf dem Trecker zu kalt und zugig war, wir uns darüber auch nicht einig werden konnten, wer von uns vorne sitzen dürfe – es war nur noch Platz für zwei von uns – verfrachtete mein Vater uns kurzerhand alle drei hinten auf den Anhänger. Meine Tante Agnes stellte uns noch eine alte Wolldecke zur Verfügung, damit wir nicht auf den blanken Kohlen liegen mussten. Allmählich wurde es dunkel. Wir langweilten uns sehr, da wir in dieser Dunkelheit nichts mehr sehen und entdecken konnten.

Mein Vater hatte genug mit dem alten, klapprigen Trecker zu tun, der zudem nur ein spärliches Licht hatte. Wir legten uns auf die Kohle. Das monotone Tuckern des Treckers ließ uns endlich einschlafen. Plötzlich gar es einen sehr lauten Knall. Wir schreckten auf und dachten: Oh Gott, es ist sicher etwas Schreckliches passiert. Bombenalarm vielleicht? Gewitter? Oder was?

Mein Vater war vom Trecker gesprungen. Plötzlich hörten wir ihn so laut fluchen, wie wir ihn vorher noch nie fluchen gehört hatten. Was war passiert? Ein Reifen war geplatzt. Kein Reserverad. Und nun? Es half nichts. Mitten in der Nacht, stockdunkel und weit und breit kein Haus in Sicht. Mein Vater entschloss sich, einfach so weiter zu fahren. Der ganze Trecker schaukelte hin und her und verursachte natürlich einen fürchterlichen Krach weil die Metallfelge ständig auf die Straße knallte. Wir drei Mädels waren hellwach. An Schlafen war nicht mehr zu denken. Wir diskutierten eingehend, was wohl passieren würde, wenn nochmals ein Reifen platzen würde.

In meinem ganzen Leben habe ich eine so holprige Fahrt nicht mehr erlebt und auch nicht vergessen.

Im Morgengrauen kamen wir zu Hause an. Wir Kinder waren von der Kohle, auf der wir gelegen hatten, schwarz wie die Raben. Mein Vater war fix und foxi. Meine Mutter kam, als sie das Geräusch des Treckers hörte, aus dem Haus gestürzt. Als erstes beschimpfte sie meinen Vater, dann uns, weil wir so schwarz und dreckig aussahen. Erst danach fragte sie meinen Vater, warum es denn in Gottes Namen so lange gedauert habe und wo wir so lange gesteckt hätten.

Mein Vater, völlig übermüdet, hatte aber in diesem Augenblick keine Lust, das Vorgefallene zu erzählen. Er gab nur knapp zur Antwort: „Wenn du es besser und vor allen Dingen schneller kannst, dann kannst du ja das nächste Mal selber fahren.“ Wir gingen danach allesamt schweigsam ins Haus, wuschen uns, aßen noch eine Kleinigkeit, die meine Mutter schon vorbereitet hatte und fielen todmüde ins Bett. Ich ging ansonsten nie so gern zu Bett, aber in diesem Augenblick hatte ich mein Bett so richtig lieb gewonnen.

Die Bauern in der Umgebung waren alle überglücklich, auf diese Weise Kohle zu bekommen. Sie wussten nur nicht, wie sie meinen Vater dafür entlohnen könnten. Das Geld war damals – glaube ich – schon nicht mehr so viel wert oder die Bauern hatten einfach nicht so viel Geld. Mein Vater machte den Bauern den Vorschlag, ihm als Gegenleistung und Entschädigung einfach ein Stück Land zu vermachen. Da die Bauern davon genug hatten, war dies für sie ein vernünftiger und guter Vorschlag und für meinen Vater ein gutes Geschäft. Auf diese Art und Weise gelangte mein Vater im Laufe der Zeit und durch wiederholte Kohle-Touren aus dem Ruhrgebiet an eine nicht unerhebliche Fläche Land. Nur wir drei Mädchen durften nie mehr mitfahren. Dieser Handel missfiel meiner Mutter und war ihr zutiefst zuwider. Jedes Mal, wenn mein Vater wieder ein Stückchen Land hinzu bekam, meckerte sie und meinte, sie wolle nicht Ackerbau und Viehzucht betreiben und schon gar nicht in einer so Gott verlassenen Gegend einmal beerdigt werden. Ich glaube, meine Mutter hatte insgeheim Heimweh nach ihren Geschwistern und dem Ruhrgebiet. Sie war halt ein Stadtmensch.

7

Für Gitte und für mich ging die Zeit wie im Flug vorbei. Wir hatten ja jeden Tag etwas Neues zu entdecken. Hin und wieder besuchte uns auf dem Land die ältere Schwester meines Vaters, Tante Johanna. Sie war eine stattliche und schöne Frau. Sie hatte ganz dickes, kastanienbraunes Haar, welches sie zu einem Nackenknoten zusammengebunden hatte. Die Erwachsenen waren der Ansicht, dass sie allmählich ein bisschen verrückt geworden sei. Wir Kinder hatten dies jedoch nicht bemerkt, beziehungsweise konnten ihr etwas komisches Verhalten nicht einordnen. Da sie jedoch für uns Kinder immer eine Überraschung parat hatte, freuten wir uns regelmäßig auf ihren Besuch. Meine Mutter holte Tante Johanna mit ihrem Fahrrad vom Bahnhof ab. Nachdem sie eingetroffen war, uns Kindern ihre Überraschung in die Hand gedrückt hatte, setzten wir uns gemütlich an den bereits gedeckten Kaffeetisch. Ich musste Tante Johanna natürlich die Neuigkeit mit dem Kubazucker erzählen und dass mein Vater ihn organisiert hatte; und dass meine Mutter ihn hinter ihrem Bett versteckt hätte.

Meine Mutter sprang vom Kaffeetisch auf und mit hochrotem Kopf meinte sie zu mir: „Was hatte ich gesagt? Ihr solltet mit niemandem darüber reden."

Tante Johanna sah zu mir rüber und meinte trocken: „Julchen, dann bin ich eben niemand." Zu Helga, Gitte und mir gewandt, meinte sie: „Wir können ja mal in den nächsten Tagen aus dem Kubazucker Karamellbonbons machen. Ich zeige euch, wie das geht." Die Stimmung war natürlich im Eimer. Die Gespräche verloren sich und sie waren für uns Kinder nicht mehr so interessant. Daher beschlossen Gitte und ich, zum Spielen nach draußen zu gehen.

An einem der nächsten Tage bat Tante Johanna meine Mutter, doch mal eine Schüssel Kubazucker zu holen. Man sah dem Gesicht meiner Mutter an, dass ihr das so gar nicht recht war. Sie wollte aber mit Tante Johanna keinen Streit vom Zaun brechen. Daher erhob sie sich widerwillig, holte eine Schüssel aus dem Schrank und ging damit in ihr Schlafzimmer. Tante Johanna folge ihr auf dem Fuße.

Da sie die Schlafzimmertür hinter sich offen ließen, konnten wir hören, wie Tante Johanna zu meiner Mutter aus Spaß sagte „Schlaft ihr etwa auf dem Zucker?" und zu lachen anfing. Meine Mutter fand das nicht so lustig. Sie drückte die Schüssel mit dem Zucker Tante Johanna in die Hand und zog es vor, die Küche zu verlassen. Jedoch an ihrem Gang stellten wir fest, dass sie kurz vor dem Platzen war.

Tante Johanna forderte uns Mädchen auf, eine Pfanne aus dem Schrank zu holen. Eifrig hatte Helga diese Aufgabe übernommen. Mir sagte sie, Butter aus dem Schrank zu holen und Backpapier. Zur damaligen Zeit befand sich in jedem Haushalt Backpapier. Die halbe Welt backte zu Hause Brot, Kuchen und Plätzchen.

Tante Johanna stellte die Pfanne auf den Herd, gab etwas Butter hinein und wartete, bis die Butter völlig geschmolzen war. Wir durften inzwischen das Backpapier für jeden Teller passend zuschneiden und es mit Butter bestreichen. Zuvor sollte Gitte vier Kuchenteller aus dem Schrank holen.

Ich konnte meine Neugierde nicht im Zaum halten und fragte ganz aufgeregt: „Und jetzt? Wie wird denn aus dem Zeug Bonbons?"

Ich konnte einfach nicht mehr abwarten und hatte auch keine Geduld mehr. Mir dauerte die ganze Prozedur einfach zu lange.

Tante Johanna, eine ruhige, ausgeglichene Person, meinte zu dem Vorgang: „Seht, jetzt ist die Butter geschmolzen. Jetzt schütte ich ganz langsam unter ständigem Rühren den Zucker in die heiße Butter, so lange, bis sich der ganze Zucker aufgelöst und zu einem flüssigen Brei wird. Ihr müsst schon noch ein wenig Geduld haben. Wenn gleich der ganze Zucker geschmolzen ist, werde ich ihn auf das Backpapier gießen. Dann muss die ganze Masse abkühlen. Dazu werden wir die Teller am besten auf die Außenfensterbank stellen. Ihr werdet schon sehen. Es werden herrliche, leckere Karamellbonbons."

Wir alle drei konnten die Zeit bis zum Erkalten der Masse gar nicht abwarten. Immer wieder versuchte eine von uns, den Finger mal in die Masse zu stecken, um zu prüfen, wie weit es denn schon mit dem Erkalten fortgeschritten war. Zur damaligen Zeit hatten die normalen Haushalte noch keine Kühlschränke. Entweder wurden Waren im Keller kühl gelagert oder in der kälteren Jahreszeit Kleinigkeiten auf der Außenfensterbank kühl gehalten. Nach für uns unendlich langer Zeit war es dann so weit. Tante Johanna teilte uns portionsweise die Bonbons ein. Was soll ich sagen? Sie schmeckten für uns genauso gut wie die von der Kirmes. Wir umarmten und lobten unsere Tante ganz überschwänglich. Inzwischen war meine Mutter auch wieder in die Küche zurückgekehrt. Sie hatte sich wohl bei der Nachbarin aufgehalten. Zudem hatte sie sich während ihrer Abwesenheit auch wieder beruhigt. Sie fragte uns: „Na, schmeckt es denn wenigstens?"

„Hm, lecker", antworteten wir alle drei wie aus der Pistole geschossen.

Die Tage mit Tante Johanna verliefen allesamt sehr schön. Immer wieder zeigte sie uns etwas Neues. An einem der nächsten Tage mussten wir die Butter aus dem Schrank holen und, damit sie hart und kalt werden würde, in den Keller bringen. Gleichzeitig stellte sie eine kleine Schüssel mit Wasser auf den Tisch sowie einen kleinen Teelöffel. Nachdem die Butter kalt genug und aus dem Keller geholt war, formte sie aus der Butter mit dem Teelöffel kleine Röschen; dabei tauchte sie nach jedem Blatt, welches sie geformt hatte, den Löffel wieder in das Wasser. So entstanden aus unserer ganz normalen Butter wunderschöne Röschen. Wir Drei hatten mal wieder etwas Neues dazu gelernt und waren hellauf begeistert.

Es kam der Tag, an dem Tante Johanna wieder abreiste. Wir beknieten meine Mutter, Tante Johanna mit zum Bahnhof begleiten zu dürfen. Meine Mutter war davon nicht besonders angetan. Sie war der Meinung, wir würden unterwegs zu viel bummeln und dadurch nur die Ankunft am Bahnhof verzögern. Mein Vater, der sich extra freigenommen hatte, um seine Schwester zu verabschieden, meinte zu meiner Mutter: „Lass doch die Kinder mitgehen. Du weißt doch ganz genau, wie flink sie laufen können."

„Ja, wenn sie denn laufen", war die Antwort meiner Mutter. Nachdem wir weiter gebettelt hatten, gab meine Mutter endlich nach. Mein Vater packte den Koffer von seiner Schwester auf den Gepäckträger und los ging es Richtung Bahnhof. Der lag ungefähr sechs Kilometer von unserer Wohnung entfernt in der Stadt. Es entwickelte sich ein fröhliches Gespräch, in dem Tante Johanna uns sagte, dass sie uns noch viel mehr zeigen würde, wenn wir sie mal besuchten.

Am Bahnhof angekommen, nahm meine Mutter den Koffer vom Gepäckträger, trug ihn in die Bahnhofshalle. Tante Johanna ging zum Schalter und löste ihre Fahrkarte. Wir verabschiedeten uns ganz herzlich von ihr, winkten ihr noch zu, als sie bereits die Treppe zum Bahnsteig hinaufstieg und riefen ihr hinterher, dass wir sie schon bald besuchen würden. Sie verschwand danach in der Menschenmenge.

An einem der folgenden Tage, meine Mutter war mit Tante Anna und Frau Warmers ins Kino gegangen, beschlossen Helga, Gitte und ich – schon eher Gitte und ich, Helga mussten wir erst überreden – auch Karamellbonbons zu machen. Wir holten ebenfalls eine Schüssel Kubazucker aus dem Sack, der im Schlafzimmer meiner Eltern stand. Pfanne auf den Ofen, Butter in die Pfanne und los ging es. Nachdem der Zucker ganz geschmolzen und braun geworden war, forderten Gitte und ich Helga auf, aus dem Schrank die Teller zu holen. In unserem Übereifer vergaßen wir jedoch, das Backpapier auf die Teller zu legen und vorher auch mit Butter einzureiben. Selbst die Teller rieben wir nicht mit Fett ein. Gitte und ich schütteten mit vereinten Kräften die heiße Masse auf die Teller, stellten diese auf die Außenfensterbank und warteten ungeduldig, bis die Masse erkaltet und hart wurde. Jetzt stellten wir auf einmal fest, dass diese harte Masse gar nicht von den Tellern zu lösen war. Helga verfiel sofort wieder in Panik. Sie murmelte nur so vor sich hin: „Was wird Tante Julchen nur sagen? Mein Gott, was wird sie mit uns machen?“, war die ängstliche Frage.

„Helga, halt einfach die Klappe“, war meine Antwort. Ich nahm den ersten Teller von der Fensterbank, überlegte eine Weile, schlug dann den Teller in drei Stücke und drückte jedem von uns eine Scherbe in die Hand.

„Und jetzt?“, fragte Helga ängstlich.

„Lecken, einfach lecken, bis die Bonbons vom Teller alle sind“, war meine einfache Antwort. Wir leckten und schmatzten, bis die Tellerscherbe blitzblank war. Danach warfen wir die Scherben einfach in den Mülleimer und los ging es mit dem zweiten Teller. Die gleiche Prozedur. Und letztendlich war auch der dritte Teller fällig.

Helga wurde auf einmal ganz nachdenklich.

„Ist was?“, fragte ich.

Helga, nachdem sie lange gar nichts mehr gesagt hatte, meinte auf einmal zu mir: „Warum hast du die Teller denn kaputt geschlagen?“

„Na, damit jeder von uns einen gleich großen Anteil bekommt.“

„Quatsch. Vielleicht hättest du vorher mal etwas mehr nachdenken sollen.“

„Wieso? Du hast aber auch ständig was zu meckern.“

„Nein. Überleg doch mal. Wir haben drei Teller. Hättest du jedem von uns einen Teller gegeben, hättest du sie nicht kaputt schlagen müssen.“

Ach du dickes Ei. Ich war mal wieder viel zu hektisch und voreilig gewesen. Meine Reaktion ob der Rüge von Helga fiel dann auch etwas wortkarg aus. „Passiert ist eben passiert. Jetzt kann ich es auch nicht mehr ändern“, war meine einzige Antwort.

Da das Geschehene nicht mehr rückgängig zu machen war, machten wir uns daran, die Küche zu säubern, die Scherben zu beseitigen und alles so herzurichten, wie die Küche vor unserer Aktivität ausgesehen hatte. Danach warteten wir ungeduldig auf meine Mutter.

Die drei Damen kamen wohlgelaunt vom Kinobesuch nach Hause. Ich fragte meine Mutter: „Na, war der Film gut? Und wer spielte darin mit?"

„Ach, die Schauspieler kennst du natürlich nicht. Sie kommen allesamt aus Amerika." Meine Mutter, die kein Englisch sprach, meinte mit verklärtem Blick: „Jeims Deims und Stehwart Granger." (Sie hat es so ausgesprochen).

Gitte meinte nur: „Kennen wir nicht." Wir konnten uns noch nicht über die englische Ausdrucksweise meiner Mutter lustig machen, da wir ja noch nicht in der Schule waren und schon gar nichts mit Englisch am Hut hatten. Erst als wir erwachsen waren, inzwischen auch Englisch gelernt hatten und von alten Zeiten faselten, amüsierten wir uns über diese Ausdrucksweise sehr, nicht hämisch, sondern fanden es einfach nur belustigend.

Einige Tage später wollte meine Mutter den Tisch decken und stelle dabei fest, dass einige mittelgroße Teller im Schrank fehlten. Sie schaute überall nach, wo sie denn sein könnten. Vielleicht im Keller mit noch restlichen Speisen? Oder im Brotschrank? Etwa im falschen Schrankfach? Oder doch noch im Spülbecken? Plötzlich hob sie den Kopf, schaute uns sehr eindringlich an und fragte dann: „Heraus mit der Sprache. Wo sind die Teller? Und was habt ihr mit den Tellern gemacht? Und tischt mir ja keine Märchen oder Lügen auf." Ihr Blick sprach Bände. Gitte und ich sahen uns nur schief von der Seite an und schwiegen.

Helga nahm ihren ganzen Mut zusammen und antwortete: „Wir haben Tante Johannas Karamellbonbons nachgemacht. Dabei hatten wir vergessen, Backpapier auf die Teller zu legen oder zumindest die Teller mit Fett einzureiben. Die ganze Masse blieb an den Tellern kleben. Und weil wir gerecht teilen wollten, haben wir jeden der drei Teller jeweils in drei Stücke geschlagen, damit auch jeder von uns gleich viel abbekommt." Helga war sichtlich erleichtert ob ihrer Beichte und holte tief Luft. Dies tat auch meine Mutter. Sie hatte regelrecht Schnappatmung. Ihr blieb einfach die Spucke weg.

„Und was habt ihr dann mit den Scherben gemacht?"

„Wir haben sie in den Müll geworfen", war meine flotte Antwort.

„So, so, in den Müll geworfen. Ihr seid wohl nicht mehr ganz bei Trost. Ich hätte euch auch für klüger gehalten. Hätte jeder von euch einen Teller genommen, diesen abgeleckt bis er sauber war, hätten wir nun immer noch die drei Teller im Schrank." Daraufhin trat eine eisige Stille ein.

Helga wandte kleinlaut ein: „Das habe ich später auch gesagt."

„Später! Ist zu spät. Dir als Ältester hätte es wahrlich eher einfallen können", war die Antwort meiner Mutter. Sie wandte sich einfach von uns ab, deckte schweigsam den Abendbrottisch. Gemeinsam warteten wir auf meinen Vater, dass er von der Arbeit heimkam und wir endlich essen durften. Mein Vater hatte die Küchentür noch nicht ganz geöffnet, als meine Mutter ihn schon mit den Worten überfiel: „Paul, deine Schwester hat den Kindern ja ganz tolle Stücke beigebracht."

Ganz trocken fragte mein Vater: „Was denn für Stücke?"

„Stell Dir vor. Die drei – damit meinte sie Helga, Gitte und mich – haben versucht, die dämlichen Karamellbonbons nach zu backen. Dabei haben sie mehrere Teller kaputt geschlagen. Was hast du denn dazu zu sagen?" Mein Vater schwieg sich erst einmal aus. Meine Mutter, wütend wie nie, wiederholte: „Ich habe dich gefragt, was du dazu zu sagen hast?"

„Was soll ich denn dazu sagen? Ich weiß gar nicht, warum du dich über ein paar läppische Teller so aufregst", sagte es und setzte sich an den Essenstisch.

Meine Mutter wollte vor uns Kindern den Streit mit meinem Vater wohl nicht weiter fortführen und meinte nur zum Abschluss: „Wenn das denn dein einziger Kommentar ist?" Das Einzige, war sie noch nachschob, war: „Darüber müssen wir noch reden. So kann es mit den dreien nicht weitergehen." Stillschweigend wurde gegessen. Im Anschluss daran durften wir drei den Tisch abräumen und zur Strafe auch gleich noch alles spülen.

Häufig spielten wir abends nach dem Abendessen mit meinen Eltern noch Karten. Nachdem wir mit dem Spülen fertig waren, wollte ich meine Mutter beruhigen und milde stimmen. Ich fragte daher in die Runde: „Soll ich schon mal die Karten holen?"

Bevor überhaupt einer eine Antwort geben konnte, schoss meine Mutter auf mich zu und meinte: „Ihr habt für heute schon genug angerichtet. Kartenspiel ist für heute gestrichen. Ab ins Bett und vergesst ja nicht, euch vorher zu waschen und die Zähne zu putzen." Unter Maulen verließ ich die Küche, jedoch gehorchten wir. Denn wenn meine Mutter in so einer Verfassung war, war mit ihr nicht gut Kirschen essen.

Die Tage verrannen für uns Kinder immer sehr schnell. Wir entdeckten jeden Tag neue Dinge, ob im Wald oder auf den Wiesen oder am Fluss. Endlich rückte der Tag näher, an dem Gitte und ich eingeschult werden sollten. Wir sehnten den Tag so sehr herbei und konnten ihn gar nicht abwarten.

Mein Vater hatte alle Hebel in Bewegung gesetzt, um für uns Tornister zu bekommen. Dank seiner guten Beziehungen und der Kohlengutscheine aus dem Ruhrgebiet gelang es ihm, alles für die Einschulung Notwendige zu besorgen: Tornister, Schiefertafeln, Griffel und sogar Lederschuhe. Diese Schuhe waren zwar hohe Schnürschuhe, wie sie ansonsten die alten Männer trugen, jedoch wir waren stolz wie Oskar. Meine Mutter hatte schon Wochen vorher damit begonnen, für uns Kleider aus abgelegten alten Kleidern zu nähen. Zur damaligen Zeit war es noch hochmodern, mit Schürzen, die man über den Kleidern trug, in die Schule zu gehen. Meine Mutter hatte sich bei der Herstellung unserer Schürzen sehr, sehr viel Mühe gegeben. Sie hatte rund um den Halsausschnitt und den Schulterpartien Rüschen genäht. Wir waren so stolz auf unsere Ausstattung.

Dann kam der große Tag. Unsere Einschulung. Meine Mutter nahm Gitte und mich bei der Hand, daneben dackelten Helga und Reinhold. Wie schon erwähnt, gab es in der Landschule nur zwei Klassenräume: Ein Klassenraum war für die Schüler der 1. bis zur 4. Klasse und der zweite Klassenraum für die Schüler ab der 5. Klasse. Also würden wir im gleichen Klassenraum Platz nehmen wie Helga und Reinhold.

Auf dem Schulhof angekommen, trafen wir auch Günter von der Mühle wieder.

Er kam auf uns zu gerannt und freute sich riesig, uns wieder zu sehen. Gitte meinte leise, dass er sich doch etwas blöde verhalte. Ich fand Günter ganz nett. Plötzlich ging die Schultüre auf, heraus kam ein Lehrer. Aha, wir bekamen also keine Lehrerin, sondern einen Lehrer, dachte ich mir. Gitte und ich sahen uns nur schräg von der Seite an. Wir waren mal wieder der gleichen Meinung: ein komischer Typ. Dies sollte sich im Laufe der nächsten Wochen noch bestätigen. Dieser Lehrer holte eine Liste hervor, auf der alle Namen der Kinder standen, die eingeschult werden sollten. Es ging alphabetisch vonstatten. Irgendwann wurden auch Gitte und ich aufgerufen; zuerst ich, da mein Nachname mit „B" anfing und etwas später Gitte, denn ihr Nachname fing mit „G" an. Aber diese Stimme! Widerlich, einfach ganz widerlich! Wir erkannten sofort, dass dieser Lehrer nie unser Freund werden würde. Und genau so geschah es auch.

Ich war von Geburt an Linkshänderin. Alle Bemühungen meiner Mutter, im Jahr vor der Einschulung mir das Malen und Schreiben mit Rechts beizubringen, schlugen fehl. Ich saß nun in der dritten Reihe, zweiter Platz vom Mittelgang. Neben mir saß eine Hildegard, die doch sehr werkwürdig roch. Man konnte schon sagen, sie stank. Ich fragte sie, ob sie sich denn gar nicht waschen würde? Sie schaute mich nur verständnislos an. Sie wollte jedoch ständig mit mir schwatzen, was ich aber nicht wollte. Mit einer, die so stinkt, wollte ich nichts zu tun haben.

Der Lehrer gab mit seiner hässlichen Stimme die Anweisung, Tafel und Griffel hervorzuholen. Unseren Tornister hatten wir unter der Holzbank verstaut. Der Lehrer malte einzelne Buchstaben an die große Tafel, die wir dann nachzeichnen sollten. Eine ganze Reihe mit kleinen „e“, eine ganze Reihe mit kleinen „b“. Er meinte, diese beiden Buchstaben seien für den Anfang einfacher zu schreiben. Da ich, wie gesagt, Linkshänderin war, begann ich, auf meiner Tafel mit der linken Hand von rechts oben nach links oben zu schreiben. Der Lehrer ging durch die einzelnen Reihen, lobte den oder die eine, kritisierte den oder die andere.

Plötzlich blieb er vor meiner Bank stehen, schaute auf meine Tafel und konnte es einfach nicht fassen, dass ich von rechts nach links schrieb. Er packte mich ganz barsch an, riss mir den Griffel aus der linken Hand und drückte ihn mir in die rechte Hand. Er gab mir sehr, sehr böse und schroff die Anweisung, ich solle gefälligst wie alle anderen Kinder mit der rechten Hand schreiben. Ich bemühte mich, der Anweisung des Lehrers zu folgen. Meine Schreibversuche schlugen jedoch fehl. Mir fiel der Griffel aus der Hand und fiel auf den Boden; ich musste zwischen vielen Beinen unter der Schreibbank meinen Griffel suchen. Es dauerte eine Ewigkeit bis ich ihn gefunden hatte. Da ich den Griffel absolut nicht mit der rechten Hand festhalten konnte, nahm ich ihn wieder in die linke Hand. Und was soll ich sagen? Der wild gewordene Lehrer kam auf mich zu, riss mir den Griffel aus der linken Hand, band meine linke Hand mit meinen Schürzenbändern auf dem Rücken fest und drückte mir den Griffel wieder in die rechte Hand. Mein erneuter Versuch, mit rechts zu schreiben, misslang jedoch wieder. Zum zweiten Mal fiel mir der Griffel zu Boden. Ich kroch wieder unter die Schulbank, um nach meinem Griffel zu suchen. Als ich wieder hochkam, schlug der Lehrer mir vor lauter Wut und Zorn ein Buch auf den Kopf. Das hätte er besser nicht tun sollen. Ich wurde genau so zornig und wütend wie er. Wutentbrannt stieß ich meine Mitschülerin Hildegard, ihr wisst schon, die so stank, in den Mittelgang. So verschaffte ich mir Platz, um aus der Schulbank herauszukommen. Alle meine Utensilien wie Tafel, Griffel, Tornister ließ ich einfach liegen und sagte mir lauter Stimme, dass ich jetzt nach

Hause gehen und meiner Mutter alles erzählen würde. An der Tür angekommen, wandte ich mich noch einmal um und rief in Richtung Lehrer, dass meine Mutter zur Schule kommen und ihm dann auch mit dem Buch auf den Kopf hauen würde.

Mit diesen Worten schlug ich lauthals die Klassenzimmertür zu, um ja schnell genug nach Hause zu kommen. Ich musste etwa einen Kilometer nach Hause laufen. Ich rannte so schnell, dass ich völlig außer Puste zu Hause ankam. Meine Mutter war schier erschrocken, als sie mich plötzlich allein sah. Sie konnte gar nichts fragen. Denn ich fing sofort mit dem Erzählen an. Meine Stimme überschlug sich förmlich. Ich forderte meine Mutter auf, mit mir zur Schule zu kommen, um dem Lehrer mit dem Buch auf den Kopf zu hauen. Meine Mutter verstand in diesem Augenblick nur „Bahnhof". Sie wollte mich beruhigen, redete beschwichtigend auf mich ein, damit ich ihr in aller Ruhe erklären konnte, was denn so Fürchterliches geschehen sei. Nachdem ich in einem etwas gemäßigteren Ton meiner Mutter haarklein erklärt hatte, was geschehen sei, kreuzte ich beide Arme über meiner Brust zusammen, stampfte mit den Füßen auf den Boden und gab meiner Mutter zu verstehen, dass ich nie mehr in die Schule gehen würde, wenn sie nicht sofort mit mir da hinginge. Demonstrativ setzte ich mich dabei auf den Fußboden. Meine Mutter sah keinen Ausweg, als mich hinten auf den Gepäckträger ihres Fahrrades zu setzen, um mit mir zur Schule zu radeln. In diesem Augenblick war ich mächtig stolz auf meine Mutter.

So erreichten wir die Schule. Meine Mutter, völlig aus der Puste, stellte ihr Fahrrad an der Schulwand ab und ging mit mir in das Schulgebäude. Vor der Klassentür Nummer 1 machte sie halt. Meine Mutter klopfte energisch gegen die Tür. Der Lehrer kam heraus. Ich legte sofort los und sagte zu meiner Mutter, sie solle dem Lehrer auch eins auf den Kopf hauen. Dieses Schauspiel wollte ich mir natürlich nicht entgehen lassen. Schadenfroh grinste ich breit. Meine Mutter fasste mich am Arm und befahl mir mit energischer Stimme, sofort ins Klassenzimmer zu gehen, sie habe mit dem Lehrer allein zu sprechen. Der Gesichtsausdruck meiner Mutter ließ keinen Widerspruch zu. Ich schlich ins Klassenzimmer. Die ganze Klasse starrte mich erwartungsvoll an. Alle warteten darauf, was nun geschehen würde. Ich blieb an der Tür stehen und wolle doch unbedingt mitbekommen, was auf der anderen Seite der Tür nun passierte. Ich hörte nur noch, wie meine Mutter mit lauter Stimme zum Lehrer sagte, wenn es etwas zu schlagen gäbe, dann nur zu Hause und nicht durch ihn, und, er solle sich ja nicht einfallen lassen, Helga, Gitte oder mich noch einmal zu schlagen. Oh, hatte ich mich gefreut und beruhigt. Mit geschwollener Brust ging ich zu meinem Platz, zog die stinkige Hildegard aus der Bank, setzte mich auf meinen Platz und fand, dass die ganze Welt doch schön sei.

Dieser Vorgang hatte jedoch ein Nachspiel. Während alle anderen Kinder nach der Schulzeit draußen spielen durften, musste ich täglich mit meiner Mutter das Schreiben mit der rechten Hand üben. Die Ausdauer, die meine Mutter hierbei an den Tag legte, war schon bewundernswert. Manchmal, wenn ich nicht so richtig üben wollte, legte sie meine Schiefertafel auf die innere Fensterbank. Von hier aus konnte ich durch das Fenster dann die anderen beobachteten, wie sie draußen spielten und herumtollten. Das war für mich die größte Strafe. Aber gefruchtet hatte diese Prozedur. So lernte ich mit viel Aufwand und Mühe so ganz allmählich mit der rechten Hand zu schreiben. Bis heute bin ich Linkshänderin geblieben; Nur Schreiben und Golf spielen mache ich mit rechts.

Es kam der Sommer. Oh, welch tolle Zeit. Direkt nach der Schule, nach dem Mittagessen und Schulaufgaben erledigen, durften wir draußen herumtollen. Wenn es so richtig warm wurde, durften wir in dem gegenüber liegenden Fluss baden. Badeanzüge gab es während des Krieges nicht. Wir badeten in unseren Unterhosen. Da keiner von uns einen Badeanzug besaß, nahmen wir es als selbstverständlich hin, in Unterhosen zu baden. Niemand von uns konnte anfangs schwimmen. An den seichten Stellen des Flusses standen wir dann mit einem Bein auf dem Boden, versuchten, das andere Bein zu heben und ruderten mit den Armen vorne herum. Hin und wieder tauchten wir dabei auch komplett unter, um zu beweisen, wie toll wir doch waren. Aber mit der Zeit fruchteten unsere Schwimmübungen und wir lernten auf diese Art und Weise ohne jegliche fremde Hilfe schwimmen.

Wenn nicht ständig zwischendurch der Bombenalarm ertönt wäre und wir schleunigst zum Bunker rennen mussten, hätte man vergessen können, dass tatsächlich Krieg herrschte.

So kam allmählich dann der Herbst. An der Mühle standen mehrere große Esskastanien-Bäume. Die Kastanien waren inzwischen reif. Die Bäuerin aus der Mühle, Tante von Günter und Ludger, wachte über ihre Kastanienbäume, als seien sie ihr Heiligtum. Sie wollte absolut verhindern, dass die Kastanien von Fremden gepflückt würden. Wir aber waren nicht dumm. Wir gingen auf die Wiese des Nachbarbauern, die an die Kastanienbäume grenzte, besorgten uns lange, dicke Knüppel und schleuderten diese in die Kastanienbäume. Und siehe da! Die Kastanien fielen mit ihren stacheligen Schalen auf die Wiese. Ein Teil jedoch landete dabei aber auch auf dem Weg, der an dem Bauernhaus Richtung Mühle vorbei führte. Mit Todesmut kletterten Gitte und ich über den Zaun, um die Kastanien vom Weg aufzusammeln. Manchmal ging es gut. Manchmal jedoch kam die Bäuerin wie eine Furie aus ihrem Haus geschossen, um uns zu verjagen. Jedes Mal rannten wir mit den aufgesammelten Kastanien, die wir in unseren Schürzen verstaut hatten, um unser „Leben". Und jedes Mal freuten wir uns wie Schneekönige, wenn wir von der Bäuerin nicht erwischt wurden.

Wenn wir dann am späten Nachmittag mit den Kastanien nach Hause kramen, fragte meine Mutter regelmäßig, ob wir die Bäuerin auch gefragt hätten, ob wir die Kastanien mit nach Hause nehmen dürften. Dies hatten wir natürlich jedes Mal bejaht und hofften insgeheim, dass meine Mutter uns diese „kleine Unwahrheit" ja nicht an der Nasenspitze ablesen konnte. Ein gutes Gefühl hatten wir bei dieser „kleinen Unwahrheit", wie wir sie nannten nicht. Manchmal röstete meine Mutter für uns die Kastanien. Sie schmeckten einfach köstlich.

8

Der Herbst verging. Der Winter zog ins Land. Um unsere hohen Lederschnürschuhe zu schonen, bekamen wir alle drei Holzschuhe, landläufig bei uns auch „Klotschen“ genannt. Am Anfang war das furchtbar. Regelmäßig schlugen wir uns die Knöchel wund. Doch so langsam gewöhnte man sich auch an diese Unbequemlichkeit. Wir waren jedoch nicht die Einzigen, die Holzschuhe trugen. Alle Kinder der Schule trugen sie.

Eines Morgens, als wir wach wurden, schauten wir aus dem Fenster. Es musste wohl die ganze Nacht durchgeschneit haben. Wir Kinder empfanden die Schneemassen als gigantisch hoch. Noch bevor wir den Weg zur Schule antraten, hatten schon zwei Bauern mit Pferden und Holzpflügen Bahnen in den Schnee gezogen. Wir hätten ansonsten nicht zur Schule gehen können. Die Schneemassen, die die Pflüge zur Seite geschoben hatten, türmten sich meterhoch. Für uns war einfach alles toll. Der erste Schnee! Wir würgten unser Frühstücksbrot hinunter, um ja schnell genug nach draußen zu kommen. Dort trafen Helga, Gitte und ich uns mit den Nachbarkindern, und auch mit dem blöden Reinhold und mit Irmgard, seiner Schwester, um gemeinsam den Schulweg anzutreten.

Unterwegs alberten wir herum, bewarfen uns mit Schneebällen, schupsten und stießen uns gegenseitig in den Schnee. Als wir an der Schule angekommen waren, wurde uns auf einmal ganz mulmig. Wir hatten die Zeit vertrödelt: Der Schulunterricht hatte bereits begonnen. Vor der Klassentür gab Helga, weil sie die älteste von uns war, den Takt vor. Sie meinte: „Ich klopfe an und dann gehen wir alle gemeinsam hinein.“ Gesagt, getan. Klopf, Klopf. Helga riss die Tür auf. Gemeinsam brüllten wir: „Guten Morgen!“

Der Lehrer sah uns entgeistert an und warf uns allesamt wieder aus dem Klassenzimmer. Im Hinausgehen brüllte er noch hinterher, ob wir nicht wüssten, wie wir zu grüßen hätten. Wir schlichen wieder allesamt aus dem Klassenzimmer, zogen die Tür hinter uns zu. Helga meinte, wir hätten nicht „Guten Morgen" sagen dürften, sondern „Heil Hitler".

So wiederholten wir die ganze Prozedur. Klopf, klopf. Von innen der Lehrer: „Herein!"

Diesmal riss Reinhold die Klassenzimmertür auf und alle brüllten auf Kommando mit lauter Stimme: „Heil Hitler!" Außer Gitte und mir. Wir schlugen lediglich unsere Holzschuhe gegeneinander, sodass es laut schepperte. Dabei grinsten wir unverschämt und fanden es auch noch ganz lustig. Der Lehrer ließ alle Platz nehmen, außer Gitte und mich. Uns warf er wieder hinaus. Gitte und ich sahen uns vor der Klassentür schweigend an, nickten mit dem Kopf, klopften wieder an die Klassentür, warteten, dass der Lehrer „Herein" rief, rissen dann diese auf, klapperten mit unseren Holzschuhen so laut wir nur konnten und riefen laut: „Guten Morgen!" Diese Zeremonie wiederholte sich tatsächlich dreimal, bis dem Lehrer der Geduldsfaden riss. Beim dritten Mal sprang er wutentbrannt auf, kam schnaubend auf uns zu, gab jedem von uns eine Backpfeife und forderte uns auf, unsere Plätze einzunehmen. Ich konnte mir nicht verkneifen zu sagen: „Meine Mutter hatte Ihnen doch verboten, uns zu schlagen."

Er drohte dabei noch, den Vorfall nicht so schnell zu vergessen.

Ich schob nur ein: „Und ich vergesse es auch nicht, meiner Mutter zu erzählen."

Den Vorfall würde ich meiner Mutter jedoch auf keinen Fall erzählen. Denn dann würden wir von ihr garantiert die nächste Ohrfeige erhalten. Na und? Gitte und ich hatten auf jeden Fall unseren Spaß. Die Backpfeife vom Lehrer aber würden wir auf keinen Fall so schnell vergessen.

Gitte, weil sie eine der kleinsten in unserer Klasse war, saß in der ersten Reihe.

Ich, wie schon vorher erwähnt, saß in der dritten Reihe, zweiter Platz vom Mittelgang. Neben Gitte saß ein Mädchen vom

Bülten. Deren Eltern mussten wohl Beziehungen zu höheren Leuten haben. Gitte meinte, wahrscheinlich zu Hitler. Dieses Mädchen war die Einzige in der ganzen Klasse, deren Griffel mit goldenem Papier umwickelt waren. Gitte war von diesen goldenen Griffeln hellauf begeistert. Da ihre Nachbarin zwei dieser tollen Griffel besaß, bat Gitte, ihr doch einen Griffel abzugeben, was diese aber ablehnte. Gitte wurde, ob dieser Verweigerung stinksauer. Ganz plötzlich nahm sie einen dieser goldenen Griffel, brach ihn mittendurch und legte die zwei Griffelstücke, ohne einen Ton von sich zu geben, wieder an den Platz zurück, von dem sie den Griffel vorher entwendet hatte. Da fing ihre Klassenkameradin so laut an zu heulen und zu schreien, dass man hätte denken können, ihr sei etwas ganz Fürchterliches geschehen oder sogar irgendjemand wolle sie ermorden. So fürchterlich klang das.

Der Lehrer, völlig erschrocken, stürzte auf die Bank zu, erkundigte sich, was geschehen war. Unter Heulen und Schluchzen berichtete Gittes Nachbarin dem Lehrer, was passiert war. Nachdem sich dieser wieder einigermaßen gefasst hatte, den Vorgang so gar nicht richtig begreifen konnte, zog er Gitte sehr unsanft von ihrem Platz hoch, fasste sie im Nacken und zog sie zur Strafe hinter die große Tafel. Dort stand sie nun. Ich glaube, dass dies für sie keine so große Strafe bedeutete. Sie machte nämlich hinter der Tafel ständig Mätzchen und Grimassen, sodass die halbe Klasse lachen musste. Dies wiederum brachte den Lehrer auf die Palme. Als er merkte, dass keiner in der Klasse ihm zuhören wollte, zog er Gitte hinter der großen Tafel wieder hervor und schickte sie wieder zu ihrem Platz zurück.

Nach Schulschluss gingen wir allesamt nach Hause. Die Sonne schien hell und freundlich und wir empfanden den Schnee toll und absolut nicht als kalte Masse. Hin und wieder stießen wir uns gegenseitig an, sodass man in den hoch aufgeschütteten Schnee fiel. Nach der Brücke, die wir jeden Tag überqueren mussten, war auf der linken Seite ein tiefer Graben. Er war total zugeschneit. Gitte und ich sahen uns schelmisch an. Wir verstanden uns mal wieder stumm. Wir machten über dem zugeschneiten Graben einen Handstand und animierten die anderen, es uns gleich zu tun. Reinhold, unser total verhasster Freund, wollte uns Mädchen beweisen, dass er es besonders gut könnte. Er brüstete sich damit, dass er es auf jeden Fall besser könne als Gitte und ich. Er nahm Anlauf, stützte seine Hände vor dem Graben auf, und schwang sich hoch und seine Beine ragten nach oben. Da schnappten Gitte und ich Reinhold an den Beinen und drückten ihn kopfunter in den zugeschneiten Graben. Er steckte bis zum Bauch im tiefen Schnee. Seine Beine zappelten und strampelten wild herum. Dabei hatten wir einen Riesenspaß. Auf einmal jedoch blieben die Beine ganz regungslos.

Helga, die Älteste von uns, bekam es auf einmal mit der Angst zu tun. Sie schrie so laut sie konnte. Wir sollten ihr helfen, diesen Weichling aus dem Graben zu ziehen. Mit vereinten Kräften gelang es uns letztendlich auch. Als Reinhold aus dem Graben befreit war, konnten wir es kaum glauben. Er gab keinen einzigen Laut von sich. Sein Gesicht war ganz blau angelaufen. Helga wollte gerade Mund-zu-Mund-Beatmung beginnen, als er seine Augen öffnete. Wir halfen ihm mit vereinten Kräften auf die Beine.

Was aber dann geschah, war gar nicht nett. Er brüllte und meinte im Wegrennen, dass er das nicht nur seiner Mutter, sondern auch meiner Mutter erzählen würde. Wir gingen ganz langsam und schweigsam nach Hause, wohlwissend, was passieren würde, wenn dieser „Petzeheini“ dort schon alles erzählt hätte. Zu Hause angekommen, stand meine Mutter bereits mit mehr als strafenden Blick im Türrahmen. Sie fragte uns zuerst, was wir uns dabei denn gedacht hätten.

„Nix“, war die Antwort von Gitte und mir.

„Nix?“, fragte meine Mutter. Ihre Stimme überschlug sich vor Sorge und Wut. Sie fragte darum Gitte und mich: „Was wäre passiert, wenn Reinhold erstickt wäre. Hm?“

Unsere Antwort kam wie aus der Pistole geschossen: „Ist er aber nicht.“

Dies war für meine Mutter nun doch zu viel. Ihr platzte ob unserer Uneinsichtigkeit die Hutschnur und gab uns beiden eine schallende Ohrfeige. Sie meinte: „Das ist dafür, damit ihr ja nicht noch einmal einen solchen Blödsinn verzapft. Und übrigens: Heute Nachmittag habt ihr beide Hausarrest.“

An einem der nächsten Tage gesellten sich die Kinder von den Bauern zu uns, um mit uns gemeinsam zur Schule zu gehen. Dabei war auch mein späterer Schulfreund, Karl. Unterwegs hatten wir einen Heidenspaß. Wir tobten und ärgerten uns gegenseitig, stießen uns gegenseitig an, versuchten damit, den anderen zu Fall zu bringen. Karl hielt sich, während er zu Boden fiel, an meinem Kunststofftornister fest. Ich wollte Karl abschütteln und bewegte mich, so schnell ich konnte, hin und her. Ganz plötzlich hatte er den Tornister in seinen Händen und ich nur noch die Riemen um die Schultern. Als ich registrierte, was geschehen war, packte mich die heilige Wut. Ich stürzte auf Karl los, der aufgrund meiner Schnelligkeit völlig überrascht war. Ich riss so lange an seinem Hemdkragen, bis ich ein Stück davon in der Hand hielt. Ganz allmählich verebbte meine Wut. Zu Karl gewandt, meinte ich nur, er solle mir in nächster Zeit ja nicht über den Weg laufen.

Nach Schulschluss klemmte ich meinen abgerissenen Tornister unter den Arm, die Riemen ließ ich über meinen Schultern baumeln. So zu Hause angekommen, fragte meine Mutter, was denn jetzt schon wieder passiert sei. Ich versicherte ihr, dass mich keine Schuld träfe, dass Karl mir den Tornister von den Schultern gerissen habe.

„Wer ist denn dieser Karl?“, fragte meine Mutter.

„Na, der, der mir den Tornister abgerissen hat“, war meine lapidare Antwort. Ich wartete gespannt, was nun noch weiter passieren würde. Aber seltsam. Es passierte nichts. Meine Mutter wurde seltsam schweigsam. Als ich in ihr Gesicht sah, stellte ich fest, dass ihr Gesichtsausdruck sehr traurig wirkte. Sie meinte nur ganz leise in fragendem Ton, was sie mit mir noch alles anstellen solle, damit ich, wie alle anderen Mädchen, etwas zivilisierter würde.

Gegen Abend kam mein Vater von der Arbeit nach Hause. Meine Mutter zeigte ihm den kaputten Tornister. Mein Vater überlegte nicht lange. Er ging in den Keller, holte ein Stück schwarzen Gummistreifen hoch und nähte diesen auf meinen Tornister und darauf befestigte er die Schulterriemen. Er meinte zu mir, dass dies nunmehr garantiert halten würde, auch wenn man mal etwas heftiger daran reißen würde. Meine Güte, sah das hässlich aus. Mit so einem schäbigen Ding sollte ich tatsächlich in die Schule gehen? Der Tornister, mehr aus Pappe als aus Leder war nämlich dunkelbraun und der Gummistreifen schwarz. Ich sagte dann meinen Eltern, dass ich mit so einem schäbigen Ding nicht mehr in die Schule gehen würde. Meiner Mutter lief nun aber die Galle völlig über.

Sie meinte zu mir: „Wenn du dich etwas zivilisierter verhalten und nicht ständig mit anderen Kindern raufen und streiten würdest, müssten wir jetzt nicht über diesen Tornister diskutieren. Und übrigens sei froh, dass Vater den Tornister einigermaßen repariert hat. Du weißt ganz genau, dass wir in der heutigen Zeit keinen neuen Tornister bekommen können. Wir waren schon froh, dass wir euch überhaupt die Dinge für die Einschulung besorgen konnten. Das war verflixt nicht einfach. Wenn der Tornister dir so nicht gefällt, kann ich ja als Alternative ein Stück Band um deine Schulsachen binden. Die kannst du dann ja bequem über deine Schultern hängen." So der Kommentar meiner Mutter. Gleichzeitig sah sie mich dabei mehr als strafend an. Dies war der Augenblick, an dem ich besser meinen Mund halten sollte.

Am anderen Tag musste ich natürlich mit diesem doch so schäbigen Tornister wieder zur Schule gehen. Ich habe mich fürchterlich geschämt und war total sauer. Vor lauter Wut konnte ich nicht so richtig frühstücken. Auf dem Weg zur Schule sann ich schon nach Rache. Ich malte mir schon in meinen Gedanken aus, was ich mit meinem Schulfreund Karl anstellen würde. Auf dem Schulhof angekommen, rannte ich auf ihn zu, zeigte ihm meinen hässlichen Tornister und fragte ihn: „Na, siehst du, was du angestellt hast?

Sieht das nicht Scheiße aus?" Karl konnte gar nicht so schnell antworten, wie ich ihn weiter anranzte. Ich forderte ihn auf, mir ja nicht in den Schulpausen über den Weg zu laufen. Sonst würde ich wieder irgendein Teil von seiner Kleidung abreißen.

Im Weggehen rief er mir noch zu: „Meinst du, meine Mutter war nicht sauer wegen dem zerrissenen Hemd? Und weißt du, deinetwegen habe ich eine schallende Ohrfeige erhalten", sagte es und weg war er. Karl befolgte dennoch in den nächsten Wochen meinen Rat und ging mir tunlichst aus dem Weg.

Wie bereits erwähnt, wohnten unsere Verwandten zum größten Teil im Ruhrgebiet. Diese hatten dort nicht viel zu essen. Es gab in den Läden auch nicht mehr viel zu kaufen. Daher beschlossen meine Eltern, mehr Schweine zu halten, um unsere Verwandten im Ruhrgebiet zu versorgen, damit sie auch genau so gut wie wir zu essen bekämen. Deshalb hatten wir ständig nicht nur ein, sondern zwei Schweine im Stall. An einem der folgenden Tage sollte mein Vater für unsere Nachbarin, die, mit den drei Kindern, deren Mann auch im Krieg war, ein Schwein schlachten. Unsere beiden Schweineställe lagen nebeneinander. Nachdem das Schwein der Nachbarin geschlachtet war, musste der Trichinenbeschauer bestellt werden. In der damaligen Zeit durfte kein Schwein ohne diesen Beschauer geschlachtet beziehungsweise verarbeitet werden. Er hatte zum einen die Aufgabe, das Fleisch auf Trichinen zu untersuchen und zum anderen zu registrieren, wann und wie viele Schweine der einzelne Haushalt schlachten würde. Man durfte nämlich nur maximal jedes halbe Jahr pro Familie ein Schwein schlachten.

Dieser Trichinenbeschauer war in der ganzen Gegend mehr als unbeliebt. Er hatte in der Vergangenheit schon viele Familien angezeigt, die innerhalb eines Jahres mehr als zwei Schweine geschlachtet hatten. Diese Nachbarn bekamen mit den Ämtern sehr, sehr viel Ärger. Welchen Ärger sie bekamen, konnten wir aus den Gesprächen der Erwachsenen leider nicht heraushören. Wenn wir mal einen Elternteil nach dem vermeintlichen Ärger fragten, wurde uns nur gesagt, dass uns das nichts angehe und wir ja unser loses Mundwerk halten sollten. Es kam aber auch hin und wieder vor, dass das Amt bei einer Familie, die sich nicht an die Schlachtquote hielt, ein Schwein beschlagnahmte.

Wie gesagt: Der Trichinenbeschauer kam, entnahm dem Schwein eine Probe und danach schlich er still und klammheimlich in unseren Schweinestall, um zu schauen, wie viele Schweine wir im Stall hätten. Zu dieser Zeit hatten wir ein ganz weißes Schwein und ein weiteres Schwein, welches fast ganz schwarz war. Dieses schwarze Schwein hatte mein Vater wegen der Fehlfarbe vom Bauern als kleines Ferkel umsonst bekommen.

Als mein Vater bemerkte, dass dieser Neugierige sich in unserem Stall aufhielt, warf er ihn achtkantig einfach raus. Die Haltung des Trichinenbeschauers war merkwürdig steif. Meine Mutter meinte zu meinem Vater, er hätte doch besser etwas umgänglicher mit ihm umspringen sollen.

Mein Vater hingegen erwiderte nur kurz, er habe sich sehr beherrschen müssen. Am liebsten wäre er noch ganz anders mit ihm umgesprungen, so seine Antwort. Er fragte meine Mutter auch noch, ob sie vergessen habe, was mit unserem anderen Nachbarn passiert sei.

Etwas später schlachtete mein Vater unser schwarzes Schwein, ohne Genehmigung des Trichinenbeschauers, für unsere Verwandten im Ruhrgebiet, die ja ständig nichts zu beißen hatten. Das Schwein wurde zerteilt; es wurden Würste gekocht, Speckseiten auseinandergeschnitten und in Portionen aufgeteilt. Meine Mutter hatte für uns drei Mädchen, Helga, Gitte und für mich aus den Jutesäcken kleine Rucksäckchen genäht. Diese wurden mit Speckseiten und Würsten gefüllt. Sowohl meine Mutter als auch wir Mädchen traten am anderen Tag mit unseren gefüllten Rucksäcken mit der Eisenbahn die Reise zum Ruhrgebiet an. Am Tag vorher hatte meine Mutter Helga für unseren Lehrer einen Brief mitgegeben. Was darin stand, welche Entschuldigung, hat sie uns nie verraten. War für uns auch nicht so wichtig.

Morgens in aller Herrgottsfrühe brachte mein Vater uns zum Bahnhof. Er verabschiedete sich mit den Worten, dass wir ja gut auf uns aufpassen sollten.

Der Zug rollte in den Bahnhof ein. Nur mit Mühe und Not konnten wir einsteigen.

Der Zug war rappelvoll. Es gab nur Stehplätze.

Da die Bahnstrecke zwischen Hervest-Dorsten und Dorsten ständig bombardiert wurde und zum Teil die Gleise nicht mehr befahrbar waren, konnte der Zug nicht durchfahren. Man musste in Hervest-Dorsten aussteigen und bis Dorsten zu Fuß laufen. Das waren, wie meine Mutter sagte, etwa fünf Kilometer. In Dorsten wartete schon der Anschlusszug zum Ruhrgebiet.

Wir Kinder fanden diese Reise interessant und toll. Eine neue Abwechslung. Unsere kleinen Beine liefen, was das Zeug hielt. Nur meine Mutter, die etwas füllig gebaut war, kam nicht so schnell mit. Mit uns marschierten auch sehr viele Hamsterfrauen. Hamsterfrauen waren Frauen aus dem Ruhrgebiet, die Wertsachen, wie Goldschmuck und anderes bei den Bauern eintauschten gegen Kartoffeln, Butter, Eier, Speck, na halt, was sie eben von den Bauern dafür bekamen. Diese Frauen hatten viel, viel größere Rucksäcke als wir. Sie waren auch nicht aus billigem Jutestoff, sondern aus echtem Leder oder schwerem Segeltuch. Ihre Rucksäcke waren vollgestopft mit allem Möglichen.

In Dorsten angekommen, bestiegen wir dann den Anschlusszug zum Ruhrgebiet. Der Zug war natürlich wiederum rappelvoll. Es gab wieder nur Stehplätze. Wir Kleinen waren eingezwängt zwischen all den vielen Frauen mit ihren Rucksäcken. Jedes Mal, wenn der Zug ruckelte, wurden uns die Rucksäcke der Hamsterfrauen gegen das Gesicht gedrückt. Wir hatten schon ganz rote Gesichter.

Ich wurde auf einmal so sauer und wütend. Meine Wangen waren schon sehr rau und rot. Als beim nächsten Ruckeln des Zuges mir wieder so ein Rucksack gegen das Gesicht schlug, hängte ich mich einfach an diesen Rucksack. Und? Was soll ich sagen? Die Hamsterfrau und ich fielen um. Ich zeigte ihr am Boden liegend meine rote Backe und meinte, sie solle ja nicht noch einmal ihren Rucksack in mein Gesicht schlagen. Sie schaute mich an, half mir hoch, nahm wortlos ihren Rucksack von ihren

Schultern und klemmte ihn zwischen ihre Beine. Dabei streichelte sie liebevoll über meinen Kopf. Dies alles geschah stillschweigend.

Nun aber zurück zu unserem Schweinestall. Nach einigen Wochen beschloss mein Vater, für uns fristgerecht das weiße Schwein zu schlachten. Zu diesem Schlachtfest hatten meine Eltern meinen Vetter Heini, Sohn meiner Patentante Agnes, eingeladen. Er hatte ja noch nie erlebt, wie so ein Schwein geschlachtet wird. Heini war – wie ich früher schon erwähnte – drei Jahre älter als Gitte und ich, genauso alt wie Helga. Darum verstanden Helga und Heini sich besonders gut. Sie tuschelten hin und wieder, was wir nicht hören sollten. Wenn wir fragten, was es denn so Geheimnisvolles zu bereden gäbe, bekamen wir nur zur Antwort, das sei nichts für uns Kleine. Die beiden kamen sich wohl besonders klug vor. Wir taten es einfach ab, indem wir dachten, dass die beiden nicht ganz klar im Kopf seien.

An diesem Abend gingen wir allesamt früh zu Bett. Denn mein Vater wollte sehr früh am Morgen unser weißes Schwein schlachten. Er bot Vetter Heini an, dass er beim Schlachten das Blut rühren dürfe. Es war nämlich so, dass das Blut gerührt werden musste, wenn das Schwein abgestochen wurde; das Blut durfte nicht gerinnen. Man hätte es ansonsten nicht mehr verwenden können.

Ich sah meinen Vater vorwurfsvoll an. Er hatte mir in der Vergangenheit immer wieder versprochen, dass ich beim nächsten Mal das Blut rühren dürfe. Ich glaube, er wollte mich nur stets vertrösten. Ernst hatte er es mit seiner Zusage wohl nie gemeint oder meine Mutter hatte es ihm stets verboten. Woran es tatsächlich lag, dass ich nie zum Zuge kam, habe ich auch nie herausbekommen. Sehr beleidigt war ich dennoch, dass meinem Vetter diese Aufgabe zuteilwurde. Ich sah mir interessiert das Gesicht meines Vetters an und merkte, dass dieser ganz blass um die Nase herum geworden war. Zu meinem Vater gewandt sagte ich: „Du hattest es mir doch versprochen, dass ich beim nächsten Mal das Blut rühren darf.“

„Heini ist ja nicht so oft da. Du darfst das dann beim nächsten Mal.“

„Immer beim nächsten Mal, immer beim nächsten Mal“, maulte ich laut. „Sieh doch, wie Heini weiß um die Nase ist. Ich glaube, der hat Schiss.“

„Halt endlich deinen vorlauten Mund und jetzt ab ins Bett“, warf meine Mutter ein. Wenn sie ein Machtwort sprach, gehorchten wir aufs Wort.

Am anderen Morgen waren wir alle schon sehr früh wach. Ich fragte während des Aufstehens meinen Vetter Heini, ob er schon die Hosen voll habe. Ich gab ihm auch noch den weisen Ratschlag, ja nicht beim Rühren in das Blut zu fallen.

„Halt doch deinen vorlauten Mund“, verteidigte Helga unseren Vetter.

Nach dem gemeinsamen Frühstück war es dann soweit. Vater stand auf, bat Heini, mit ihm zu kommen. Gitte und ich wollten auf jeden Fall die Schlachtzeremonie miterleben. Daran wurden wir jedoch von meiner Mutter gehindert. Als diese dann in den Garten ging, um Gemüse für das Mittagessen zu holen, schlichen wir uns klammheimlich in die Waschküche und versteckten uns hinter der Eingangstür, ließen aber die Tür ein Stück offen, damit uns ja nichts entging.

Los ging es. Das Schwein quiekte noch eine Weile und plötzlich war es mucksmäuschenstill. Mein Vetter stand neben dem toten Schwein, eine große Blechschüssel sowie eine große Kelle zum Rühren in der Hand. Plötzlich schrie mein Vater laut: „Heini, rühren, rühren.“ Wir sahen, dass Heini dort steif stand wie eine Salzsäule. Er rührte sich keinen Millimeter von der Stelle. Mutig, wie ich nun mal war, sprang ich hinter der Tür hervor, nahm meinem Vetter die große Schüssel und die Rührkelle aus der Hand und erledigte seine Aufgabe. Ich sah, wie meinem Vater vor Erregung die Schweißperlen von der Stirn fielen.

Als das Schwein ausgeblutet war, klopfte mein Vater mir auf die Schulter und meinte: „Fertig. Kannst aufhören zu rühren. Bist halt mein tapferes, kleines Mädchen.“

Oh, tat mir dieses Lob gut!

Heini wurde kotzübel. Er rannte hinaus und übergab sich.

Am anderen Tag kam ordnungsgemäß wieder der Trichinenbeschauer. Er ging in den Stall, sah sich genau um und fragte alsdann meinen Vater, wo er denn „dat schwatte Schwien" gelassen hätte.

In seiner Aufregung sprach der Trichinenbeschauer platt. Mein Vater zog den neugierigen Beschauer ganz in den Schweinestall, zog die Schweinestalltür hinter sich zu, damit wir Kinder ja nicht mitbekämen, was er denn dem Neugierigen zu sagen hätte. Wir waren aber auch sehr neugierig und legten unsere Ohren an die Schweinestalltür. Wir hörten meinen Vater sagen: „Dat schwatte Schwien häb ik witt geschlachtet und wenn du deine Klappe nich hölst, büs du der Nächste." Sowohl der Trichinenbeschauer als auch mein Vater sprachen in ihrer Erregung Plattdeutsch.

Mann, war ich stolz auf meinen Vater. Wortlos zog der Nachbarschaftsverräter von unserem Grundstück. Wir haben nie mehr Negatives von ihm gehört.

An diesem Tag konnten wir mal wieder ohne Bombenalarm zur Schule. Der Beschauer hatte in unserer Klasse auch einen Sohn. Den konnten Gitte und ich nie besonders gut leiden. Er sah immer so schmuddelig aus und ständig hatte er eine Rotznase. Richtig ekelhaft. An diesem Morgen ärgerten wir diesen Verhassten damit, indem wir ihm sagten, dass unser Vater eventuell seinen Vater schlachten würde. Er machte sich aber nicht viel daraus. Ich glaube, er hatte keinen guten Draht zu seinem Vater.

Wir empfanden den Unterricht an diesem Morgen besonders langweilig. Die Zeit wollte einfach nicht schnell genug vergehen. Endlich betätigte der Lehrer die große Schulglocke. Dies war das Signal, dass der Unterrichte endlich vorüber war. Wir konnten nicht schnell genug nach Hause kommen. Denn an diesem Nachmittag wurde gewurstet. Das war immer ein Festtag. Mutter und Vater machten gemeinsam Leberwurst, Blutwurst,

Mettwurst. Die Würste im Darm wurden in dem großen Waschkessel, in dem sonst alle vier Wochen die Wäsche gekocht wurde, gar gekocht. Mein Vetter Heini musste von allem etwas probieren. Mein Vater gab ihm auch noch von dem fertigen Mett zum Probieren. Er hat es redlich genossen. Abends wurde in einer großen Pfanne Blutwurst gebraten. Dazu gab es Apfelmus und Pellkartoffeln. Oh, es war sehr leckeres Abendessen. Wir alle haben an diesem Abend mehr als sonst gegessen. Meine Mutter meinte nur, wir sollten uns ja nicht überfressen.

Spät abends, wir wollten schon alle zu Bett gehen, fing mein Vetter Heini auf einmal an zu jammern und zu stöhnen. Er habe riesige Leibschmerzen. Er war ganz grün im Gesicht. Meine Mutter meinte, er habe sicher zu viel gegessen. Er solle doch versuchen, einen Finger in den Hals zu stecken, damit es herauskäme. Sein Versuch misslang. Sein Gejammer wurde immer stärker. Er fing an zu schwitzen, fing an zu heulen und rief nach seiner Mama. Die war aber nicht da. Meine Eltern wussten sich keinen Rat mehr.

Meine Mutter veranlasste meinen Vater, mit dem Fahrrad zu unserem Hausarzt in die Stadt zu radeln, rund sechs Kilometer von uns entfernt. Telefon gab es damals auf dem Land ja nicht. Insgeheim machten meine Eltern sich Vorwürfe, nicht besser auf den Jungen geachtet zu haben. Der Arzt traf eher bei uns ein als mein Vater. Er hatte ja als Privilegierter ein Auto. Mein Vater trudelte mit seinem Fahrrad eine ganze Weile später ein. Der Arzt untersuchte meinen Vetter und ließ sich von meiner Mutter haarklein erklären, was der Junge den ganzen Tag gegessen habe. Meine Mutter erzählte, dass er während des Wurstens von allem etwas probiert habe, insbesondere habe der das Mett genossen. Als der Arzt seine Untersuchung beendet hatte, meinte er zu meiner Mutter, dass der Junge das Fett nicht vertragen hätte. Sein Körper wäre fettentwöhnt. Er dürfe am anderen Tag auf keinen Fall fetthaltige Speisen zu sich nehmen. Am besten Haferbrei, bis sich der Magen wieder beruhigt habe. Die Kehrseite dieses Vorfalles war, dass wir alle vier Haferbrei essen mussten. Mensch, hatte ich eine Wut auf meinen Vetter. Nach ein paar

Tagen fuhr Vetter Heini dann wieder nach Hause, voll bepackt mit Wurst und Speck.

9

Die Zeit verging wie im Fluge. Wir hatten uns inzwischen an den Krieg gewöhnt, sofern man überhaupt von Gewöhnung sprechen konnte. So allmählich kam das Frühjahr. Wir Kinder konnten es gar nicht abwarten. Mensch, waren wir alle froh. Endlich konnten wir die verhassten, kratzigen, langen Wollstrümpfe, die mit Gummibändern am Leibchen festgeknöpft waren, weglegen. Wir genossen die frische Luft an unseren Beinen und waren froh, dass meine Mutter für uns alle Kniestrümpfe gestrickt hatte. Ihr habt richtig gehört: gestrickt. Denn es gab ja keine fertigen Kniestrümpfe zu kaufen.

Ansonsten ereignete sich nicht allzu viel. Als der Krieg immer stärker zunahm und wir auf dem Land auch nicht davon verschont blieben, konnten wir nicht mehr regelmäßig in die Schule gehen. Es kam auch schon mal vor, wenn wir nach der Schule auf dem Heimweg waren, dass ganz plötzlich die Alarmsirene losging. Wir sahen die Bombenflieger ganz deutlich hoch am Himmel. Wir hatten zwar Angst, jedoch machten wir das Beste daraus. Da wir keine befestigten Straßen hatten, nur Sandwege, die zudem von den Pferdefuhrwerken total tiefe Rillen aufwiesen, legten wir uns allesamt hintereinander in diese tiefen Fuhrwerk-Rillen. Wir blieben stets so lange darin liegen, bis wir die Entwarnungssirene hörten. Natürlich waren wir durch den Sand und Dreck total staubig und verschmiert. Sogar unsere Gesichter waren schmutzig. Wir schauten uns dabei jedes Mal an und mussten lauthals lachen. Wenn wir nach einer solchen Attacke nach Hause kamen, schaute meine Mutter uns stets streng an und meinte: „Kinder, das habt ihr ganz toll gemacht. Weiter so.“ Wir konnten ihre Aussage nicht ganz begreifen. Denn wenn wir sonst abends dreckig vom

Spielen nach Hause kamen, setzte es regelmäßig ein Donnerwetter.

Es kam der Mai. Welch ein herrlicher Monat. Die Sonne strahlte vom Himmel; alle Menschen waren auf einmal viel fröhlicher und besser gelaunt. Zu Hause hatten wir auch schon ein Radio. So ein braunes, rechteckig hochgestelltes Ungeheuer. Vorne war es mit einem hässlichen braunen Stoff bezogen. Man nannte das Ding Volksempfänger.

Die Nachbarn, die kein Radio hatten, kamen regelmäßig zu uns, um die neuesten Vorkommnisse in Deutschland zu erfahren. Manchmal wetterten sie und meinten, dass die Lügenbande – sie meinten wohl die Regierung in Berlin – im Radio doch nicht die Wahrheit sagen würden.

An einem dieser Tage war die halbe Nachbarschaft mal wieder bei uns in der Wohnküche versammelt. Eine Nachbarin brachte Kuchen mit und alle ließen es sich gut schmecken. Bei solchen Anlässen mussten wir Kinder stets mucksmäuschenstill sein. Denn der Empfang war nicht immer vom Besten. Auf einmal hörten die Erwachsenen im Rundfunk die Nachricht, dass der Krieg vorbei sei. Alle sprangen hoch, umarmten sich, hatten Tränen in den Augen und drückten uns Kinder wie verrückt. Meine Mutter ging eiligst ins Schlafzimmer. Dort hatte sie für besondere Anlässe stets den selbst gebrannten Likör versteckt. Sie sagte zu uns Kindern wir sollten die Gläser aus dem Schrank holen. Sie schenkte dann allen Nachbarn ein Gläschen Likör ein. Bevor sie mit den Nachbarn anstieß, bat sie mich, noch drei weitere Gläser für Helga, Gitte und mich aus dem Schrank zu holen. Sie meinte: „Heute ist ein Glückstag. Heute habt ihr auch ein Schlückchen verdient. Dieser Tag muss gefeiert werden.“ Ich bat meine Mutter, uns doch noch ein bisschen mehr ins Glas zu tun. Sie meinte nur froh gelaunt: „Das könnte dir so passen. Das reicht für euch. Ihr sollt ja nicht vom Alkohol dumm werden.“

Einige Tage später erzählte eine der Nachbarfrauen, dass der Bauer Lammerding ihr erzählt habe, dass hinten im Wald ein verlassener deutscher Panzer stehe. Wir Kinder bekamen lange Ohren. Gitte und ich forderten die übrigen Nachbarskinder auf, mit uns zum Panzer zu fahren.

Wir schnappten uns die Fahrräder unserer Eltern, da wir ja keine eigenen hatten und los ging die Fahrt. Der Sandweg war holprig; wir rutschten ein paar Mal mit unseren Rädern aus, Irmi stürzte sogar. Wir mussten den halben Wald absuchen, um den Panzer zu finden. Wo er genau stand, wusste keiner, auch nicht die Erwachsenen. Wir aber kannten uns im Wald recht gut aus. Denn jede freie Minute verbrachten wir ja im Wald. Dort gab es für uns immer wieder etwas Neues zu entdecken. Endlich!

Auf einmal lichtete sich vor uns das Unterholz. Und da stand das gesuchte Prachtstück. Wir schlugen Purzelbäume im losen Sand und freuten uns wie verrückt. Unsere Fahrräder stellten wir am Panzer ab. Dann beratschlagten wir, was zu tun sei. Vorsichtig kletterte eine nach der anderen auf den Panzer. Und siehe da. Die Panzerluke stand offen. Gitte meinte, es wäre besser gewesen, wenn die Angsthasen von Soldaten die Luke geschlossen hätten. Wenn es Regen gäbe, würde der Panzer doch von innen ganz nass.

„So ein Quatsch. Wen interessiert es denn jetzt noch, ob der Panzer von innen nass wird oder nicht“, erwiderte ich.

Wir krochen allesamt in den Panzer. Drinnen war es für uns alle viel zu eng. Auf einmal bekam Irmi es mit der Angst zu tun. Sie hatte regelrecht Panik. Sie wollte auf jeden Fall sofort wieder nach oben. Es folgte ein ziemliches Gerangel. Dabei kam einer von uns wohl an die Luke. Auf jeden Fall gab es einen lauten Knall und die Luke schlug zu. Drinnen war es auf einmal stockdunkel. Wir versuchten gemeinsam, die Luke zu öffnen. Jeder schubste dabei den anderen zur Seite. Jeder meinte, er könne die Luke wieder öffnen. Mich packte ob der Angst die heilige Wut. Ich schrie ganz laut: „Ruhe! Jetzt überlegen wir erst einmal, wie wir das verdammte Ding öffnen können.“ Ich fummelte und fummelte. Nichts rührte sich. Auf einmal, wie von Geisterhand geführt, ging die Luke auf. Ich meinte: „Der liebe Gott hat doch ein Einsehen mit uns gehabt."

Gitte erwiderte trocken: „Nee, ich bin der liebe Gott. Ich habe an diesem Hebel – dabei zeigte sie auf irgendeinen Metallstab – gezogen. Dadurch ist sie wieder aufgesprungen." Den Hebel, auf den Gitte zeigte, hatten wir in unserer Angst und Aufregung total übersehen.

Plötzlich war der Panzer für uns alle nicht mehr so interessant. Wir krochen nacheinander nach oben, setzten uns auf unsere Räder und strampelten nach Hause. Es wurde doch eine sehr leise Rückfahrt, zudem war es inzwischen auch schon fast dunkel geworden.

Zu Hause angekommen, standen schon alle Mütter vor den Haustüren. Sie hatten wohl allesamt wegen der eintretenden Dunkelheit Angst um uns. Ich wollte gerade meiner Mutter von unserer Entdeckung erzählen, als diese mir sehr schroff ins Wort fiel und sagte, ich solle den Mund halten.

Na ja, dann auch gut, halte ich eben meinen Mund, dachte ich so bei mir.

Zu Gitte gewandt, fragte sie, wo wir denn so lange gesteckt hätten. Gitte, manchmal auch etwas maulfaul, meinte: „Tante Julchen, Reni wollte es dir ja gerade erzählen." Meine Mutter merkte, dass wir uns auch nicht so wohl in unserer Haut fühlten, und forderte uns auf, zu schildern, wo wir denn so lange gewesen seien und was wir so Erzählenswertes erlebt hätten.

Nachdem wir unser Erlebnis preisgegeben hatten, meinte meine Mutter mit erhobenem Zeigefinger: „Noch einmal werdet ihr mir nicht so weit in den Wald radeln. Und schon gar nicht zu dem Panzer. Das ist ein Befehl. Habt ihr mich verstanden? Und wenn ihr nicht hört, setzt es was."

Wir nickten allesamt nur zustimmend mit dem Kopf.

Nach einigen Tagen war auf einmal die ganze Nachbarschaft wieder mal in heller Aufregung. Tante Warmers, die Mutter von Reinhold und Irmi, fuhr mit ihrem Fahrrad in die Stadt zum

Einkaufen. Sie wollte einfach schauen, ob es schon etwas mehr zu kaufen gäbe, aber sie kam völlig aufgeregt und aufgelöst aus der Stadt zurück. Sie kam mit der Neuigkeit um die Ecke, dass die Amerikaner in der Stadt seien.

„Oh Gott, oh Gott", war die Aussage meiner Mutter. „Was sollen wir nur tun? Kein Mann im Haus, nur Frauen und Kinder." Die erwachsenen Frauen redeten alle auf einmal und alle durcheinander, sodass keiner ein richtiges Wort verstehen konnte. Während meine Mutter und die Frauen aus der Nachbarschaft noch alle durcheinander redeten, hörten wir auf einmal von Weitem ein lautes Gerassel.

„Was ist das? Was ist bloß zu tun?", fragte meine Mutter ganz aufgeregt. Meine Mutter war dafür bekannt, stets für alles und jedes einen Ausweg parat zu haben.

Sie gab die Anweisung, dass wir allesamt am besten alle nach oben gehen sollten.

„Warum nach oben?", fragten wir Kinder.

„Fragt nicht so dumm. Tut einfach, was ich euch sage. Wir müssen uns ergeben."

„Wieso ergeben?", fragte Helga, die in der Schule schon mehr Politikunterricht erhalten hatte. Sie meinte weiter: „Wir haben in der Schule gelernt, dass die Deutschen den Krieg gewinnen würden und dass die Amerikaner auf unserer Seite sind."

„Da hast du aber nicht gut in der Schule aufgepasst und bringst eine Menge durcheinander, mein Kind", war die Antwort meiner Mutter. „Und jetzt ohne weitere Diskussion ab nach oben."

Sie sagte, ich solle den Besen mit nach oben nehmen. Aus dem Wäscheschrank holte sie ein weißes Tuch, band dieses am Ende um den Besenstiel. Sie forderte Helga auf, das Fenster zu öffnen.

Wir hörten, wie die Panzer nun direkt vor unserem Haus anhielten. Auf einmal gingen die Motoren aus. Es wurde beängstigend still. Meine Mutter hielt den Besenstiel mit der „weißen" Flagge aus dem Fenster und wir sollten uns unter das Fenster hocken. Meine Mutter mit ihrer Leibesfülle schaffte es nicht, sich gänzlich zu bücken. Ich fand, dass dies eine blöde Situation sei.

Wir Kinder waren natürlich neugierig. Wie sahen die Amis bloß aus? So wie wir? Ich hielt die Neugierde auf einmal nicht mehr aus. Ich wollte unbedingt wissen, was da draußen passiert. Ich erhob mich aus meiner gebückten Haltung und wollte schauen, was sich da unten vor unserem Haus abspielte. Dabei stieß ich mit meiner Schulter unter den Besenstiel, sodass dieser samt der weißen Flagge aus dem Fenster fiel.

Ich sah vorsichtig aus dem Fenster und bemerkte, wie draußen die ganze Kolonne in Aufregung geriet. Plötzlich sprang ein Neger – heute darf man das ja nicht mehr sagen – aus dem Panzer. Wir hatten in unserem ganzen Leben noch nie einen schwarzen Menschen in natura gesehen.

Ich sagte zu Gitte, dass sie sich den auch ansehen sollte. Die hatte aber wohl noch mehr Schiss als ich, obwohl es auch in mir vor lauter Aufregung bis in die Zehenspitzen kribbelte. Wir kannten Schwarze ja nur aus dem Märchenbuch und von der Sarotti-Schokoladenpackung, auf der ein Mohr mit einem Turban abgebildet war. Der Schwarze war für uns riesengroß, viel größer als mein Vater. Er klemmte sein Gewehr unter den Arm. Die übrigen Soldaten taten es ihm gleich und hielten ihre Gewehre auf unser Haus gerichtet.

Auf einmal setzte sich dieser Riese in Bewegung, kam auf unser Haus zu und stampfte die Holztreppe zu uns nach oben. Nun bekamen wir es allesamt mit der Angst zu tun. Meine Mutter wandte sich an mich und meinte, das hätte ich nun von meiner Neugierde. Wir standen gemeinsam, wie Hühner aufgereiht, vor dem Fenster. Wir Kinder verkrochen uns ein wenig hinter meine Mutter.

Der Schwarze kam herein, beäugte uns erst von Weitem, dann von Nahem.

Was soll ich sagen: In natura sah der Mann besser aus, als der auf der Sarotti-Schokoladen-Packung. Wortlos durchsuchte er alle oberen Räume.

Nachdem er nichts gefunden hatte, fragte er meine Mutter irgendetwas. Da sowohl meine Mutter als auch wir Kinder kein

Englisch oder Amerikanisch verstanden, zuckte meine Mutter nur mit den Schultern.

Sie meinte: „Nix verstehen." Plötzlich krempelte dieser große Riese einen seiner Hemdsärmel hoch. Ihr werdet es nicht glauben, was wir dann zu sehen bekamen.

Vom Handgelenk bis zur Armbeuge war eine Armbanduhr nach der anderen aufgereiht. Er wies nur stumm auf die Uhren. Aha, er wollte also von uns auch eine Uhr als Andenken. Meine Mutter dachte jedoch nicht daran, ihre einzige, viel geliebte Armbanduhr diesem Kerl zu geben. Sie versteckte ihre Armbanduhr stets unter ihren Taschentüchern in ihrem Nachttischschränkchen.

Ich sah am Gesicht meiner Mutter, dass es in ihr mächtig rumorte. Plötzlich ging sie ins Schlafzimmer und kam mit unserem Wecker wieder heraus. Das Gehäuse des Weckers war aus Blech und oben auf der Uhr befanden sich zwei dicke Blechklingeln. Diesen Wecker drückte meine Mutter dem Schwarzen in die Hand mit den Worten: „Hier hast du deine Uhr!"

Seine Augen wurden riesengroß. Wir Kinder sahen nur noch große weiße Augen in einem ganz schwarzen Gesicht. Er schaute meine Mutter ungläubig an, setzte den Wecker auf ein Tischchen, brummte noch etwas in einer Sprache, die wir allesamt nicht verstanden, vor sich hin und stampfte dann wieder die Treppe hinab.

Er ging wieder zu seinen Kameraden bei den Panzern und erzählte ihnen wohl was er bei uns erlebt hatte. Wir sahen, dass er mit ihnen längere Zeit tuschelte. Zuerst fingen auf einmal alle lauthals an zu lachen. Und dann geschah etwas, womit wir nicht gerechnet hatten. Sie warfen aus den Panzern Apfelsinen, Erdnüsse und einige Tafeln Schokolade. Zuerst trauten wir uns nicht, nach unten zu gehen, um die tollen Sachen aufzuheben. Als sie uns jedoch freundlich zuwinkten, rannten wir Kinder so schnell es nur möglich war, die Treppe hinunter. Wir sammelten all die leckeren Dinge auf, trugen sie in unseren Schürzen ins Haus. Die ganze Errungenschaft breiteten wir auf dem Küchentisch aus. Bis dahin hatten wir noch keine Apfelsinen gesehen, auch noch keine Erdnüsse. Wir mussten erst einmal lernen, dass die Erdnüsse abzupellen waren, bevor man sie essen konnte. Meine Mutter schälte für uns die Apfelsinen und wir schmatzten um die Wette.

Gegen Abend kam mein Vater mit der Neuigkeit nach Hause, die Amerikaner hätten in der Gaststätte auf dem Bülten Station gemacht. Die Gaststätte lag unmittelbar neben unserer Schule. Der Führer der Amerikaner sei kein geringerer als Eisenhower. Wir Kinder fragten meinen Vater, wer denn dieser Eisenhower sei. Er meinte, das sei ein ranghoher Soldat. Er habe dort das Sagen. Diese Aussage juckte uns nicht im Geringsten. Jedoch die Tatsache, dass die Amerikaner bei uns auf dem Bülten Station gemacht hatten, direkt neben unserer Schule, löste bei Gitte und mir eine riesengroße Neugierde aus.

Wir waren zu der Überzeugung gelangt, dass wir, wenn wir „Zum Bülten" führen, würden wir vielleicht noch mehr leckere Sachen bekommen. Heimlich schlichen wir zu den Fahrrädern im Hof und radelten „Zum Bülten".

Vor der Gaststätte war reges Treiben. Ein wenig Schiss bekamen wir doch, als wir so viele fremde Soldaten sahen. Auf einmal entdeckte uns ein Soldat, sprach uns an. Da wir kein einziges Wort verstanden, zuckten wir nur mit unseren Schultern. Er ging in die Gaststätte. Wenig später kam er mit einem großen Karton wieder heraus und klemmte ihn bei mir auf den Gepäckträger. Gitte und ich stierten in den Karton. Uns blieb die Spucke weg. Darin waren Apfelsinen, Erdnüsse, Tafeln von Schokolade und jede Menge Pakete Butter. Da wir vor Aufregung nicht sprechen konnten, knicksten wir höflich, schwangen uns auf unsere Räder und strampelten wieder nach Hause.

Unterwegs waren Gitte und ich so voller überschäumender Freude, dass uns der Heimweg recht kurz vorkam.

Zu Hause angekommen, stand meine Mutter mal wieder wie eine Rachegöttin in der Haustür. Wir wurden mal wieder vermisst. Bevor wir unsere Beute präsentieren konnten, wurden wir erst einmal mächtig runtergeputzt. Zigmal hatte meine Mutter uns in der Vergangenheit verboten, uns von zu Hause zu entfernen, ohne vorher Bescheid zu geben. Deshalb setzte es auch diesmal sofort Ohrfeigen.

Nachdem meine Mutter sich abreagiert hatte, nahm sie den Karton vom Fahrrad. Als sie all die leckeren Sachen sah, tat es ihr offenbar leid, uns so bestraft zu haben. Sie strich uns über den Kopf und meinte, das hätten wir sehr gut gemacht. Gleichzeitig verbot sie uns, ja nicht noch einmal „Zum Bülten" zu fahren.

Uns war aber auch durch die vorangegangene schroffe Behandlung der Spaß vergangen. Etwas muffelig setzten wir uns an den bereits gedeckten Abendbrottisch.

Seltsam. An diesem Abend schmeckte mir zum ersten Mal das Abendbrot nicht so richtig.

10

Endlich! Der Krieg war vorbei. Alle hatten es inzwischen registriert. Die Erwachsenen waren wie aus dem Häuschen. Es wurden Pläne geschmiedet. Jeder hatte eine gute Idee, die umgesetzt werden sollte. Unser Bunker war nun auch passé. Er wurde abgerissen. Das Holz wurde klein gehackt und zu Brennholz verarbeitet.

Inzwischen hatte sich auch mal wieder Tante Johanna, Vaters Schwester, gemeldet. Sie meinte zu meiner Mutter: Nun, da der Krieg vorbei sei und man wieder bedenkenlos reisen könne, wäre es doch schön, Vaters und ihren jüngeren Bruder sowie dessen Familie in Münster zu besuchen. Sie schwärmte regelrecht von ihrem jüngeren Bruder. Der muss ja ein toller Hecht sein, dachte ich so bei mir. Tante Johanna meinte: „Er ist Schuhmachermeister. Er hat auch ein tolles Geschäft in Münster und eine ganz elegante Frau.“ Kinder hätte er auch. Wie viele Kinder, wusste Tante Johanna nicht so genau. Meine Mutter verspürte überhaupt keine Lust, dem Wunsch Tante Johannas nachzukommen und mit ihr nach Münster zu reisen. Wer jedoch Tante Johanna und ihre Hartnäckigkeit kannte, wusste, dass sie nicht locker lassen würde. Sie schwärmte mir von meinen Vettern und Cousinen in den höchsten Tönen vor, sodass ich richtig neugierig wurde. Ich lag meiner Mutter so lange in den Ohren, bis sie letztendlich einer Reise nach Münster zustimmte. Mein Vater brachte uns, wie gewöhnlich, mit dem Fahrrad zum Bahnhof. Er selbst war nicht zu bewegen, mitzufahren und entschuldigte sich damit, dass er zu arbeiten habe.

In Münster angekommen, wussten unsere Verwandten nicht, dass wir sie besuchen würden. Tante Johanna meinte, die würden sich sicher über diese Überraschung – damit war unser unangemeldeter Besuch gemeint – freuen.

Vor der Wohnung angekommen, suchten meine Mutter und ich das Geschäft. Wir sahen keines. Unsere Verwandten wohnten in einem Mehrfamilienhaus. Meine Mutter meinte zu Tante Johanna, ob wir hier auch richtig seien. Diese sah auf die Klingelschilder und meinte: „Natürlich sind wir hier richtig. Da steht doch der Name."

Meine Mutter murmelte: „Tolles Geschäft, tolle Verwandten."

Tante Johanna klingelte. Es dauerte eine ganze Weile, bis endlich die Tür geöffnet wurde. Wir trauten unseren Augen nicht. Uns wurde die Tür von einem kleinen Hosenscheißer geöffnet, der nach unserer Schätzung nicht einmal zwei Jahre alt war. Scheißer war der richtige Ausdruck. Er war nicht einmal richtig angezogen. Er war nur mit einem Unterhemdchen bekleidet und in seiner Unterhose steckte noch eine Windel. Er sah uns nur groß und stumm an, dann rannte er wieder in die Wohnung. Die Tür blieb offen stehen.

Kurze Zeit später kam dann endlich unsere angeblich so attraktive Tante an die Tür. Meiner Mutter blieb ob der Erscheinung wohl das Wort im Hals stecken. Diese Tante hatte in der einen Hand einen Kochlöffel und, ihr glaubt es nicht, in der anderen eine Zigarette. Ich konnte förmlich im Gesicht meiner Mutter erkennen, die da dachte: Woher hat die bloß die Zigaretten? Es gab doch so gut wie keine zu kaufen. Nur auf dem Schwarzmarkt. Tante Johanna und sie kannten sich ja bereits von früher. Und so stellte Tante Johanna meine Mutter und mich dieser „attraktiven" Tante vor. Nach der Vorstellungszeremonie bat sie uns, sie hieß übrigens Anna, in die Wohnung.

In der Wohnung angekommen, verschlug es meiner Mutter die Sprache. Sie meinte zu Tante Johanna: „Wo sind wir denn hier gelandet?" Es herrschte in der großen Wohnküche ein einziges Chaos. Nichts war aufgeräumt. Auf dem Sofa lag jede Menge Kleidung herum, auf dem Küchentisch ungespültes Geschirr sowie Reste von Brot und Undefinierbarem. Unsere Tante begrüßte uns nochmals herzlich und hieß uns willkommen. Sie stellte uns dann ihre Kinder vor. Es waren fünf, die Älteste hieß ebenfalls Anna – alle nannten sie jedoch nur Anni –, die

Zweitälteste war Waltraud; sie war knapp zwei Jahre älter als ich und sah mir verdammt ähnlich. Dann kam ebenfalls eine Renate – die war genauso alt wie ich –, dann war da noch der kleine Fedor, der uns die Tür geöffnet hatte und zuletzt im Kinderwagen der kleine Egon.

Nachdem man sich gegenseitig bekanntgemacht hatte, fragte Tante Johanna nach ihrem Bruder. Tante Anna bat ihre älteste Tochter den Vater, also meinen Onkel Hans, den jüngsten Bruder meines Vaters, aus dem Keller zu holen. Tante Johanna war nun doch völlig irritiert und fragte: „Was macht Hans denn im Keller?"

Darauf Tante Anna: „Na, das Schuhgeschäft. Hans hat doch seine Werkstatt im Keller." Er herrschte auf einmal Totenstille. So ganz allmählich löste sich bei Tante Johanna ihre Starre und sie erkundigte sich mit schroffer Stimme: „Und wo habt ihr jetzt euer Geschäft?"

„Welches Geschäft?", fragte Tante Anna.

„Na, das Schuhgeschäft von Hans!", meinte Tante Johanna.

„Ach, das haben wir schon lange nicht mehr. Es ging ganz langsam immer weiter bergab und wir mussten es aufgeben", war die Antwort von Tante Anna.

Für mich war alles neu und sehr interessant. Ich sperrte Mund und Augen auf, um ja nichts zu verpassen. Meine Mutter flüsterte Tante Johanna zu: „Bei so einer Frau wundert mich gar nichts."

Ich, neugierig wie ich nun mal war, fragte meine Mutter: „Was wundert dich gar nicht?"

Meine Mutter ranzte mich ganz leise von der Seite an und meinte, ich solle ja meinen Mund halten, was ich auch tat. Die Stimmung war einfach zu gespannt.

Ich ging auf eine meiner Cousinen zu und fing mit ihr an zu quatschen. Ich hatte das Gefühl, dass sie sich über unseren Besuch richtig freute.

Inzwischen kam Onkel Hans mit Anni aus dem Keller hoch. Bevor er uns begrüßte, fragte er: „Was macht ihr denn in Münster?" Ich glaube, es war wohl eher eine Verlegenheitsfrage. Meine Güte! Er sah tatsächlich meinem Vater zum Verwechseln ähnlich. Die gleichen schwarzen, welligen Haare, die gleiche, etwas dunklere Hautfarbe; nur ein wenig kleiner als mein Vater war er dann doch.

Tante Johanna, wegen seiner doch merkwürdigen Frage total eingeschnappt, fragte ihren Bruder: „Was meinst du wohl, was wir hier machen?“

Onkel Hans gab uns schweigend die Hand. Tante Johanna konnte jedoch nicht mehr an sich halten und wollte von ihrem Bruder ganz genau wissen, was denn aus dem Geschäft und dem vielen Geld geworden sei. Onkel Hans meinte nur, es sei eine lange Geschichte und es sei jetzt und hier nicht der Zeitpunkt, darüber zu sprechen. Dabei klang seine Stimme sehr traurig. Meine Mutter konnte sich nicht verkneifen zu sagen: „ Eine Frau kann einen Mann zum König oder zum Bettelmajor machen.“

Darauf hüllten sich alle in Schweigen.

Da Tante Anna keine Anstalten machte, uns etwas anzubieten, zogen Tante Johanna und meine Mutter ihre Mäntel aus. Bis dahin standen wir noch alle in Stuss und Start da, so wie wir gekommen waren. Tante Johanna und meine Mutter schauten sich in der Küche und in den Schränken um und begaben sich daran, ein Essen aus dem zu zaubern, was halt die Schränke hergaben. Es war nämlich inzwischen Mittag geworden. Während die beiden fleißig ein Essen zubereiteten, steckte meine Tante Anna sich eine Zigarette nach der anderen an. Onkel Hans fragte, wie lange wir bleiben würden. Bevor Tante Johanna überhaupt etwas sagen konnte, meinte meine Mutter, dass wir gegen Abend wieder nach Hause müssten.

Ich hatte mich inzwischen mit meinen Cousinen angefreundet. Die beiden Jungen waren dafür ja noch zu klein. Die Erwachsenen tauschten gegenseitig ihre Erlebnisse der letzten Zeit aus. Dies war der Zeitpunkt, an dem ich anfing, mich zu langweilen. Ich forderte daher meine Cousinen auf, mir doch draußen ihr Umfeld zu zeigen. Draußen angekommen, war ich mehr als enttäuscht. Vor den Kasernenbauten eine Straße, an den Rändern der Straße so gut wie kein Grün. Hinter dem Haus sah es auch nicht viel besser aus. Kleine Gärtchen. Ansonsten nichts. Ich fragte daher meine Cousinen, wo sie denn spielen würden. „Na, auf der Straße", meinte meine Cousine Waltraud.

„Das ist aber mehr als blöd", war meine kurze Antwort. „Bei uns ist alles viel, viel besser und schöner. Vor dem Haus fließt ein Bach. Kurz hinter dem Haus fängt der Wald an und etwas weiter entfernt befindet sich eine Mühle, die heute immer noch das Korn zu Mehl malt." Ich schwärmte meinen Cousinen von meinem Zuhause in den höchsten Tönen vor. An deren Gesichtern konnte ich ablesen, dass sie doch etwas neidisch wurden.

Etwas später rief meine Mutter mich herein. Wir wollten wieder abreisen. Wir verabschiedeten uns von unseren Verwandten. Vorher meinte Mutter, wohl aus Höflichkeit, zu meiner älteren Cousine Anni, sie könne uns ja auch mal gelegentlich besuchen. Blöd, dachte ich nur bei mir. Warum gerade die? Die verhielt sich doch die ganze Zeit etwas merkwürdig.

Auf dem Weg zum Bahnhof meinte meine Mutter zu Tante Johanna: „Bei der Frau wundert es mich gar nicht, dass Hans Pleite gemacht hat. Die hat sicher mit ihrer Schürze das Geld zum Fenster rausgetragen, was Hans mit der Schubkarre reingefahren hat."

Ich verstand nur Bahnhof – „pleite"? Also fragte ich meine Mutter, was „pleite" bedeute. Tante Johanna war diese Situation sichtlich peinlich.

Meine Mutter meinte zu mir nur, pleite seit man, wenn man kein Geld mehr habe.

„Haben unsere Verwandten denn kein Geld mehr? Können die nicht mehr einkaufen? Sind wir auch pleite?", fragte ich meine Mutter.

Die erwiderte mir mit der Inbrunst ihres Herzens: „Gott bewahre, das kann uns nicht passieren."

„Dann ist es ja gut", meinte ich und fügte hinzu: „Bei denen sah es aber auch recht durcheinander und schmutzig aus." Damit war das Thema Münster aber auch abgeschlossen und wir drei waren froh, als der Zug im Bahnhof einfuhr und wir endlich wieder daheim waren.

Zu Hause angekommen, warteten schon sehnsüchtig Helga und Gitte auf uns. Ich musste Gitte über meine Reise nach Münster haarklein berichten. Ich sagte ihr dass unsere Verwandten gar nicht reich seien. Ganz im Gegenteil, sie seien pleite.

Auch Gitte fragte, was pleite denn zu bedeuten habe.

Ich erklärte ihr: „Na, die haben gar kein Geld. Mutter hat erzählt, Tante Anna habe das Geld mit der Schürze zum Fenster rausgeschmissen. Gitte, und du glaubst nicht, wie dort alles durcheinander war. Wenn wir unsere Sachen so rumliegen ließen, würde Mutter bestimmt einen Tobsuchtsanfall bekommen und uns die Ohren langziehen."

Gitte ging die Pleite nicht aus dem Kopf und meinte nur: „Na, wenn die so blöd sind und das Geld mit einer Schürze aus dem Fenster werfen, kein Wunder."

Als gegen Abend mein Vater von der Arbeit heimkam, wollte ich ihm alles ganz genau erzählen. Tante Johanna und Mutter waren wohl sehr angefressen von dem Erlebten, sodass meine Mutter uns in unser Zimmer schickte. Sie und Tante Johanna wollten wohl in Ruhe und allein über den Besuch in Münster mit meinem Vater reden. Beim Abendessen war mein Vater noch schweigsamer als sonst. Das Einzige, was er plötzlich am Tisch sagte, war: „Bei der Frau wundert mich gar nichts. Aber das hatte ich Hans seinerzeit ja schon vor seiner Heirat gesagt."

Die Erwachsenen stimmten stillschweigend zu.

Einige Wochen später trudelte eine Postkarte aus Münster ein, mit der uns der Besuch von Cousine Anni angekündigt wurde. Gitte fragte mich, wie die denn so sei. „Komisch" war meine kurze Antwort.

Ebenso kurz war Gittes Kommentar: „Dann gute Nacht."

Inzwischen war Tante Johanna wieder nach Hause gefahren. Mutter und Helga holten Anni vom Bahnhof ab. Anni war ungefähr so alt wie Helga; also drei bis vier Jahre älter als Gitte und ich. Daher verstanden Helga und Anni sich ganz gut. Anni lebte sich recht schnell bei uns ein. Wir nahmen sie auf unsere Entdeckungsreisen durch den Wald mit, auch durfte sie mit uns hinunter zum Bach gehen. Das geschah jedoch nicht ohne Hintergedanken. Gitte und ich beabsichtigten, sie doch einmal so richtig nass zu spritzen oder sie sogar einfach in den Bach zu stoßen. Helga beobachtete uns kritisch und merkte ganz schnell, dass wir mal wieder etwas im Schilde führten. Sie kam auf uns zu, hob den Zeigefinger ganz im Stil meiner Mutter und meinte: „Hütet euch. Spielt Anni ja keinen Streich, sonst erzähle ich alles Tante Julchen."

Gitte meine nur: „Spielverderber."

Einige Tage später juckte uns allen mächtig der Kopf. Wir kratzten und scheuerten unsere gesamte Kopfhaut wund. Als meine Mutter das bemerkte, nahm sie eine nach der anderen auf ihren Schoß und schaute, warum wir uns ständig den Kopf kratzten. Sie fiel aus allen Wolken. Wir hatten auf einmal allesamt Läuse. Vor Wut schrie ich: „Die hat Anni bestimmt aus Münster mitgebracht." Ich forderte meine Mutter auf, Anni sofort wieder nach Hause zu schicken.

„Hier wird keiner nach Hause geschickt. Zuerst muss ich dafür sorgen, dass ihr allesamt entlaust werdet."

Zur damaligen Zeit gab es in der Drogerie oder Apotheke kein Entlausungsmittel zu kaufen. Meine Mutter hatte die glorreiche Idee, unsere Kopfhaut mit Petroleum, welches wir immer für einen Notfall für unsere Petroleum-Lampen hatten, einzureiben. Nach dem Einreiben wurde uns allen ein Kopftuch aufgebunden. Meine Mutter sagte uns, ja nicht das Kopftuch abzunehmen. Als gegen Abend mein Vater nach Hause kam und uns alle mit Kopftüchern am Tisch sitzen sah, lachte er und meinte, ob wir nach Polen ausreisen wollten. Ich, total sauer, erwiderte: „Nee. Wir haben Läuse und die hat uns Anni aus Münster angeschleppt."

„Halt jetzt endlich deinen vorlauten Mund", befahl meine Mutter. Da ihr Blick wieder mal Bände sprach, hielt ich es für angebracht, jetzt doch besser den Mund zu halten.

Nachdem wir mit dem Essen fertig waren, den Tisch abgeräumt hatten, schickte meine Mutter uns zu Bett. Ich, immer noch total sauer, maulte im Schlafzimmer rum und beschimpfte Anni noch wegen der mitgebrachten Läuse. Daraufhin fing Anni fürchterlich an zu heulen.

Helga nahm sie in den Arm und meinte zu ihr: „Die meint es nicht so. Musst einfach nicht hinhören."

„Und ob ich das so meine", war meine bockige Antwort.

Spät in der Nacht wurde ich von einem heftigen Schmerz hinter meinen Ohren wach. Helga war ebenfalls schon oder noch wach. Ich erzählte ihr, dass mir hinter meinen Ohren alles wehtäte. Helga meinte, ihr auch. Da ich es aber nicht mehr aushalten konnte vor Schmerzen, weckte ich meine Mutter und erzählte ihr, was uns alles weh täte und dass es hinter den Ohren fürchterlich brennen würde. Meine Mutter, resolut wie immer, meinte nur: „Lasst bloß eure Kopftücher auf, die Läuse sterben ab. Und morgen werden eure Haare gewaschen. Dann ist hoffentlich der Spuk vorbei. Geh jetzt schlafen."

Damit war ich entlassen. Schlafen konnte ich jedoch vor lauter Schmerzen nicht.

Gegen Morgen war ich die Erste auf den Beinen. Da alle anderen noch schliefen, bereitete ich in der Küche das Frühstück vor. Als meine Mutter die Küche betrat, traute sie ihren Augen nicht. Sie freute sich über den bereits gedeckten Frühstückstisch und lobte mich.

Nach dem gemeinsamen Frühstück konnte ich es jedoch nicht abwarten, endlich das blöde Kopftuch abnehmen zu dürfen. Nachdem ich es abgenommen hatte und meine Mutter meinen Kopf und besonders meine Ohren betrachtete, bekam sie es doch mit der Angst zu tun. Hinter meinen Ohren hatten sich dicke, grüne Blasen gebildet. „Mein Gott, Mäuschen, das tut mir aber selber weh. Komm, ich wasch dir zuerst die Haare." Sie schob noch folgenden Satz nach, den ich ihr sehr, sehr übel nahm: „Aber auf jeden Fall sind die Läuse Gott sei Dank tot." Dabei lachte sie ein wenig. In diesem Augenblick hasste ich so richtig meine Mutter. Zu den Blasen hinter meinen Ohren wurde kein weiteres Wort verloren. Sie sollte mal so Blasen hinter den Ohren haben und die dann auch noch so schweinisch wehtäten wie bei mir, dann würde sie bestimmt nichts mehr zu lachen haben, waren meine Gedanken.

Nachdem wir alle die Haare gewaschen bekommen hatten, kämmte meine Mutter uns allen die Haare mit einem ganz feinen Kamm durch. Dabei legte sie die ausgekämmten toten Läuse auf ein weißes Tuch. Damit war das Läusethema abgeschlossen. Insgeheim war ich froh, als meine Cousine Anni wieder abreiste. Wir zwei wurden so gar nicht miteinander warm.

11

Es kam die Zeit, in der Gitte und ich zur heiligen Kommunion gehen sollten. Inzwischen war in unserer kleinen Gemeinde eine eigene Kirche errichtet worden. Es war nur eine „Notkirche", wie die Erwachsenen sie bezeichneten. Der Sockel bestand aus Stein und der obere Teil komplett aus Holz. Für uns war sie dennoch schön. Gitte und ich mussten nun nicht mehr, wie damals Helga, sechs Kilometer zur Stadt in die Kirche zur Kommunion gehen.

Im Pfarrhaus fand zweimal wöchentlich der Kommunionsunterricht statt. Alle Kinder unseres Jahrganges wurden hier zusammengetrommelt, auch unser Schulfreund Karl sowie Günter von der Mühle waren da. Karl war zur damaligen Zeit bereits in der Kirche während der heiligen Messe Hilfsmessdiener.

Unser Pastor, dicklich und behäbig, gestaltete den Unterricht sehr langweilig. Nach einem dieser Unterrichtstage kam eine kleine Gruppe auf die Idee, noch zur Kirche zu gehen. Wir baten unseren Freund Karl, doch auch mitzukommen. Gesagt, getan. In der Kirche forderten wir Karl auf, uns die Sakristei zu zeigen. Dies lehnte er strikt ab und weigerte sich, mit uns dort hineinzugehen. Nachdem wir ihn allesamt bearbeitet und als Feigling beschimpft hatten, nahm er uns mit in die Sakristei. Er zeigte uns stolz diverse Gegenstände, die Gitte und mich nicht so sehr interessierten. Wir fragten ihn, wo der Pastor denn seine Flasche mit dem Wein versteckt habe. Der trinkt doch jedes Mal während der Messe Wein. Da wurde Karl auf einmal ganz nervös und wollte uns alle aus der Sakristei drängen. Dies gelang ihm aber nicht. Ich drohte ihm sogar mit meinem kaputten Tornister und meinte zu ihm, dass ich noch etwas bei ihm gut hätte.

Nach längerem Suchen fanden wir dann auch die Flasche mit dem Wein, öffneten sie und ließen die Flasche reihum gehen. Jeder nahm einen Schluck, nur Karl nicht. Der war vor lauter Aufregung und Nervosität ganz blass im Gesicht geworden. Nachdem die Flasche fast leer war, stellten wir sie wieder an ihren Platz, waren fröhlich wie noch nie und hüpften nach Hause.

Etwa 14 Tage später kam auf einmal unser Pastor zu uns nach Hause. Gitte und ich waren nicht anwesend. Er hatte sich wohl eingehend mit meiner Mutter über unseren Abstecher zur Kirche nach dem Kommunionsunterricht unterhalten.

Als wir nach Hause kamen, stand meine Mutter schon wie ein strafender Racheengel im Türrahmen. Sie forderte uns auf, sofort hereinzukommen und fragte uns, was neulich in der Kirche vorgefallen sei. Gitte und ich sahen uns an und antworteten gleichzeitig: „Nichts!"

„Nichts?", fragte meine Mutter. Sie erzählte uns, dass der Pastor da gewesen sei und ihr gesagt habe, wie wir den armen Karl bedrängt hätten, den Wein aus der Sakristei herauszurücken und wir allesamt die Flasche fast leer getrunken hätten. Rädelsführer wären mal wieder Gitte und ich gewesen. Sie meinte weiter, der Pastor würde sich noch überlegen, ob er uns überhaupt zur heiligen Kommunion zulassen würde.

Gitte und ich sahen uns verdutzt an und meinten: Wir hätten den Wein ja nicht alleine ausgetrunken. Die anderen hätten sich auch beteiligt. Dann müsste der Pastor die auch nicht zur Kommunion zulassen.

Dies war für meine Mutter zu viel. Sie meinte nur, dass es sie nicht interessiere, ob und wer noch infrage käme, sondern Tatsache sei, dass mal wieder wir die Anstifter gewesen seien. Sie forderte uns auf, zum Pfarrhaus zu gehen, um uns beim Pastor in aller Form zu entschuldigen.

Oh, das fiel uns mehr als schwer. Zuerst hatten wir Wut auf Karl. Nur der konnte uns verpetzt haben. Dann traten wir schweren Herzens den Weg zum Pfarrhaus an. Wir klingelten. Heraus kam die Haushälterin, eine ganz olle Schrulle. Nachdem wir ihr gesagt hatten, dass wir den Herrn Pastor sprechen müssten, ging sie wortlos wieder ins Haus und ließ uns, ohne ein

Wort zu sagen, einfach vor der Tür stehen. Nach einiger Zeit kann dann unser Pastor an die Tür. Schweren Herzens entschuldigten wir uns. Der Pfarrer bat uns ins Haus. Er hielt uns einen Vortrag darüber, was es mit dem Wein auf sich habe und dass man damit keinen Unsinn treiben dürfe. Er verwies auf die heilige Bibel und auf das letzte Abendmahl. So richtig konnte uns sein Vortrag nicht begeistern. Als er endlich mit seinem Vortrag fertig war, rief er nach seiner Haushälterin, gab ihr den Auftrag, die Blechdose mit den Plätzchen zu holen.

Diese kam mit einem ganz griesgrämigen Gesicht, die Dose in der Hand, zurück und reichte sie schweigend dem Pfarrer. Dieser öffnete die Dose und erlaubte uns je zwei Plätzchen zu nehmen. Wir standen auf und wollten uns verabschieden. Der Pastor gab uns noch zu verstehen, dass wir Erstkommunionkinder in der kommenden Woche gemeinsam alle zur ersten heiligen Beichte zu kommen hätten. Nicht ohne einen gewissen Unterton in der Stimme meinte er zu uns, dass wir unter anderem nun wüssten, was wir zu beichten hätten. Er meinte selbstverständlich das Problem mit dem Wein.

In den folgenden Wochen herrschte bei uns zu Hause ein reges Treiben. Meine Mutter war damit beschäftigt, für Gitte und für mich die Kommunionkleider zu nähen, Kränzchen zu besorgen und alle Vorbereitungen für unsere große Feier zu treffen. Zu meinem Vater meinte sie, ob auch unsere Fleischvorräte für diesen großen Tag ausreichen würden. Mein Vater lachte nur. Er meinte, wir könnten mit den vorhandenen Vorräten eine ganze Kompanie versorgen. Er fügte weiter hinzu, dass er noch schauen werde, ob er nicht noch etwas organisieren könne. Unsere gesamte Verwandtschaft aus dem Ruhrgebiet sollte nämlich zu unserem großen Festtag eingeladen werden.

Einige Tage später kam mein Vater später als gewöhnlich nach Hause. Er strahlte über alle Backen. Er verkündete meiner Mutter, er hätte noch einen Schafbock besorgen können. Den könnten wir zusätzlich schlachten. Dann hätten wir mehr Fleischauswahl, nicht nur Schweinefleisch. Meine Mutter fiel aus allen

Wolken. Sie wurde richtig hysterisch. Zu meinem Vater meinte sie: „Was sollen wir denn mit einem Schafbock? Erstens schmeckt das Fleisch nicht gut von einem Schafbock. Es schmeckt einfach bitterer. Und zweitens, wenn es wenigstens ein Lämmchen wäre ließe ich es mir gefallen.

„Ich kann ja mit unserem Nachbarn den Schafbock vorher kastrieren", meinte mein Vater. „Dann schmeckt das Fleisch wesentlich besser."

„Schafbock hin, Schafbock her", erwiderte meine Mutter. „Ich will hiervon nichts mehr hören."

Ich fragte neugierig: „Was passiert denn beim Kastrieren?"

Meine Mutter. „Gar nichts. Sei nicht so neugierig. Ich will das Wort Schafbock auf keinen Fall mehr hören."

Beleidigt ging ich aus der Küche. Immer die Erwachsenen mit ihren Geheimnissen. Aber das Wort „kastrieren" ließ mich nicht mehr los. Mein Vater meinte noch, es sei wirklich nicht nett, seine großen Bemühungen so abzukanzeln. Er verließ unsere Wohnung und ging zum Nachbarn rüber. Er hatte mit dem Nachbarn für den Schafbock im Hühnerstall eine kleine Ecke abgeteilt, diese mit Stroh ausgefüllt und darin stand nun dieser Hammel. Mein Vater kam mit dem Nachbarn zurück und beide gingen zu unserem Hühnerstall. Als er uns sah, schickte er uns etwas barsch ins Haus. Wir waren gespannt, was aus dem Schafbock werden würde.

Am anderen Morgen waren Gitte und ich früher als gewöhnlich wach. Meine Mutter bereitete noch das Frühstück vor. Wir zwei trotteten zum Hühnerstall, um zu sehen, was der Schafbock dort macht. Als wir am Stall eintrafen, sahen wir, dass der Bock im Stroh lag. Zuerst dachten wir, er würde schlafen. Wir raschelten und verursachten laute Geräusche. Jedoch das Vieh rührte sich nicht. Wir nahmen unseren gesamten Mut zusammen, gingen auf den Schafbock zu, stießen ihn mit einem Stock an und warteten, was passieren würde. Es passierte aber gar nichts. Das Tier rührte sich tatsächlich nicht. Voller Aufregung rannten wir zum Haus zurück und erzählten meiner Mutter, dass der Bock wahrscheinlich tot im Stall läge. Die Reaktion meiner Mutter war lediglich: „Gott sei Dank."

Also hatte sich auf diese Weise eine zweite Fleischsorte zu unserer Kommunion erledigt. Mein Vater musste den Schafbock an den Nachbarn verschenken. Dieser hat sich über das Geschenk riesig gefreut.

Endlich näherte sich unser großer Festtag. Die Kommunion wurde durch unseren Pastor festgelegt auf den Feiertag „Peter und Paul." Zur damaligen Zeit war dieser Namenstag sowohl ein gesetzlicher als auch ein christlicher Feiertag.

An diesem Tag meinte die Sonne es besonders gut mit uns. Sie schien nämlich brüllend heiß vom Himmel. Gitte und ich schwitzten in unseren Kleidern mit den langen Ärmeln und unseren langen, weißen Strümpfen wie verrückt; wir schwitzten, glaube ich, nicht nur wegen der großen Hitze, sondern auch weil wir doch sehr aufgeregt waren.

Reni, das Kommunionkind

Wir gingen mit meinen Eltern und der ganzen buckligen Verwandtschaft – so nannte mein Vater die Verwandten meiner Mutter – gemeinsam zu Fuß zur Kirche. Unsere Dorfgemeinde hatte ja, wie bereits erwähnt, inzwischen in unserer kleinen Gemeinde die eigene Kirche errichtet.

Auf jeden Fall hatten wir es nunmehr wesentlich näher zur Kirche. Wegen des kurzen Wegs wurde für uns keine Kutsche bestellt, wie es bei Helga noch der Fall war. Gitte und ich waren deshalb doch sehr sauer und fanden es total ungerecht. Meine Mutter meinte nur zu uns, dass wir doch froh darüber sein müssten, nicht mit einer Kutsche zu fahren. Wir könnten uns doch sicher noch daran erinnern, wie wir bei Helgas Kommunion aus der Kutsche gefallen seien.

„Das war doch damals etwas ganz anderes", warf ich ein. Danach herrschte Ruhe.

Die Feier in der Kirche war sehr festlich und schön. Rund um den Altar war eine üppige Blumendekoration. Wir Kommunionkinder saßen in den ersten drei Reihen. Ich meinte leise zu Gitte: „Hier haben wir einen Platz an der Sonne."

Zum ersten Mal erlebte ich Gitte schweigsam und andächtig. Wir genossen diese schöne Feier. Und sie galt uns!

Das einzig Unangenehme an der ganzen Situation war, dass wir nüchtern zur Kirche gehen mussten. Das waren wir nicht gewohnt. Bevor wir zur Schule gingen, mussten wir ja auch stets frühstücken. Wir fragten uns natürlich, warum wir denn gerade vor dieser tollen Feier nichts essen durften. Komisch, das konnten wir als Kinder nicht so recht begreifen. Die Erwachsenen konnten es uns ebenfalls nicht gut erklären. Meine Mutter meinte nur, es gehöre zum Ritual.

Ritual hin oder her. Auf jeden Fall knurrte mein Magen ganz schön.

Nachdem die heilige Messe beendet war, beeilten wir uns allesamt, so schnell wie möglich nach Hause zu kommen. Wir hatten nämlich alle einen Bärenhunger. Zwei Schwestern meiner Mutter waren der Kirche ferngeblieben. Sie waren gebeten worden, für uns die Festtagstafel herzurichten.

Nach dem Frühstück, welches sehr üppig ausgefallen war, wurden wir mit Geschenken überhäuft; zum Teil schöne und sinnvolle Geschenke, zum Teil aber auch Geschenke, die uns absolut nicht gefielen. Diese Geschenke hätten wir am liebsten gleich in die Ecke geworfen. Meine Mutter beäugte uns beim Öffnen der Geschenke mit sehr kritischen und aufmerksamen Blicken.

Jedes Mal, wenn wir beim Anblick eines dieser unliebsamen Geschenke die Nase rümpften, sah sie uns mehr als streng an und hüstelte. So verkniffen wir uns einfach, abfällige Bemerkungen über die nicht so tollen Geschenke zu machen.

Zu guter Letzt bekam ich von meiner Patentante Agnes ein kleines Geschenk. Gut verpackt, das Äußere ließ auf den Inhalt nichts erkennen. Was mag in so einer kleinen Schachtel wohl drin sein?, dachte ich bei mir. Aufgeregt riss ich die Schleife und das Papier ab. Es kam eine kleine, schwarze Schachtel zum Vorschein. Als ich sie öffnete, wurden meine Augen immer größer; in der Schachtel lag tatsächlich eine Armbanduhr. Mein Gott! Tatsächlich eine Armbanduhr. Meine erste Armbanduhr.

Damit hatte ich aber absolut nicht gerechnet. Ich ging auf meine Patentante zu, bedankte mich sehr, sehr herzlich und drückte sie ganz fest. Diese meine erste Uhr habe ich noch später während meiner Jugendzeit getragen.

Was uns von den übrigen Geschenken am besten gefiel, war, dass wir zum ersten Mal Geld geschenkt bekamen. Bis dahin besaßen wir persönlich keinen einzigen Pfennig. Damals war das Geld überall mehr als knapp.

Ihr müsst wissen, dass zum Zeitpunkt unserer Kommunion bereits die DM – Deutsche Mark – eingeführt war. Der Wechselkurs von Reichsmark auf Deutsche Mark war seinerzeit 1 zu 10.

Meine Mutter erzählte, dass sie für ihr Sparbuch von 300 RM lediglich einen Betrag von 30 DM gutgeschrieben bekommen habe. Ob das stimmt, wussten wir nicht. Wir waren zu klein und kannten uns nicht aus.

Gitte und ich bekamen von unseren Patenonkeln jede 10 DM. Mann! Mit diesem Geld waren wir Könige und freuten uns riesig darüber.

Nach dem großen und üppigen Mittagessen wurde uns ein wenig langweilig. Wegen der großen Hitze vereinbarte Helga mit unseren Vettern, im gegenüberliegenden Fluss baden zu gehen. Gitte und ich sahen traurig zu. Es juckte uns in den Fingern, auch zum Fluss runterzugehen.

Nach einer geraumen Zeit fasste ich den Mut und fragte meine Mutter, ob wir denn nicht auch baden dürften.

„Untersteht euch, kommt gar nicht in die Tüte" war ihre Antwort. „Ihr seid heute Ehrenpersonen und zum Kaffee kommt auch noch der Herr Pastor vorbei." Gitte und ich fühlten uns auf einmal doch sehr ausgegrenzt und einsam. Daher beschlossen wir, zumindest auf die gegenüberliegende Wiese zu gehen, um von dort aus den anderen beim Baden zuzuschauen. Aber nur zusehen und nicht mitmachen dürfen, frustrierte uns doch sehr. Nach einer kurzen Denkpause beschlossen wir, unsere Kommunionkleider, Unterröcke, die weißen Strümpfe und das verflixte Leibchen, an dem die Strümpfe befestigt waren, auszuziehen, unser Kränzchen abzulegen und nur mit unserer Unterhose bekleidet ebenfalls in den Bach zu springen. Die Abkühlung wegen der allzu großen Hitze tat richtig gut. Wir tobten allesamt im Fluss herum, als plötzlich unser Vetter Heiniken, aus Essen stammend, angerannt kam und meinte, wir sollten sofort nach Hause kommen. Der Herr Pastor sei schon zum Kaffee eingetroffen. Gitte und mir wurde es nun doch sehr mulmig. Wir hatten kein Handtuch zum Abtrocknen. Daher nahmen wir unsere Unterhemdchen und trockneten uns damit, so gut es ging, ab. Fertig angezogen rannten wir zum Haus. Wir begrüßten unseren Pastor mit Handschlag und einem höflichen Knicks. Und was soll ich sagen: Aus unseren Haaren tropfte es langsam aber stetig auf unsere Schultern. Tropf, Tropf, Tropf!

Als meine Mutter dies bemerkte, bekam sie fast einen Schlaganfall. Der Pastor schaute uns an und meinte nur, dass es doch nicht möglich sei, dass wir so schwitzen müssten. Wir sahen verstohlen zu meiner Mutter hinüber. Diese hob nur den Finger, ohne ein Wort zu sprechen. Wir wussten sofort, was das zu bedeuten hatte. Ob der Pastor uns das Schwitzen abnahm, konnten wir nicht ergründen. Oder wollte er mit seiner Äußerung nur die Situation retten? Ich weiß es nicht.

So allmählich ging auch dieser Feiertag zu Ende. Gegen Abend gaben die Geschwister meiner Mutter wieder ihre alten Kamellen zum Besten. Viele davon kannten wir bereits, einige waren für uns neu und wir saugten sie förmlich auf wie Schwämme.

Die Zeit verging wie im Fluge. Der Sommer in diesem Jahr war einfach herrlich.

An jedem Tag knallte die Sonne vom Himmel. Wenn wir nicht nachmittags im gegenüberliegenden Fluss badeten, hielten wir uns im nahe gelegenen Wald auf.

Eines Tages beschlossen Helga, Gitte und ich, sowie die Warmers-Kinder, im Wald eine Hütte zu bauen. Wir trugen Reisige zusammen, banden sie mit dünnen Stricken, die wir von zu Hause mitgebracht hatten, fest, stapelten sie aufeinander, sodass daraus eine eckige Bude entstand. Oben legten wir Reisige darüber. Nur eine kleine Öffnung blieb für den Einstieg.

Gisela, so alt wie Helga, die Nachbarstochter aus dem dritten Reihenhaus, wollte auch mitmachen. Die konnten wir jedoch nicht leiden. Sie war immer so affig mit ihren kastanienbraunen dicken Haaren. Und, was soll ich euch erzählen: Jeden Morgen wurden ihre Haare von ihrer Mutter aufgerollt. Gisela wollte unbedingt Locken haben. Na ja, sie passte auf keinen Fall mit ihrem blöden Getue zu unserer Clique. Wir verboten ihr, unsere Bude zu betreten.

Am folgenden Tag, unmittelbar nach Schulende, dem hastigen Verzehr des Mittagessens und Fertigstellen unserer Hausaufgaben, tigerten Gitte und ich zu unserer Bude. Wir konnten es gar nicht abwarten, darin zu hausen. Von Weitem entdeckten wir Gisela, die, als sie uns sah, nach Hause rannte. Mein Gedanke war nur: Hoffentlich war sie nicht an oder in unserer Bude. Und hoffentlich hat sie nichts kaputt gemacht. Gitte und ich rannten beide auf Kommando los, so schnell wir konnten. An der Bude angekommen, kletterten wir die primitive Leiter, die wir uns selbst zusammengeschustert hatten, hinauf, um in die Bude zu klettern. In der Bude angekommen, sahen wir uns nur stumm an. Was stank hier so komisch? Wir rochen und schnüffelten in allen Ecken, um festzustellen, woher der Gestank kam. Ich meinte plötzlich: „Hier riecht es nach Scheiße." Wir untersuchten alle Ecken. Plötzlich entdeckten wir in einer der Ecken tatsächlich einen Kothaufen. Sofort wussten wir, wer uns diesen hinterlassen hatte. Natürlich Gisela. Umsonst war sie sicher nicht so schnell vor uns davongelaufen. Wir beratschlagten und sannen auf Rache.

Am anderen Morgen gingen wir alle gemeinsam wieder zur Schule. Gisela wurde von Gitte und mir gar nicht beachtet. Da wir vorher unseren anderen Eidgenossen von dem Vorfall erzählt hatten, verlief an diesem Tag der Weg zur Schule sehr schweigsam.

An normalen Tagen sabbelten wir alle mit- und durcheinander, jeder von uns hatte ja irgendetwas zu erzählen, und wir tauschten kleine Scherze aus. Nur an diesem Tag war alles anders. Der Gang zur Schule verlief sehr einsilbig, wenn nicht total schweigsam. Gisela vermied, in die Nähe von Gitte und mir zu kommen. Sie machte einen großen Bogen um uns. Dies war uns auch lieb so. Ansonsten hätte es schon vor dem Schulunterricht gekracht. Das wollten wir uns jedoch für den Heimweg aufsparen. Der Unterricht an diesem Tag konnte für uns nicht schnell genug zu Ende gehen.

Endlich! Es ertönte die Glocke, die das Ende des Unterrichts ankündigte. Gitte und ich packten unsere Schulsachen zusammen und rannten als Erste aus der Klasse. Oben an der Straße, von der der Sandweg zu uns nach Hause führte, warteten wir auf unsere Nachbarn, auch auf Gisela. Unterwegs spielten wir Hinkefuß. Jeder stieß den anderen mit der Schulter an; derjenige der wackelte oder hinfiel, hatte verloren und musste ausscheiden. Gitte und ich nahmen Gisela in die Zange, eine von uns stieß sie von links an, die andere von rechts. So wurde sie regelrecht hin- und her geschubst. Dies passte ihr absolut nicht. Sie forderte uns auf, damit aufzuhören. Wir jedoch hatten noch gar nicht so richtig angefangen. Wir forderten Gisela auf, sich doch zu wehren. Und was soll ich sagen: Sie fing tatsächlich ebenfalls an, zu schubsen und zu stoßen. Sie nahm einen riesenlangen Anlauf. Ich jedoch war nicht dumm. Als sie gerade gegen mich springen wollte, wich ich zur Seite aus und sie fiel der Länge nach in den staubigen Sand.

Als sie hochkommen wollte, drückte ich sie noch einmal so richtig tief in den Dreck. Ich gab ihr zu verstehen, dass dies unsere Rache sei für ihren Schiss in unserer Bude. Nachdem sie so langsam hochgekommen war, fing sie plötzlich lauthals an zu heulen und meinte, sie würde alles ihrer Mama sagen. Dann könnten wir was erleben. Wir aber gaben keine Ruhe.

Ganz plötzlich gab sie mir eine schallende Ohrfeige. Das hatte ich so von ihr nicht erwartet. Diese lausige Scheißerin hatte tatsächlich gewagt, mich zu schlagen. Wutentbrannt stürzte ich mich auf sie, packte sie an ihren krausen, künstlichen Locken und riss so lange daran, bis ich eine ganze Handvoll Haare in meinen Händen hielt. Ich war befriedigt. Gisela rannte brüllend nach Hause. Ha! Für uns war die Welt mal wieder in Ordnung. Unterwegs machten wir uns noch über die Heulsuse lustig.

Zu Hause angekommen, sahen wir schon am Gesichtsausdruck meiner Mutter, dass etwas nicht geheuer war. Zuerst sah sie mich mehr als vorwurfsvoll an und dann Gitte.

„Ist was?“, fragte ich unschuldig.

„Du wagst tatsächlich zu fragen, ob etwas ist?“, fragte meine Mutter sehr aufgebracht. „Stell euch vor, die Mutter von Gisela war bei mir und hat sich fürchterlich über euer Benehmen gegenüber Gisela beschwert. Auch darüber, dass ihre Tochter fast keine Haare mehr auf dem Kopf hat."

Als wir das hörten, lachten Gitte und ich schallend laut.

„Ihr findet das auch noch lustig?", fragte meine Mutter.

Wir erklärten ihr die ganze Situation, auch, dass unsere Tätlichkeit gegenüber Gisela nur die Rache dafür gewesen sei, dass sie in unsere Bude geschissen habe.

Meine Mutter hörte uns geduldig zu. Sie meinte daraufhin nur: „Ihr wisst doch, dass Gisela der Liebling ihrer Mutter ist. Also lasst sie in Zukunft gefälligst in Ruhe."

Ich meinte dazu nur: „Sollte sie noch einmal in unsere Piratenbude scheißen, dann passiert noch etwas ganz anderes."

„Schluss jetzt", befahl meine Mutter.

12

Einige Tage später erwartete uns nach der Schule eine riesige Überraschung. Im Türrahmen stand tatsächlich der Vater von Helga und Gitte. Er war aus der Kriegsgefangenschaft entlassen worden. Den beiden blieb zuerst der Mund offen stehen, dann rannten sie wie der Blitz gemeinsam zu ihrem Vater, drückten und herzten ihn. Allen dreien standen die Tränen in den Augen. Onkel Emil, so hieß der Vater von Helga und Gitte, meinte, sie seien aber sehr groß geworden. Aufgrund der gesamten Aufregung hatten wir alle übersehen, dass im Hintergrund eine fremde Frau stand. Ihre Haare schwarz wie die Haare der Bösen aus dem Märchen mit den sieben Zwergen. Ihr wisst schon, die der bösen Stiefmutter. Über der Schulter trug sie ein Fuchsfell. Tatsächlich! Einen ganzen Fuchs mit Kopf und Schwanz. Du meine Güte, dachte mich bei mir. Es ist doch Hochsommer und brüllend heiß. Was will die denn bei dieser Hitze mit dem Fuchsfell über ihrem leichten Sommerkleid? Komische Person, war mein erster Eindruck. Und ihre Nase erst. So eine lange Hakennase hatte ich in meinem ganzen Leben noch nicht gesehen. Auf jeden Fall wurde sie mir mit ihrer komischen Erscheinung nicht sympathisch.

Onkel Emil unterbrach meine Gedanken, indem erst sowohl meiner Mutter, als auch Helga, Gitte und mir diese fremde Frau vorstellte. Sie hieß Christel. Er erzählte uns, dass er Christel in einem kleinen Örtchen an der Schweizer Grenze kennengelernt habe. Sie sei Kölnerin. Gitte beäugte sie ebenfalls von allen Seiten, von oben bis unten. Dann fragte sie ihren Vater: „Was soll denn diese fremde Frau bei uns? Tante Julchen ist doch für uns da.“ Onkel Emil nahm Helga und Gitte zur Seite und erklärte ihnen, dass das wohl in Zukunft ihre zweite Mutter werden würde.

Helga nickte nur stumm. Gitte aber drehte sich auf dem Absatz um, ging auf meine Mutter zu und meinte zu ihrem Vater: „Meine zweite Mutter ist Tante Julchen und nicht diese fremde Frau." Es herrschte auf einmal eine gedrückte Stimmung.

Das Schlimmste jedoch für uns alle war, dass die Wohnung für uns alle viel zu klein war. Wir Kinder mussten zusammenrücken, um Platz für Onkel Emil und Tante Christel zu schaffen. Ja, wir mussten zu dieser fremden Frau „Tante" sagen. So befahl es vorerst meine Mutter.

Gitte meinte nur: „Besser Tante als Mutter."

Gegen Abend kam mein Vater von der Arbeit heim. Er fiel aus allen Wolken. Er freute sich über die Heimkehr seines Schwagers. Beide umarmten und begrüßten sich herzlich. Im Anschluss stellte Onkel Emil meinem Vater seine neue „Flamme" vor. Mein Vater beäugte Tante Christel ebenfalls von allen Seiten. Erst danach begrüßte er sie etwas steif. Ich stellte sofort fest, dass es keine Liebe auf den ersten Blick war.

Das sollte sich auch noch im Laufe der nächsten Wochen bestätigen.

Meine Mutter bereitete an diesem Abend zu dem besonderen Anlass ein richtiges Festessen. Wir saßen allesamt etwas eingeengt an unserem Esstisch. Wir hörten während des gesamten Essens nur Tante Christel erzählen; von Köln, von ihren Geschwistern und was sie alles hätten. Sie fing fast jeden Satz an mit: „Isch han, isch han." Sie sprach halt in ihrem Kölner Dialekt.

Irgendwann wurde es meinem Vater doch zu viel. Er meinte nur: „Christel, lass uns erst mal in Ruhe essen." Alle waren am Esstisch still.

Plötzlich fing Tante Christel wieder an zu strunzen und begann ihren Satz: „Isch han, isch han!"

Meinem Vater platzte auf einmal der Kragen. Er schlug mit der Faust auf den Tisch und meinte: „Isch han auch, hinter dem Haus einen großen Haufen Mist!"

Meine Mutter rief nur: „Paul!"

Wir alle sahen einander betreten an. Auf jeden Fall war auf einmal Totenstille. Nur Gitte und ich sahen einander von der Seite an und mussten uns ein Lachen verkneifen.

Komisch, in der Folgezeit war es nicht mehr so gemütlich wie früher. Tante Christel passte so gar nicht in unser westfälisches, vertrautes Zuhause. Ihre ständige Angeberei, ihr Bedürfnis, sich dauernd in den Vordergrund zu spielen, und ihre ständige Quatscherei gingen uns allen doch mächtig auf den Geist.

Meine Mutter, von Natur aus ein Gemütsmensch, wurde von Tag zu Tag nervöser. Gitte und Tante Christel fochten jeden Tag kleine Kriege aus. Einmal war Gitte so wütend, dass sie meinte, Tante Christel würde nie ihre zweite Mama werden.

Meine Mutter wollte diesem Zustand ein Ende setzen. Eines Abends sprach sie eingehend mit meinem Vater. Sie meinte, es müsse dringlich eine akzeptable Lösung für uns alle her.

An einem der folgenden Tage kam meine Mutter vom Einkaufen aus der Stadt zurück. Freudestrahlend erzählte sie, dass in der Stadt, direkt neben dem katholischen Friedhof ein Grundstück frei sei. Meine Mutter meinte zu meinem Vater, dass dieses Grundstück genau das Richtige für Onkel Emil sei. Onkel Emil war nämlich von Beruf Steinmetzmeister. Sie machte sowohl meinem Vater als auch ihrem Bruder, Onkel Emil, das Grundstück richtig schmackhaft. Sie meinte, dann könne er dort auch neben einem Wohnhaus seine eigene Werkstatt errichten. Da sei doch ideal, genau gegenüber dem Friedhof.

Mein Vater fragte meine Mutter, wer denn das Grundstück mit allem drum und dran bezahlen soll. Meine Mutter meinte nur lakonisch zu meinem Vater gewandt: „Du hast doch genug Geld mit deiner Kohlenschieberei gemacht. Und darüber hinaus bekommt Emil noch einen Zuschuss von der Stadtverwaltung als „Spätheimkehrer“.

„Was du nicht schon alles weißt“, meinte mein Vater.

Mein Vater war ob der Reaktion meiner Mutter total sauer. Er sprach an diesem Abend kein Wort mehr mit ihr.

Vater hatte jedoch nicht mit der Hartnäckigkeit meiner Mutter gerechnet. Sie bearbeitete ihn im Laufe der folgenden Tage dermaßen, dass er letztendlich dem Kauf des Grundstückes zustimmte.

In dieser Zeit kam mir häufig der Gedanke, dass ich von meinem Bruder, der genau zehn Jahre älter war als ich, so gut wie nichts wusste. Der Altersunterschied zwischen uns war einfach zu groß. Als ich ungefähr vier Jahre alt war, ging mein Bruder nach Dessau, um Flugzeugbauer zu werden. Dass er so früh wegging, habe ich nie verstanden. Ich fragte mich auch, warum meine Eltern in meiner Gegenwart so gut wie gar nicht über ihn sprachen. Wenn doch einmal das Gespräch auf ihn kam, wurde meine Mutter mehr als traurig und man wechselte schnell das Thema.

Nach all der Zeit und nachdem ich nun etwas älter war, interessierte es mich schon, was aus meinem Bruder geworden war. Eines Tages nahm ich meinen ganzen Mut zusammen und fragte meine Mutter nach meinem Bruder. Sie meinte, dass sie uns Kinder mit diesem Thema nicht belasten wolle und sie deshalb nur mit meinem Vater über ihn reden würde. Sie sagte, dass sie seit Kriegsende nichts mehr von ihm gehört hätten. Dabei hatte sie Tränen in den Augen und ihre Stimme klang ganz traurig. Später sagte man mir, die Nazis hätten ihn von der Familie getrennt, um ihn linientreu zu erziehen, was in unserem Hause nicht möglich gewesen wäre.

In den darauffolgenden Wochen wurde es sehr hektisch. Ein normales Leben bei uns war so gut wie unmöglich. Die Erwachsenen waren nur noch mit Vorsprachen bei Ämtern, Bauplänen und vielem anderen mehr beschäftigt. Wir Kinder waren in dieser Zeit so gut wie uns selbst überlassen.

Es wurde sämtliches Baumaterial, wie Zement, Sand und so weiter – was man zu dieser Zeit überhaupt nur unter schwierigsten Umständen bekommen konnte –, herbeigeschafft. Fertige Ziegelsteine gab es zur damaligen Zeit nicht. Die Leute, deren Häuser durch Bomben beschädigt waren, hatten ihre alten Ziegelsteine vom Mörtel freigeklopft und wiederverwertet. Diese Möglichkeit hatten wir ja nicht. Diejenigen, die zu dieser Zeit neu bauen wollten, machten sich selbst aus Holz Formen. Wir Kinder rührten in großen Bottichen den Zement mit Sand und Wasser an. Die Erwachsenen gossen dann die Masse in die Formen. Die so geformten Steine mussten dann in der Sonne trocknen, bevor sie vermauert werden konnten. Mit solchen Steinen wurden auch das Haus und die Werkstatt von Onkel Emil errichtet.

Wir hatten mit dem Wetter Glück. In diesem Jahr war es ein ganz toller warmer Sommer, der besonders für das Bauvorhaben von Vorteil war. Der Bau wurde schneller fertig, als uns Kindern lieb war. Denn mit der Fertigstellung des Hauses würden Helga und Gitte von uns fortgehen. So richtig konnten wir uns das noch gar nicht vorstellen, und das wollten wir uns vielleicht auch nicht vorstellen. Deshalb verdrängten wir dieses Thema tunlichst.

In der Schule nahm alles seinen gewohnten Gang. Wir hatten nach Kriegsende einen neuen Lehrer bekommen. Er war sehr nett, hatte selbst fünf Kinder und verstand uns besser als unser „alter" Nazilehrer. Man munkelte, unser alter Lehrer sei bei einem Bombenangriff ums Leben gekommen. Aber genau wusste das keiner.

Eines Tages überraschte unser Klassenlehrer uns damit, dass er uns die Funktion eines Telefons erklärte. Zu diesem Experiment brachte er von zu Hause auch gleich ein selbst gebasteltes Telefon mit: Es bestand aus zwei Blechdosen, die mit einer langen Schnur verbunden waren.

Mann, was will der denn mit so einem Sch…, dachte ich nur bei mir. So kurz nach dem Krieg war für den Schulunterricht noch nicht viel brauchbares Schulmaterial vorhanden.

Gespannt waren wir aber doch. Er nahm aus der ersten Reihe einen Schüler, drückte ihm eine Blechdose in die Hand und fragte dann, wer mit der zweiten Blechdose nach draußen auf den

Schulhof gehen wolle. Da mich nun doch die Neugierde gepackt hatte, meldete ich mich und forderte meinen Schulkameraden Karl auf, mit mir nach draußen zu gehen. Ihr wisst schon, Karl von dem großen Bauernhof.

Gesagt, getan. Der Lehrer akzeptierte uns beide. Die zweite Blechbüchse mit der langen Schnur wurde aus dem Fenster gereicht, am anderen Ende nahm Karl sie in Empfang. Mist! Diesmal war er schneller als ich. Ich wollte doch eigentlich die Erste sein, die das Experiment startet. Karl hielt sich die Büchse vor den Mund und brüllte ständig: „Hallo, hallo, hallo!"

„Hörst du was?", fragte ich ihn.

„Nee, keiner dran."

„Quatsch. Gib mal die Büchse her." Freiwillig gab er die Blechbüchse nicht aus der Hand. Ich musste ihm die Dose förmlich mit Gewalt aus den Händen reißen. Ich hielt die Dose vor meinen Mund und brüllte ebenfalls: „Hallo, ist dort denn niemand? Hört mich denn keiner?" Wieder keine Antwort. Ich versuchte es ein letztes Mal und brüllte in die Blechdose: „Hört mich denn am anderen Ende kein Arschloch?

Erst Totenstille. Dann auf einmal hörte ich die Stimme unseres Klassenlehrers laut und klar: „Hier ist das Arschloch Wiese." So hieß damals unser Klassenlehrer.

Auf einmal wurde mir doch etwas mulmig in der Magengegend. Ich gab wortlos die Dose wieder an Karl ab.

Er meinte noch, dass ich mit meinem frechen Mundwerk noch Ärger bekäme. Er reichte die Dose mit der Schnur durch das geöffnete Klassenfenster unserem Lehrer.

Als wir die Klasse wieder betraten, meinte unser Klassenlehrer nur, dass das Experiment doch gelungen sei oder nicht? Mann, war ich heilfroh, dass nicht noch etwas Anderes folgte. Im Stillen fand ich unseren Klassenlehrer auf einmal ganz toll. Ich konnte Tadel nicht so gut wegstecken.

In diesem Sommer suchten die Bauern an unserer Schule ständig Schüler und Schülerinnen, die nachmittags die gerodeten Kartoffeln von den Feldern aufsammeln sollten. Zur damaligen

Zeit gab es noch keine Maschinen, die die Kartoffeln rodeten und auch auflasen. Die Kartoffeln mussten von Hand aufgelesen werden. Zuvor hatte der Bauer mit einem von einem Pferd gezogenen Pflug die Kartoffeln aus der Erde gebuddelt.

Zum Auflesen der Kartoffeln bekam jeder einen Korb. Man kniete sich in Reih und Glied hin, um dann die Kartoffeln in den vor einem stehenden Korb zu befördern.

Manchmal war die Linie krumm und schief. Dies kam dadurch zustande, dass einige nicht schnell genug beim Auflesen der Kartoffeln waren. Sobald ein Korb voll war, kam der Bauer oder sein Knecht, nahm einem den vollen Korb ab, leerte ihn in dem bereitstehenden Anhänger.

Die schönste Zeit beim Kartoffelauflesen war immer, wenn die Bäuerin zum Kaffee rief. Alle Anwesenden, meistens 10 bis 15 Personen, saßen dann in einer Runde auf dem Boden. Die Bäuerin verteilte Blechtassen, die sie mit ihrem Muckefuck füllte und gab allen eingepackte Brote, die dick mit guter Butter beschmiert waren, dazu gab es entweder selbst gemachte Marmelade oder Wurst. Das Brot schmeckte köstlich. Die Bäuerin backte es nämlich stets selbst.

Nach der gemeinsamen Brotzeit ging es anschließend weiter mit der doch anstrengenden Arbeit. Mit Einbruch der Dunkelheit ging man dann geschlossen zum Bauernhof. Dort hatten die Mägde schon das Abendessen vorbereitet. Dies war die zweitschönste Zeit des ganzen Tages. Alle saßen um einen riesigen Tisch. Es gab in der Regel meistens eine Milchsuppe und dazu Reibepfannkuchen. Es war jedes Mal ein leckerer Schmaus.

Wie gesagt, die Bauern warben um die Schüler mit einem Betrag pro Nachmittag von 2 DM. Da wir zur damaligen Zeit zu Hause gar kein Taschengeld erhielten – das war damals nicht üblich – war dies für uns horrend viel Geld. Man hatte als Schüler schnell heraus, bei welchen Bauern es gute Brote und vor allen Dingen gutes Abendessen gab. Diese Bauern bekamen in der Regel auch immer ausreichend Schüler für die Kartoffelernte.

Eines Tages fragte unser Schulfreund Karl uns, ob wir auch bei ihnen zum Kartoffellesen kommen würden. Gitte und ich sahen einander an und meinten zu Karl: „Wenn dein Vater uns 2,50 DM zahlt, kommen wir mit fünf Personen."

Karl meinte, sein Vater habe bis dato wie alle anderen Bauern immer 2 DM gezahlt. Er wolle aber fragen, ob er auch 2,50 DM zahlen würde.

Am anderen Tag kam Karl freudestrahlend in die Schule und sagte uns dass sein Vater mit 2,50 DM einverstanden sei, jedoch nur unter der Voraussetzung, dass wir auch tatsächlich mit fünf Personen kommen würden. Menschenskind! Gitte und ich hatten hier wohl den Mund mal wieder zu voll genommen. Wir selbst waren ja nur zu dritt; Helga, Gitte und ich. Nun mussten wir noch unseren so verhassten „Liebling" Reinhold und dessen Schwester Irmi überreden, auch mitzumachen. Als sie hörten, dass wir für den Nachmittag 2,50 DM bekommen würden, waren sie sofort Feuer und Flamme und bereit, mitzumachen.

Am nächsten Tag, direkt nach Beendigung der Schule, rannten wir so schnell es ging nach Hause, um ja pünktlich zum Kartoffellesen zu gelangen. Von meiner Mutter wurden wir zuerst dadurch aufgehalten, dass wir unsere gute Schulkleidung ausziehen und alte Klamotten anziehen mussten. Dann sollten wir auch noch essen, wofür wir weder Zeit noch Lust noch Appetit hatten. Endlich durften wir, nachdem wir unsere Teller leer gegessen hatten, losziehen. Meine Mutter rief noch hinter uns her und meinte, wir sollten uns ja gut benehmen.

„Was die immer hat", knurrte Gitte nur.

Draußen warteten schon ungeduldig Reinhold und Irmi auf uns. Gemeinsam ging es los. Natürlich alle zu Fuß. Auf dem Hof angekommen, standen schon alle abfahrtbereit, um aufs Feld zu gelangen. Wir waren mal wieder die Letzten dank dem Aufhalten durch meine Mutter. Wir sprangen zu den anderen auf den Pferdewagen, der uns zum Feld brachte. Das Wetter meinte es gut mit uns – herrlichster Sonnenschein. Die Arbeit ging uns gut von der Hand und die Zeit verrann wie im Flug. Jeder hatte etwas zu erzählen; hin und wieder bewarfen wir uns mit den Kartoffeln, bis ein Knecht getroffen wurde. Der wurde stocksauer und meinte, wir sollten uns lieber auf unsere Arbeit besinnen und den Quatsch unterlassen.

Gegen Abend fuhren wir dann alle gut gelaunt zum Hof zurück. Jeder wusch sich an der Handpumpe die Hände und das staubige Gesicht; derjenige, der mit dem Waschen fertig war, musste für den anderen die Wasserpumpe bedienen. Anschließend bat uns Tante Anna, so wurde die Mutter von Karl von allen genannt, am großen Esstisch Platz zu nehmen.

Oh! Sie hatte sich was Besonderes einfallen lassen. Es gab zur Milchsuppe nicht nur Kartoffelpfannkuchen, nein, sondern dazu auch noch Apfelpfannkuchen. Da wir alle sehr hungrig waren, langten wir so richtig zu. Alle waren um den großen Esstisch versammelt, auch die Schwester von Karl und seine drei älteren Brüder. Auf einmal fragte der Vater von Karl: „Karl, zeig mir mal deine Freundin, die dich nur heiraten will, wenn du den Hof erbst." Karl zeigte verlegen auf mich. Die Vorgeschichte dazu war folgende:

Karl fragte mich einmal, ob ich seine Freundin werden wolle. Er wolle mich auch später heiraten. Ich hatte ihm seinerzeit zur Antwort gegeben, dass ich ihn nur heirate, wenn er auch den Bauernhof erbe.

Ich weiß noch bis heute, wie mein Kopf plötzlich anschwoll wie ein Kürbis. Ich wurde bis hinter beide Ohren knallrot. Alle starrten mich an. Die Brüder von Karl lachten. Der älteste Bruder erklärte unter Lachen, dass er den Hof erben würde; Karl aber hätte eine Tante im Nachbardorf, die auch einen Hof habe und diesen sollte Karl später mal erben, da die Tante keine eigenen Kinder habe.

Ich nahm meinen ganzen Mut zusammen und antwortete nur knapp: „Ja, dann eben nicht. Dann kann es mit uns auch nichts werden. Dann werde ich eben keine Bäuerin."

Alle lachten und grölten am Tisch. Tante Anna, die meine Verlegenheit wahrnahm, beruhigte mich, indem sie mich aufforderte, doch endlich zu Ende zu essen. Ihre ruhige Art zu sprechen, hatte die ganze Situation gerettet.

Nach dem Essen spielten wir Kinder auf der Tenne noch verstecken. Es gab auf dem Bauernhof ja sooo viele Versteckmöglichkeiten. Das könnt ihr euch nicht vorstellen. Wir hatten alle einen riesigen Spaß. Jeder von uns war einmal an der Reihe, die „blinde Kuh" zu spielen, die dann die anderen aufstöbern musste. Als es schon recht spät wurde und draußen total dunkel, rief Tante Anna uns zu sich, übergab jedem von uns das Geld, das wir redlich verdient hatten und schickte uns dann heim. Wir bedankten uns artig und trotteten gemeinsam nach Hause.

An einem der folgenden Abende unterhielten mein Vater und Onkel Emil sich darüber, dass Metalle im Preis gestiegen seien. Mein Vater meinte, ganz besonders teuer sei derzeit Kupfer. Gitte und ich sperrten unsere Ohren ganz weit auf. Plötzlich bekam ich eine einleuchtende Idee. Mein Vater hatte für seine Tauben eine Badewanne. Ja, die guten Tiere mussten gebadet werden; es waren ja auch Brieftauben. Und woraus bestand die Badewanne für die Tauben? Natürlich aus Kupfer. Des Weiteren befand sich im Hof eine selbst hergestellte Schnapsbrennerei, ebenfalls aus Kupfer. Während des Krieges brannten die Erwachsenen alle selbst ihren Schnaps. Daraus machten sie dann allerhand leckere Liköre; für Oma Eierlikör, für Tante Agnes Kakaolikör und für meine Mutter Aufgesetzten auf roten Johannisbeeren. Wir Kinder waren stets beim Brennvorgang stille Beobachter. Ich weiß noch genau, dass Gitte und ich an einem Abend, als wir Kinder allein zu Hause waren, probieren wollten, wie denn so etwas schmeckt.

Wir fanden eine fast leere Likörflasche mit den Johannisbeeren. Wie gesagt, die Flasche war fast völlig leer. Probieren mussten wir aber, wie das Zeug schmeckt. Jedoch bekamen wir die Beeren nicht aus der Flasche. Ideenreich, wie wir waren, holten wir aus dem Nähkasten meiner Mutter eine lange Stricknadel und bohrten so die Beeren aus der Flasche. Mit derselben versteckten wir uns hinter das Ledersofa.

Hm! Die Beeren schmeckten nicht schlecht. Als wir alle Beeren aufgegessen hatten, wurde uns plötzlich ganz komisch im Kopf. Wir machten Scherze und Witze und lachten uns halb tot. Wir mussten wohl aufgrund unseres „Rausches“ hinter dem Sofa eingeschlafen sein. Plötzlich wurden wir von meiner Mutter aus dem Schlaf gerissen. Diese hielt uns die leere Likörflasche unter die Nase und meinte, was uns denn einfiele, die Beeren daraus zu essen. Ich wunderte mich nur, dass es nicht wieder mal eine Ohrfeige setzte. Wahrscheinlich hatte meine Mutter ein schlechtes Gewissen, weil sie die Flasche vor uns nicht sorgfältiger versteckt hatte.

Nun aber zurück zu unseren Kupfergegenständen. Gitte und ich beschlossen, die Kupferwanne und die kupferne Schnapsbrennerei in der Stadt zu verkaufen. Wir wussten genau, wohin wir die Sachen bringen mussten. Denn einmal im Monat kam immer ein Klüngelskerl – so nannten wir den Schrotthändler – bei uns vorbei, um Schrott, altes Eisen, alles Metallene, was die Leute nicht mehr gebrauchten, aufzukaufen.

An einem dieser Nachmittage, die Erwachsenen waren wieder mal mit dem Neubau von Onkel Emil befasst, luden Gitte und ich alles auf einen Bollerwagen und zogen damit in die Stadt. Diese war etwa sechs Kilometer von uns entfernt. Wir wussten genau, wo der Schrotthändler in der Stadt seinen Platz hatte. Wenn jemand in der damaligen Zeit zu Reichtum gelangte, dann die Schrotthändler und auch noch die Leute, die auf dem Schwarzmarkt mit allem Möglichen handelten.

Beim Schrotthändler angekommen, boten wir ihm unsere Waren an. Dieser beäugte die Dinge sehr eingehend und fragte uns dann hinterhältig, wie wir denn heißen würden und ob wir auch von unseren Eltern die Erlaubnis zum Verkauf hätten. Mit der Inbrunst tiefster Überzeugung versicherten wir dem neugierigen „Blödmann“, dass unser Vater gern selbst gekommen wäre. Leider sei er krank und hätte uns beauftragt, die Dinge für ihn zu verkaufen. Wir bemerkten auch noch, dass so eine Krankheit auch viel Geld kosten würde. Vorsichtshalber gaben wir jedoch den Namen unseres Nachbarn an; ihr wisst schon, den von der zickigen Gisela mit den aufgedrehten Haaren.

Wir merkten, dass dem Schrotthändler nicht ganz wohl zumute war, jedoch andererseits bemerkten wir aber auch, dass er sehr heiß auf das Kupfer war. Endlich entschloss er sich zum Kauf. Er gab uns eine riesige Summe Geld, so meinten wir zumindest. Wir hatten ja keinen blassen Schimmer, wie viel das Kupfer wert war.

Dann gingen Gitte und ich in das nächstgelegene Schuhgeschäft, bei dem wir zuvor den Bollerwagen hinten im Hof abgestellt hatten. Jede von uns kaufte sich ein Paar tolle Schuhe. Ich suchte mir ein Paar in rotbraun aus; vorne zwei glänzende Metallringe als Zierde, durch die die Schuhbänder gezogen wurden. Gitte hatte sich natürlich mal wieder für die Farbe Schwarz entschieden. Anschließend stellten wir fest, dass wir noch Geld übrig hatten. Wir gingen zum Kino. Damals gab es in der ganzen Stadt nur ein Kino. Wir sahen uns das Programm an und stellten fest, dass noch ein Nachmittagsfilm in Kürze beginnen würde. Darüber hinaus war der Film auch noch für Kinder zugelassen. Wir erkundigten uns bei der Kassiererin, was denn so eine Kinokarte koste. Sie sagte uns die verschiedenen Preise, für die unser Geld jedoch nicht reichte. Als sie unsere betretenen und enttäuschten Gesichter sah, hatte sie wohl Mitleid mit uns. Sie zeigte uns ihr großes Herz, indem sie meinte, in den ersten drei Reihen sei es billiger. Wir zählten unsere restlichen Mücken zusammen und siehe da, es reichte für zwei Kinokarten in der dritten Reihe Mitte und sogar noch für eine große Tüte Bonbons.

Bis dato waren wir noch nie im Kino gewesen. Ich weiß noch bis heute, welcher Film gezeigt wurde. „Hallo Dienstmann" mit Hans Moser. Dieser Moser war Österreicher und nuschelte ganz fürchterlich, sodass man ihn kaum verstehen konnte. Das war uns jedoch schnurzpupe. Wir hatten auf jeden Fall einen Heidenspaß und lachten uns halb tot. Was uns jedoch fürchterlich ärgerte, war die Tatsache, dass vor uns eine Frau mit Hut saß. Diese bewegte ihren Kopf dauernd hin und her, sodass wir uns ständig nach rechts oder links drehen mussten, um überhaupt etwas vom Film sehen zu können. Letztendlich waren wir doch noch sehr klein. Also forderten wir die Dame auf, doch ihren Kopf ruhig zu halten. Das nützte aber nichts, im Gegenteil! Sie beschimpfte uns und fragte, was wir frechen Rotznasen überhaupt im Kino zu suchen hätten. Und ob wir uns überhaupt eine Kinokarte erlauben könnten. Das hätte sie besser nicht sagen sollen. Vor lauter Wut legten wir unsere leeren Bonbonpapiere auf ihre Hutkrempe. Jedes Mal, wenn sie mal wieder ihren Kopf hin- und her bewegte, fielen die Papierkügelchen herunter.

Sie drehte sich um und gab mir eine schallende Ohrfeige. Vor lauter Wut wusste ich im ersten Augenblick nicht, was ich tun sollte. Ganz plötzlich stand ich auf, formte meine beiden Hände zu Fäusten und knallte diese mit der ganzen Wucht, die ich mobilisieren konnte, auf ihren Hut. Der Hut war platt. Die Frau war dadurch wohl so erschrocken, dass sie auf einmal das Feld räumte und sich einige Plätze weiter nach links setzte. So hatten wir endlich gute Sicht. Gitte und ich schmunzelten und konnten uns nicht verkneifen zu sagen, dass sie wohl nicht so viel Geld hätte; sonst hätte sie sich doch einen besseren Platz leisten können und nicht den in der zweiten Reihe.

Auf jeden Fall haben wir den Rest des Filmes sehr genossen.

Auf dem Heimweg beschlich uns jedoch eine große Unruhe und Unsicherheit. Wie sollten wir glaubhaft erklären, warum wir so spät nach Hause kamen und das noch mit dem Bollerwagen und wo wir überhaupt gesteckt hätten. Uns fiel keine glaubhafte Erklärung ein. Meine Mutter hatte wohl einen anstrengenden Tag hinter sich, weil sie auf unser Gestotter nicht weiter einging. Auf jeden Fall beschlossen wir, vorerst unsere neuen Schuhe nicht anzuziehen, sondern wir versteckten sie in unserem Wäscheschrank.

Dies ging auch eine Zeit lang gut. Bis wir eines Tages aus der Schule kamen und neben unseren Essenstellern die Schuhkartons standen. Meine Mutter ließ sich auf gar keine Diskussion ein. Ihre herrische Stimme fragte nur, woher die Schuhe kämen.

Ihre ganze Körperhaltung sagte uns, jetzt nur nicht lügen und die ganze Wahrheit sagen und Farbe bekennen. Als wir unsere Geschichte zu Ende erzählt hatten, meinte sie nur, wir wären unverbesserlich und ganz schöne Früchtchen.

Als sich mein Vater einige Zeit später bei meiner Mutter nach dem Verbleib seiner Kupferbadewanne erkundigte, zuckte sie nur mit den Schultern und meinte, sie wisse von nichts. Und darüber hinaus würde sie auch gar nicht verstehen, warum seine Tauben in einer so teuren Kupferbadewanne baden müssten. Meiner Mutter waren die Brieftauben meines Vaters sowieso ein Dorn im Auge. In diesem Augenblick hatte ich meine Mutter so richtig lieb.

In der Schule standen die Sommerferien vor der Tür. Dies war auch die Zeit der Versetzungszeugnisse. Ich musste mir über meine Noten keine Sorgen machen. Ich war eine gute Schülerin. Ich stand in allen Fächern zwischen 1 und 2. Doch kurze Zeit bevor die Sommerferien begannen und vor der Zeugnisübergabe, ereignete sich noch ein Vorfall, der mich bitterlich enttäuschte.

Eines Morgens überraschte unser Klassenlehrer uns mit der Nachricht, dass wir in Erdkunde und Handarbeiten ab der kommenden Woche eine Lehrerin bekommen würden. Sie heiße Fräulein Schmeing. Unter Fräulein stellten wir uns eine hübsche, junge Lehrerin vor. Als diese „junge" Lehrerin ein paar Tage später das Klassenzimmer betrat, drückten unsere Gesichter mehr als Erstaunen aus. Sie war weder jung noch hübsch – sie war einfach hässlich. Darüber hinaus war sie wie eine alte Jungfer gekleidet; Bluse mit Stehbündchen, Faltenrock und plumpe Schuhe.

Sie begrüßte uns mit einer unangenehmen, barschen Stimme. Meine Gott, dachte ich bei mir, wie konnte man eine solche „Juffer" (so nannten wir immer alte hässliche Frauen, die keinen Mann abbekamen) auf Kinder loslassen?

Sie setzte sich ans Pult, nahm das Klassenbuch hervor und las jeden einzelnen Namen der Schülerinnen und Schüler laut und korrekt nach dem Alphabet vor. Zuvor forderte sie uns auf, beim Vorlesen unserer Namen aufzustehen, damit sie sich uns einprägen könne.

Diese Prozedur dauerte fast eine halbe Stunde. Danach begann sie mit ihrem Erdkundeunterricht. Einer der Schüler musste den Landkartenständer aus der Ecke holen, ein anderer die große Landkarte aus dem Schrank und noch ein anderer durfte die Landkarte oben in den Kartenhalter klemmen.

Ich kann mich an diesen ersten Unterrichtstag mit „Fräulein" Schmeing so gut erinnern, weil er total eskalierte.

Dieses „Fräulein Schmeing" wollte uns den Verlauf der Donau erklären. Meine Klassenkameradin Maria schwatzte ununterbrochen. Sie erklärte mir, dass diese Lehrerin doch niemals mehr ein Fräulein sei, sondern eine Frau. Ich stimmte ihr zu. Wir amüsierten uns köstlich und quatschten beide etwas lauter als gewöhnlich drauf los.

Auf einmal sah sie in das Klassenbuch, rief mit ihrer unangenehmen Stimme meinen Namen. Erstaunlicherweise hatte sie ihn auf Anhieb herausgefunden. „Fräulein Schmeing" ließ mich an die Karte treten, drückte mir den Zeigestock in die Hand und forderte mich auf, ihr und der ganzen Klasse den Verlauf der Donau zu zeigen von der Quelle bis zur Mündung. Ich war wegen ihrer schroffen Art doch etwas sauer und erlaubte mir daher einen Scherz, ich wollte die Neue verarschen. Ich rutschte mit dem Zeigestock oben auf der Landkarte herum, dort wo der Verlauf der Elbe war, von der Quelle bis zur Mündung. Ich wusste ganz genau, wie der Verlauf der Donau war. Jedoch wollte ich die neue Lehrerin hänseln und auf den Arm nehmen. Sie fragte mich, ob das, was ich zeige, allen Ernstes der Verlauf der Donau sei.

Ich erklärte ihr mit breitem Grinsen, dass das meine feste Überzeugung sei.

Als sie jedoch in mein Gesicht blickte und bemerkte, dass ich sie auf den Arm genommen hatte, holte sie unvermittelt aus und gab mir eine schallende Backpfeife. Im ersten Augenblick war ich doch sehr irritiert. Aber sogleich packte mich eine heilige Wut. Ich riss die Landkarte aus der Halterung, warf sie auf den Boden, trampelte noch einmal kräftig mit den Füßen darauf und erklärte ihr, dass ich jetzt nach Hause gehen würde. Ich wartete gar keine Reaktion der Lehrerin ab, riss die Klassentür auf, rief im Türrahmen stehend noch Gitte zu, sie solle meinen Tornister mit nach Hause bringen, schlug die Klassentür zu und trottete nach Hause.

Zu Hause angekommen, war meine Mutter doch sehr erstaunt, dass ich schon von der Schule heim kam und vor allen Dingen ohne Gitte. Ich musste Rede und Antwort stehen. Als ich meine Geschichte vorgetragen hatte, erhielt ich von meiner Mutter die nächste Backpfeife. Sie meinte nur, ich solle mich mit meiner neuen Lehrerin arrangieren; letztendlich säße sie am längeren Hebel. Sie meinte damit wohl, dass sie über unsere Leistungen entscheiden würde und nicht wir und dass sie die Zeugnisnoten verteilen würde.

Und genau so geschah es auch. Ich bekam zum ersten und einzigen Mal in einem Zeugnis eine schlechte Note.

Die Aussicht auf mein Zeugnis hatte mich jedoch nicht dazu bewogen, Fräulein Schmeing als meine Freundin zu behandeln. Ganz im Gegenteil. Ich zählte auch nicht zu dem Kreis ihrer Lieblingsschülerinnen. Das war mir aber auch so was von egal!

Sie und ich standen ständig auf dem Kriegsfuß. Ich ärgerte sie z. B. ständig damit, dass ich sie stets mit Frau Schmeing ansprach. Sie korrigierte mich jedes Mal, indem sie mir erklärte, sie sei „Fräulein“ Schmeing.

An einem der folgenden Tage erklärte uns Fräulein Schmeing, dass wir in der nächsten Handarbeitsstunde das Gobelinsticken erlernen würden. Wir sollten uns einheitlich im Handarbeitsgeschäft 50 x 50 cm Stramin besorgen; dazu dunkelbraunes und dunkelgrünes Stickgarn.

Zu Hause bat ich meine Mutter, Gitte und mir für die Handarbeitsutensilien Geld zu geben. Dabei fragte ich beiläufig meine Mutter, ob sie so dunkle Farben leiden möge. Meine Mutter, völlig ahnungslos, meinte, ohne sich etwas dabei zu denken, frische helle Farben würden ihr auch gefallen. Dies war Wasser auf meine Mühlen.

Nachdem Gitte und ich mit den Hausaufgaben fertig waren, nahmen wir das Geld und radelten in die Stadt zum Handarbeitsgeschäft. Die Verkäuferin hatte fix den Stramin geschnitten. Gitte suchte sich das vorgeschriebene Stickgarn aus. Ich ließ mir von der Verkäuferin noch andere Farben zeigen. Auf einmal fiel mir ein helles Perlgarn in Blau ins Auge, dazu glänzendes Perlgarn in einem zarten Hellgelb. In diese beiden Farben war ich sofort verliebt und kaufte diese Garne.

Zu Hause später erkundigte sich meine Mutter nur, ob wir auch alles bekommen hätten. Wir bejahten das und steckten unsere erworbenen Utensilien in unsere extra für diese Zwecke von meiner Mutter gefertigten Handarbeitsbeutel.

Am anderen Morgen stolzierte ich erwartungsvoll zur Schule. Ich war gespannt, was „Frau" Schmeing zu meiner Errungenschaft sagen würde. Gitte meinte auf dem Schulweg nur, dass sie nicht hoffe, dass es mit der, dabei meinte sie natürlich unsere neue Lehrerin, mal wieder Ärger wegen der Stickgarnfarben geben würde. Ich sagte nur: „Abwarten."

In der letzten Stunde war es dann so weit. Wir hatten Handarbeitsunterricht. Nur wir Mädchen. Damals nahmen die Jungen noch nicht an so einem Mädchenkram, wie sie es nannten, teil. Sie hatten während dieser Stunde Sport.

Jede Schülerin holte ihre Sachen aus dem Handarbeitsbeutel. Alle Schülerinnen präsentierten ihr dunkles Stickgarn. Nur ich. Ich holte meine schönen, hellen Farben aus dem Beutel. Fräulein Schmeing ging durch die Bankreihen und sah sich das Mitgebrachte der Schülerinnen genau an. Als sie zu mir an die Bank kam, bekam sie richtig Schnappatmung. Sie fragte nur, ob ich ihre Anweisung nicht verstanden hätte. Alle anderen hätten es doch auch kapiert. Sie fügte weiter hinzu, dass ich in der Regel doch nicht so blöd sei. Sie hatte wörtlich blöd gesagt. Diese Äußerung beflügelte nicht meine Bereitschaft, einzulenken oder mit ihr Frieden zu schließen. Ich gab ihr lediglich zur Antwort, dass meine Cousine Gitte bereits ein so hässliches, dunkles Kissen sticken würde und meine Mutter nicht zwei der gleichen dunklen Kissen wünsche. Sie sah mich an und war sich ganz sicher, dass dies nicht der Wahrheit entsprach.

Wortlos begab sie sich zurück zur ersten Bankreihe, zeigte jeder Schülerin, wie sie mit dem ersten Stich beginnen musste und gab jeder Schülerin ein vorgedrucktes Musterpapier, nach dem man die Stiche setzen müsse. Als sie zu mir kam, sah sie sich den Beginn meiner Stickerei an und meinte nur, das sei völlig falsch. Ich konnte es nicht nachvollziehen. Meine Stiche waren exakt die gleichen wie bei meinen Mitschülerinnen, nur dass meine halben Kreuzstiche zu anderen Seite zeigten. Dies lag jedoch daran, dass ich Linkshänderin war. Ich versuchte, ihr zu erklären, dass ich Linkshänderin sei und darum meine Kreuzstiche zur anderen Seite verliefen. Sie sah mich nur verärgert an und ließ meine Erklärung einfach im Raum stehen.

Seitdem beachtete sie mich überhaupt nicht mehr. Sie ignorierte mich völlig. Dies war mir jedoch schnuppe. Etwas später kam sie mit einem Buch zu mir und meinte, es wäre doch schön, wenn ich etwas zur Unterhaltung beitragen und den anderen etwas vorlesen würde. In mir brodelte es; meine Gefühlswelt konnte ich einfach nicht in den Griff bekommen. Ich nahm das Buch entgegen und begann in einem so schnellen und monotonen Tempo zu lesen, dass keine der Mitschülerinnen überhaupt etwas vom Inhalt verstand. Die Lehrerin forderte mich auf, langsam und mit Betonung zu lesen. Ich aber pfiff auf ihre Anweisungen. Ich fuhr in meinem hohen Tempo zu lesen einfach fort. Plötzlich kam sie mit hochrotem, wütendem Gesicht auf mich zu, riss mir das Buch aus der Hand, setzte sich ans Pult und las selbst die Geschichte weiter vor. Man merkte ihrer Stimme an, dass sie sehr erregt und geladen war. Wir zwei wurden einfach keine Freundinnen.

13

Wie bereits erwähnt, war ich ein sehr lebhaftes Kind, was meiner Mutter stets mächtig zu schaffen machte und auf den Geist ging. Sie beschloss daher, uns alle drei in einem Sportverein in der Stadt anzumelden. Toll! Wir fuhren dreimal die Woche mit dem Fahrrad zum Sport; im Sommer zum Sportplatz und im Winter zur Turnhalle.

Ich liebte den Sport. Ich fand riesigen Spaß an der Leichtathletik. Im Lauf der Zeit wurde ich eine richtige Sportskanone. Ich konnte gut Weitsprung, noch besser Laufen und, trotz meiner relativ dünnen Arme hervorragend Schlagballweitwurf. Die Vereine nahmen auch an diversen Wettkämpfen teil. Bereits nach kurzer Zeit wurde auch ich nominiert. Ich war mächtig stolz auf mich. Meine Mutter nahm es gelassen hin. Sie war der Ansicht, dass diese Wettkämpfe nicht so wichtig seien. Sie hätte mich doch nur angemeldet, um Ruhe vor mir zu haben, war ihre Reaktion. Und mein Vater? Dem war es zumindest rein äußerlich nicht anzumerken, ob es ihn überhaupt interessierte. Er war ja doch nur stets mit seinen Brieftauben befasst.

Man kann sich heute kaum noch vorstellen, wie es damals war. Wie primitiv wir mit dem Sport angefangen haben. Besondere Laufschuhe? Fehlanzeige, gab es nicht. Wir hatten ganz einfache weiße Leinenschuhe mit Gummisohlen. Und die mussten wir jedes Wochenende mit weißer Tünche überpinseln, damit sie ja für den Wettkampf ordentlich aussahen.

Ich kann mich noch gut daran erinnern, dass an einem sehr warmen, schönen Wochenende ein Wettkampf in einem der Nachbarorte anstand. Dieser Ort war rund 18 Kilometer von unserer Stadt entfernt.

Am Freitag, beim Abschlusstraining vor dem am Sonntag stattfindenden Wettkampf, teilte uns unser Trainer mit, er habe keinen preiswerten Bus organisieren können. Er fragte uns, wer alles über ein Fahrrad verfüge. Fast alle zeigten mit dem Finger auf. „Schön", meinte er, „dann radeln wir eben alle gemeinsam am Sonntag zum Wettkampf." Wir alle fanden seinen Vorschlag super.

Am Sonntagmorgen trafen wir uns alle an der Gaststätte, die neben unserer Schule an der Hauptstraße Richtung Nachbarort lag. Alle hatten gute Laune. Das Wetter tat sein Übriges dazu –herrlichster Sonnenschein.

Meine Cousine Helga genoss die Fahrt besonders. Sie trug an diesem Tag einen Glockenrock, den sie über den Sattel flattern ließ. Der Fahrtwind hob und senkte ihren Rock, sodass man ihre Unterhose sehen konnte. Dies missfiel dem Trainer. Er radelte auf Helga zu und forderte sie auf, sich auf ihren Rock zu setzen und ihn nicht so rumflattern zu lassen. Helga fand diese Rüge nicht so gut. Sie erwiderte ihm lediglich, dass sie es angenehm empfinde, wenn man auch untenherum Luft bekäme. Dies war dann doch dem Trainer zu viel; wütend radelte er wieder an die Spitze unserer Fahrradkolonne. Wir alle amüsierten uns köstlich und lachten den ganzen Weg.

Am Sportplatz angekommen, waren bereits einige Vereine zugegen und taten furchtbar wichtig, übten schon Weitsprung und Starts. Wir suchten zuerst einmal die Umkleidekabinen. Die waren jedoch mit Jungen besetzt, die auf dem Nachbarplatz Fußball spielen wollten. Kurz entschlossen zogen wir uns einfach vor den Kabinen um und fertig waren wir für den „großen" Wettkampf. Wir waren die Einzigen, die mit Fahrrädern angereist waren. Jedoch waren wir durch unsere Radtour so angestachelt und aufgeheizt, dass einige von uns sehr gute Leistungen erbrachten. Darunter war auch ich. Ich hatte in meiner Altersstufe im Dreikampf – 75 Meter Laufen, Weitsprung und Schlagballweitwurf – den 1. Platz belegt. Damals bekam man noch keine Siegerurkunde, sondern einen grünen Plastik-Lorbeer-Kranz. Dieser wurde einem auf den Kopf gedrückt und fertig war die Soße. Ich war von unserem Verein die Einzige, die einen Lorbeerkranz erhielt. Für den zweiten und dritten Platz bekam man „nur“ ein Lorbeersträußchen. Cousine Helga errang in ihrer Altersgruppe den 3. Platz und bekam ebenfalls solch ein Sträußchen. Auch sie war mächtig stolz auf sich. Sie steckte sich das Sträußchen an ihre Bluse. Unser Trainer freute sich ebenfalls und war sehr stolz auf uns. Er spendierte uns allen aus der Vereinskasse eine Limonade.

Gegen Abend radelten wir dann allesamt gemeinsam nach Hause. Während der Rückfahrt hatten wir einen Mordsspaß, lachten und alberten herum. So verging die Heimfahrt wie im Flug.

Zu Hause angekommen, zeigte ich meiner Mutter stolz den Siegerkranz. Sie sah mich eine Weile stumm an und meinte dann: „Siehst mit dem Kranz witzig aus.“ Mit blieb die Spucke weg. Ganz allmählich merkte ich, wie Enttäuschung und Wut in mir hochstiegen.

„Witzig? witzig? Mehr kannst du nicht sagen? Ich bin die Beste und du sagst witzig? Was meinst du denn, wie ich mir den Hintern beim Wettkampf aufgerissen habe!“

Meine Mutter kam auf mich zu, streichelte mir über die Haare und meinte: „Komm mal wieder runter. Ich habe es doch nicht so gemeint.“

„Ist schon gut“, war meine Antwort. Ich riss mir den Siegerkranz vom Kopf, warf ihn auf den Küchentisch und meinte: „Doch! Genauso hast du es gemeint. Und übrigens. Ich habe keinen Hunger mehr. Mir ist der Appetit vergangen.“

Hunger hatte ich schon. Denn wir hatten den ganzen Tag über nicht viel gegessen. Ich war froh, als meine Mutter mich mit Engelszungen überredete, doch wenigsten eine Kleinigkeit zu essen.

So nahm dieser für uns Mädchen doch sehr schöne Tag einen etwas unschönen Ausgang.

Mit der Zeit erkannte auch das Lehrpersonal, dass auch die Mädchen mehr Sport treiben müssten. Ich glaube aber, dass der Hauptgrund dafür eine Vorschrift der Regierung war. Alle Schulen sollten ein Sportfest planen. Die Urkunden für die Sieger kämen von der Landesregierung. Die Besten würden eine Ehrenurkunde vom damaligen Bundespräsidenten Heuss erhalten. Heuss war in unserer jungen Bundesrepublik der erste Bundespräsident. Ein sehr honorig wirkender, älterer Herr, mit gütigem Gesicht und grauen Haaren.

Helga, Gitte und ich hatten ja schon durch unseren Sportverein Erfahrung mit der Leichtathletik und waren unseren Mitschülern somit weit voraus. Da unsere Schule über keinen Sportplatz verfügte, übten wir, so gut es ging, auf dem Schulhofgelände. Dieser war halt nicht sehr groß. Wir trainierten mit unserem Klassenlehrer Wiese gemeinsam mit den Jungen. Natürlich durften die Jungen zuerst Schlagball Weitwerfen. Einige kamen gar nicht in die Puschen. Der Einzige, der den Schlagball sehr weit warf, war mein Schulfreund Karl. Er warf den Ball über den ganzen Schulhof, über die Hecke bis auf die angrenzende Landstraße. Alle mussten erst einmal den Ball suchen, denn unsere Schule hatte nur den einen Ball. Wenn wir den nicht wiederfänden, wäre der Spaß mit dem Sport schon vorbei gewesen. Wir hatten Glück und fanden den Ball auf der anderen Straßenseite im Straßengraben wieder.

Nachdem die Jungen ihre Übungen absolviert hatten, kamen wir Mädchen an die Reihe: Unsere Mitschülerin Elisabeth, schulisch eine 1 A, sportlich die totale Niete. Ganz dünne Beine; wir sagten dazu immer „Strickstöcke" und ihre Arme erst. Die waren so dünn, dass man Angst haben musste, sie würden bei nächster Gelegenheit brechen. Sie also war als Erste von uns Mädchen an der Reihe. Sie warf den Ball keine zehn Meter weit. Sie ging auf den Lehrer zu, heulte los und meinte nur, dass er doch wisse, dass ihr Sport nicht liege und sie wolle sich nicht vor der ganzen Klasse blamieren. Sie ging einfach zur Seite, setzte sich ins Gras und heulte weiter. Ich machte mir im Voraus schon Gedanken darüber, wie ich den Ball zu werfen hatte; dabei fragte ich mich, ob ich auch wohl den Ball so weit wie Karl über die Hecke auf die Landstraße befördern könnte?

Als ich an die Reihe kam, nahm ich meine ganze Kraft und meinen ganzen Ehrgeiz zusammen und schleuderte den Ball so weit ich nur konnte. Und, was soll ich sagen? Ich schaffte es tatsächlich ebenfalls, den Ball über die Hecke auf die Landstraße zu befördern.

Gleiches Prozedere. Alle Schüler wurden zur Straße geschickt, um den Ball zu suchen. Der Lehrer hatte die Nase endgültig voll und brach den Sportunterricht einfach ab. Die übrigen Disziplinen konnten wir auf unserem Schulhofgelände so gut wie gar nicht üben. Zum Beispiel: Weitsprung ging gar nicht. Wir hatten keine Weitsprunggrube. Und Laufen? Na ja, wir rannten einfach um unseren Schulhof herum, der nicht allzu groß war.

Die Zeit der Jugendspiele rückte näher. Auch alle Schulen aus unserem Umfeld nahmen an dem Wettkampf teil. Wir vom Land gegen die Städter. Wie gewöhnlich radelten wir allesamt geschlossen mit dem Fahrrad zum Sportplatz der Stadt. Helga, Gitte und ich kannten ihn Gott sei Dank ja bereits. Wie gesagt, wir trainierten hier bereits dreimal wöchentlich mit unserem Sportverein.

Der Tag fing gut an. Helga in ihrer Altersgruppe war zuerst dran. Danach kamen Gitte und ich. Wir beide, gleichaltrig, waren in einer Altersstufe. Der Tag für Gitte verlief nicht so gut. Gitte konnte einfach nicht schnell genug laufen. Sie hatte zwar im Laufen Ausdauer, also genug Puste für lange Strecken, jedoch keine Power für Kurzstrecken. Insofern war der Wettkampf für sie nicht von Erfolg gekrönt. Helga holte in ihrer Gruppe den 2. Platz.

Ich hatte an diesem Tag ein besonderes Hoch. Ich schleuderte den Schlagball auf sage und schreibe 74 Meter. Das war sensationell. Nur mein Klassenkamerad Karl warf ihn noch zwei Meter weiter.

Wir hatten an diesem Tag unsere Erzfeinde, die Städter geschlagen. Wir beide holten den 1. Platz in unserer Gruppe und bekamen die Ehrenurkunde unseres damaligen Bundespräsidenten Heuss. Besonders freuten wir uns über die betretenen und miesen Gesichter der sonst so überheblichen Städter. Unser Klassenlehrer war mächtig stolz auf uns und klopfte uns mehrfach anerkennend auf die Schultern.

Etwas Gutes brachte diese Veranstaltung mit sich. Ab sofort durften wir Mädchen auch an unserer Schule regelmäßig Sport treiben. Da unser Schulgelände nicht so viele Möglichkeiten hergab, entschlossen wir uns, regelmäßig Völkerball zu spielen. Es wurden jeweils zwei Mannschaften gebildet. Vorher wurden die beiden Mannschaftsführer bestimmt. In der Regel waren es Maria – eine etwas füllige, um nicht zu sagen, dickliche Mitschülerin, jedoch sehr wendig – und ich. Wir mussten im Wechsel für unsere Gruppe jeweils eine Mitspielerin auswählen. Natürlich nahmen wir zuerst die sportlicheren Typen, da wir dadurch auch bessere Gewinnchancen hatten. Jedes Mal blieb als Letzte unsere Mitschülerin Elisabeth – ihr wisst schon, die mit den mehr als dünnen Armen und Beinen – übrig.

Wenn sie zu der Gegenmannschaft gehörte, jammerte sie bereits im Vorfeld, ich solle ihr ja nicht den schweren Medizinball immer gegen die Beine werfen. Denn wenn ich sie auch nur halbwegs traf, fiel sie einfach um. Sie konnte den Ball weder auffangen noch abwehren. Die Arme rannte im Feld nur hin und her und wollte sich hinter anderen Mitschülerinnen verstecken. So ein Gehabe konnten wir allesamt nicht ausstehen. Wenn ich mit dem Wurf beginnen durfte, versuchte ich immer sie als Erste zu treffen, damit sie aus dem Spiel ausschied und wir dann ein tolles Spiel hatten.

Die großen Sommerferien nahten. Alle Schülerinnen und Schüler freuten sich schon riesig darauf. Endlich mal den ganzen Tag gammeln, rumtollen und schwimmen im gegenüberliegenden Bach. Doch bevor die Ferien begannen, stand noch unsere

Klassenfahrt an. Drei Klassen sollten zusammen fahren. Somit gingen Helga, Gitte und ich gemeinsam auf „große" Fahrt. Große Fahrt, das war eine Reise die uns an den etwa 50 Kilometer entfernten Haltener Stausee brachte. Für uns war das schon ein Riesenerlebnis.

Meine Mutter stellte dies jedoch vor eine große Herausforderung. Von der Schule heimgekommen, erzählte ich überschwänglich von der bevorstehenden Klassenfahrt. Die Frage meiner Mutter jedoch war ganz simpel: „Und was soll der Spaß kosten?"

Ich antwortete, dass die Fahrt für jeden von uns nur 2,50 DM kosten würde.

„Nur ist gut", war der Einwand meiner Mutter.

Ich war sofort auf der Palme. „Soll das heißen, wir können nicht mitfahren?"

„Nur ruhig Blut und komm mal wieder runter", war die Antwort meiner Mutter.

Insgeheim beschlich mich jedoch eine gewisse Angst, ob wir überhaupt an der Klassenfahrt teilnehmen könnten. Zu dieser Zeit bestritten meine Eltern nämlich den gesamten Haushalt, einschließlich Onkel Emil und der, ach so geliebten „Tante Christel." Onkel Emil hatte damals noch keine Arbeit gefunden, er wollte sich als Steinmetzmeister selbstständig machen. So konnte er auch noch nichts zum gemeinsamen Haushalt beisteuern. Dies sollte jedoch alles besser werden, wenn erst mal seine Werkstatt und das Wohnhaus fertig würden. Es sollte zum Spätsommer soweit sein. Vor dem Umzug würden dann Onkel Emil und Tante Christel heiraten.

Meine Mutter musste demnach für uns drei das Geld für den Bus vom Haushaltsgeld abzweigen; außerdem wollte sie uns auch noch etwas Taschengeld mitgeben. Die Busfahrt kostete, wie schon erwähnt, pro Schüler 2,50 DM. Das war zu der Zeit viel, sehr viel Geld. Wer aber meine Mutter und ihr Organisationstalent kannte, wusste, dass es auch diesmal klappen würde.

Am Tag der Klassenfahrt waren Gitte und ich schon sehr früh wach. Wir schmiedeten Pläne, was wir alles unternehmen würden; Bootsfahrt auf dem See, vielleicht auch baden im See, falls es erlaubt würde.

Quatsch, warum sollte es nicht erlaubt werden?

Wir sprangen aus dem Bett und kramten unsere Badeanzüge aus dem Schrank, steckten sie in unsere Handarbeitsbeutel, die wir mitnehmen wollten. Als meine Mutter uns wecken wollte, waren wir zwei schon in „Stuss und Start", so sagte man damals. „Was ist denn mit euch los?", fragte meine Mutter. Wir antworteten ihr, dass wir uns schon sehr freuen würden, dass sie es doch möglich gemacht hatte, dass wir mitfahren könnten.

Wir schlangen unser Frühstück runter, wir hatten ja überhaupt keine Zeit. Bereits an der Tür angekommen, wollten wir uns hastig von meiner Mutter verabschieden. Ich weiß nicht, sie hatte für viele Dinge einfach den siebten Sinn. Sie sah uns kritisch an, beäugte uns von oben bis unten, sah auf einmal die vollgestopften Handarbeitsbeutel und fragte, was da noch alles drin sei. Ihr Blick sagte uns, dass wir besser bei der Wahrheit bleiben sollten, wenn wir nicht riskieren wollten, doch noch zu Hause bleiben zu müssen. „Habt ihr vom Klassenlehrer oder eurem Fräulein Schmeing die Erlaubnis, Badezeug mitzunehmen?", fragte sie. Ihre Miene sagte uns, jetzt bloß nicht lügen.

„Nein", war unsere knappe Antwort.

„Also, ist es auch nicht erlaubt", war die knappe Antwort meiner Mutter. Sie schaute in den Beutel von Helga. Darin war natürlich kein Badeanzug. Wortlos öffnete sie Gittes und meinen Handarbeitsbeutel, nahm wortlos das Badezeug heraus, gab uns ebenso wortlos die Beutel zurück und meinte: „So, jetzt könnt ihr losrennen. Ich wünsche euch einen schönen Tag."

Ich flüsterte leise: „So eine Scheiße."

Meine Mutter drehte sich um und meinte: „Habe ich gehört."

An der Schule angekommen, waren die meisten Schülerinnen und Schüler schon anwesend. Sehnsüchtig warteten wir auf den Bus. Als er endlich ankam und stand, wollte natürlich jeder der

Erste beim Einsteigen sein. Die dicke Mia drängelte sich von hinten durch die gesamte Schlange, um als Erste vorne einsteigen zu können. Sie stieß vorne die zerbrechliche Elisabeth zur Seite, sodass diese mal wieder hinfiel und wollte gerade in den Bus einsteigen, als unser Klassenlehrer sie beim Schopf packte und wortlos wieder nach hinten beförderte. Dies passte Mia natürlich überhaupt nicht, weil sie, ob ihrer Dreistigkeit von allen gehänselt wurde. Nachdem alle im Bus Platz gefunden hatten, konnte die Fahrt endlich losgehen. Unser geliebtes „Fräulein" Schmeing stimmte Volkslieder an und die ganze Schülerbagage sang lauthals mit. Alle waren guter Laune. Auch Fräulein Schmeing.

Auf halbem Weg wurde mitten in der Pampa Station gemacht. Viele mussten mal dringlich austreten. Jeder suchte sich einen Baum oder Strauch aus, hinter den er sich setzen konnte. Die Jungen hatten es einfach. Sie blieben am Straßenrand stehen, drehten sich einfach mit dem Rücken zur Straße und pinkelten drauf los. Da nicht so viele Bäume und Sträucher vorhanden waren für die Vielzahl der Mädchen, wurde eine Schlange gebildet, wie ansonsten vor den Toiletten in Restaurants. Gitte meinte, da hätten die Jungen es doch einfach besser. „Na klar", meinte ich. „Schade dass uns nicht auch so ein Ding, das man einfach aus der Hose holen kann, gewachsen ist." Gitte lachte nur und meinte, dass ich wohl recht habe.

Unser Klassenlehrer drängte, dass wir uns beeilen sollten, damit die Fahrt fortgesetzt werden könne. Als die Letzte den Bus bestiegen hatte, ging die Fahrt mit Gesang weiter bis zum Haltener Stausee.

Jeder wollte wieder zuerst aussteigen. Es staute sich vor der Ausgangstür des Busses; es entstand ein riesiges Gerangel. Plötzlich ertönte lauthals die Stimme unseres Klassenlehrers, der brüllte und uns aufforderte, gesittet und nacheinander den Bus zu verlassen. Plötzlich klappte alles reibungslos.

Nachdem alle ausgestiegen waren, gab unser Lehrer uns Verhaltensregeln. Er erklärte uns, wo ein Restaurant sei, in dem man Kleinigkeiten essen und zur Toilette gehen könne. Er meinte zu diesem Thema: „Hier pinkelt mir keiner in die angrenzenden Sträucher oder in den See! Verstanden?"

„Klar", war die Antwort aller.

Alsdann zeigte er uns auch noch den Bootssteg. Hier konnte man für kleines Geld Paddelboote mieten. Kleines Geld war gut. Für uns war der Preis jedoch erheblich zu hoch. Helga, Gitte und ich warfen unser Geld zusammen und zählten es durch. Es reichte gerade für ein Paddelboot. Wir beratschlagten. „Wenn wir das Boot mieten, können wir uns jedoch gar nichts zu trinken kaufen", meinte Helga. Zum Essen hatte meine Mutter jedem von uns vorsichtshalber Brote mitgegeben. Als wir jedoch so dastanden und beratschlagten, was wir nun machen wollten, kam Margret, eine Mitschülerin von Gitte und mir, auf uns zu und meinte, sie würde gern mit uns paddeln und sich an den Kosten beteiligen. Gitte und ich schauten einander nur stumm an. Wir waren mal wieder einer Meinung. Ausgerechnet Margret, so richtig passte uns das nicht. Ausgerechnet Margret, die, wie die dünne Elisabeth bei jeder Kleinigkeit die Hosen voll hatte.

Aber die Bootsfahrt war für uns doch sehr verlockend und die Tatsache, dass wir dann noch Geld für eine Limo übrig hätten, gab den Ausschlag, Margret mitzunehmen. Margret saß ganz steif im Boot. Sie benutzte ihre Paddel in keinster Weise. Gitte und ich wurden schon ein wenig stinkig. Wir forderten Margret auf, endlich ihren Beitrag zur Fortbewegung des Bootes zu leisten.

Als unsere Meckerei nicht fruchtete, nahm ich meine Paddel und schlug so heftig auf das Wasser, dass eine große Fontäne hochstieg. Dies alles in Richtung Margret. Ergebnis: Wir allesamt waren nass geworden.

Margret war völlig entsetzt und außer sich. Ich glaube, sie hatte mehr Schiss, dass das Boot auch noch kentern könnte. Sie fragte mich etwas ängstlich, was denn dieser Quatsch solle und beschwerte sich, dass sie völlig nass geworden sei.

Sie fragte: „Und wie soll alles trocknen?"

Ich schäumte vor Wut. „Wenn du nicht sofort deine Paddel bewegst, werfe ich dich einfach ins Wasser", war meine Antwort.

Margret bekam einen ganz entsetzten Gesichtsausdruck. Da sie mich auch aus dem Sportunterricht kannte, wusste sie ganz genau, dass es unter Umständen von mir keine leere Versprechung sein würde.

Also bemühte sie sich zumindest und zeigte guten Willen, mit ihren Paddeln dazu beizutragen, das Boot etwas schneller zu bewegen. Nach einer Stunde war unsere Zeit abgelaufen und wir mussten zurück zum Hafen. Als wir aus dem Boot ausstiegen, stand Fräulein Schmeing bereits am Bootssteg. Sie nahm sämtliche, ankommenden Schüler und Schülerinnen in Empfang. Als sie Margrets nasse Kleider erblickte, fragte sie, was geschehen sei. Margret, wegen ihrer Schüchternheit eine Lieblingsschülerin von Fräulein Schmeing, meinte, ich habe sie absichtlich mit dem Paddel nass gemacht. Bevor ich darauf hinzuweisen konnte, dass Margret nur faul im Boot saß und nicht mitpaddelte, kam schon die lakonische Antwort von meiner Lieblingslehrerin: „Na klar, typisch Renate." (Alle nannten mich beim richtigen Vornamen: Renate; nur innerhalb unserer Familie hieß ich halt Reni).

Aber die Äußerung dieser Lehrerin ließ mich einfach kalt. Ich sah sie nur von oben bis unten an und ging wortlos an ihr vorbei. Es wurde trotz dieses kleinen Vorfalles noch ein schöner Nachmittag. Einige von uns spielten verstecken, andere aalten sich in der Sonne, wiederum andere zogen ihre Strümpfe und Socken aus und wateten barfuß am Seeufer entlang.

Gitte und ich ärgerten uns halb schwarz, dass wir es nicht geschafft hatten, unser Badezeug an Mutter vorbeizuschmuggeln. Wir wären so gern im See geschwommen.

Wir beschlossen, uns von unserem restlichen Geld eine Limo zu kaufen und dazu die mitgebrachten Brote zu verzehren.

Am späten Nachmittag trommelte unser Klassenlehrer alle zusammen. Die Heimfahrt stand an. Jedoch war die Rückfahrt nicht so fröhlich wie die Hinfahrt. Alle hingen ihrem Erlebten nach. Auch beteiligten sich nicht mehr so viele an den angestimmten Volksliedern von Fräulein Schmeing.

Zu Hause angekommen, saß ein fremder junger Mann an unserem Küchentisch. Wir drei Mädchen schauten erst uns an, dann den Fremden. Meine Mutter meinte mit sehr erregter Stimme: „Kennst du ihn nicht wieder?“

„Nee. Woher soll ich ihn denn kennen?“

„Das ist dein Bruder Egon.“

„Ach! Woher kommt der denn jetzt?“, fragte ich etwas naiv.

Ich kannte ihn wirklich nicht. Er war ja immerhin zehn Jahre älter als ich und verließ das Elternhaus, als ich noch sehr klein war. Er ging nach Dessau, um Flugzeugbauer zu werden. Er erzählte seine ganze Geschichte, die uns unglaublich erschien. Als die Russen nach Dessau kamen, seien sie geflohen. Angeblich eine lange Odyssee. Er sei dann bei Helmstedt in ein Flüchtlingslager gekommen. Dort habe ein heilloses Durcheinander geherrscht. Bis sämtliche Flüchtlinge registriert waren, habe es sehr, sehr lange gedauert. Mit einem Lachen im Gesicht erzählte er zum Abschluss, nun sei er ein Flüchtling mit einem Flüchtlingsausweis B. Dieser Flüchtlingsausweis berechtige ihn, unter bestimmten Umständen Geld vom Staat zu bekommen, zum Beispiel um zu Bauen. „Das fehlte uns auch noch“, war nur die eintönige Antwort meiner Mutter. Es war für uns drei eine aufregende Geschichte.

Erst nachdem mein Bruder seine Geschichte zum Besten gegeben hatte, fiel meiner Mutter wohl ein, dass wir ja den ganzen lieben Tag unterwegs gewesen waren. Sie fragte uns daher: „Und? Wie hat euch eure Klassenfahrt gefallen?“

„Schön, sehr schön“, meinte Helga, die ja immer harmoniebedürftig war.

Ich konnte mich mal wieder nicht zurückhalten zu sagen: „Es wäre noch viel schöner gewesen, wenn wir unsere Badeanzüge hätten mitnehmen und im See schwimmen können.“

Meine Mutter stand wortlos vom Küchentisch auf, ging ins Schlafzimmer und kam mit meinem Badeanzug zurück. Sie legte ihn vor mir auf den Küchentisch und meinte: „Wir haben doch gegenüber den Bach. Morgen kannst du ja darin das Schwimmen nachholen.“

Mir blieb die Spucke weg. Ich war total sprachlos. Meine Mutter konnte manchmal schon recht cool sein. Ich meinte nur: „Das ist doch nicht das Gleiche. Einmal im See schwimmen, wäre doch mehr als toll gewesen.“

Wortlos, wie schon zuvor, nahm sie den Badeanzug vom Tisch und meinte, bevor sie ihn wieder ins Schlafzimmer trug: „Dann eben nicht.“ Damit war das Thema abgeschlossen.

Die großen Ferien rückten immer näher. Es war, wie schon erwähnt, ein toller, sonniger Sommer. Monatelang nur Sonnenschein.

Ich überredete meine Mutter, mir zu erlauben, einen Teil der Ferien bei meiner Patentante Agnes in Essen verbringen zu dürfen. Dies war meiner Mutter so gar nicht recht. Nach langem Hin und Her und erst nachdem mein Bruder hinzugefügt hatte, dass es doch eine gute Idee sei; dann hätte sie wenigstens für ein paar Tage Ruhe vor dem Quälgeist, stimmte meine Mutter endlich zu.

Ich war in diesem Augenblick richtig glücklich und umarmte und drückte meine Mutter ganz innig. Gleichzeitig berichtete ich Gitte davon. Sie meinte, sie müsse vielleicht zu den Verwandten ihrer zukünftigen Stiefmutter „Tante Christel.“ „Bist auch nicht zu beneiden“, antwortete ich.

Gitte, ansonsten immer locker drauf mit ihren losen Sprüchen, war in diesem Augenblick sehr wortkarg und traurig. Sie antwortete mir nur: „Nee, hast recht.“

Um sie abzulenken, schlug ich vor, im gegenüberliegenden Bach eine Runde schwimmen zu gehen. Hier trafen wir unsere Nachbarn, die ganze Horde: Reinhold, Irmi, Marianne, die verhasste Gisela von nebenan und ihre kleine Schwester Renate. Es wurde dann doch noch ein toller, wilder Nachmittag. Wir überboten uns darin, vom Rand des Baches mit Arschbomben in den Bach zu springen und dabei akribisch festzuhalten, wer am Weitesten landen konnte. Reinhold, der einzige Junge unter uns Mädchen, konnte mit uns nicht mithalten. Das ließen wir ihn mit unseren hämischen Blicken und dummen Worten auch spüren.

Erst als wir anfingen zu frieren, stellten wir fest, dass es schon spät sein musste. Die Sonne hatte sich inzwischen auch verabschiedet. Aber eine genaue Uhrzeit konnten wir nicht ausmachen. Denn keiner von uns trug eine Armbanduhr. Die meisten von uns besaßen nicht mal eine. Und die, die eine Armbanduhr hatten, trugen sie nur sonntags zur Kirche. So erging es auch mir. Ich durfte meine Armbanduhr, die ich zur Kommunion geschenkt bekommen hatte, nur sonntags tragen.

Wir richteten uns also nach der Sonne. Wenn die verschwunden war, wurde es Zeit, nach Hause zu gehen. Also machten wir uns auf den Heimweg. Vor dem Haus verabschiedeten wir uns und sagten geschlossen: „Bis morgen"

„Bis morgen."

Meine Mutter wartete schon mit dem Abendbrot auf uns. Mensch, hatten wir einen Bärenhunger. An diesem Abend gar es Gott sei Dank keine Reste vom Mittag, sondern leckeres, frisches Weißbrot. Meine Mutter schnitt und schnitt eine Scheibe nach der anderen ab. Als sie nur noch das kleine Knäppchen in den Händen hielt, meinte sie: „Ich glaube, jetzt reicht es. Wenn ich gewusst hätte, dass ihr so ausgehungert seid, hätte ich noch eine Suppe gekocht."

„Nee, nicht nötig. Wir sind jetzt pupensatt", war meine Antwort. Pupensatt war so ein Ausdruck von uns. Woher er kam, konnten wir nicht erklären. Jedoch benutzten wir ihn immer dann, wenn wir damit ausdrücken wollten, dass etwas völlig ausreichend war.

14

Der Tag meiner Ferienreise nach Essen rückte immer näher. Tage vorher machte ich mir schon Gedanken, was ich alles mitnehmen müsse. Mein Bett lag voll mit Sachen. Als meine Mutter das bemerkte, fragte sie: „Willst du hier ausziehen und ganz zu Tante Agnes ziehen?“ Dabei lachte sie.

„Nee, wieso?“, fragte ich.

„Na ja, all diese Sachen benötigst du doch gar nicht. Du fährst doch nur für 14 Tage in die Ferien. Außerdem würden all diese Sachen gar nicht in den Koffer passen.“

„Was du nicht sagst!“, war meine Antwort.

Wortlos und energisch, wie meine Mutter nun einmal war, sortierte sie die Sachen aus, die ich nach ihrer Meinung in den Ferien benötigen würde. Sie packte sie gemeinsam mit mir in einen alten, schäbigen Koffer. Allein schon wegen des Koffers hatte ich mich geschämt. Hoffentlich werden die Leute auf dem Bahnhof mich nicht wegen dieses hässlichen Koffers blöd anschauen, waren meine Gedanken. Endlich war es dann soweit. Es ging los. Ich verabschiedete mich von Helga und Gitte und wünschte ihnen ebenfalls schöne Ferien. Plötzlich stand mein Bruder neben mir. „Was willst du denn?“, fragte ich.

„Ich fahre mit ins Ruhrgebiet. Ich besuche Tante Lene und Friedchen.“

„Aber die wohnen doch gar nicht in Essen“, war meine Aussage.

„Nein, ich steige vorher in Bottrop aus“, meinte er.

Ich dachte so bei mir: Was für ein Scheiß. Tante Lene war die Stiefschwester meiner Mutter, Tochter von Opa Ernst aus erster Ehe und Friedchen deren Tochter, also unsere Cousine. Auf einmal hatte ich keine große Lust mehr, zu verreisen. Meine Mutter packte den Koffer auf den Gepäckträger ihres Fahrrades, ich schwang mich auf mein Fahrrad, mein Bruder nahm das Fahrrad meines Vaters und los ging es. Unterwegs bemerkte ich, dass meine Mutter mit dem Koffer hinten auf ihrem Gepäckträger doch sehr unsicher fuhr. Ich schlug ihr vor, den Koffer auf meinen Gepäckträger zu nehmen. Mein Bruder mischte sich auch noch ein, indem er meinte, er könne den Koffer ja auch transportieren. Das kränkte meine Mutter in ihrer Ehre. Sie meinte nur: „Seht zu, dass ihr vorankommt. Sonst verpasst ihr noch den Zug."

Am Bahnhof angekommen, stellten mein Bruder und ich die Fahrräder an einem dort befindlichen Fahrradständer ab. Sie blieben dort bis zu unserer Rückkehr stehen. Damals gab es auf dem Land so gut wie keinen Diebstahl. Also mussten wir uns auch keine Gedanken darüber machen, ob die Räder nach unserer Rückkehr dort noch stehen würden oder nicht. Meine Mutter kaufte die Fahrkarten, für sich löste sie für 10 Pfennig eine Bahnsteigkarte, und drückte mir meine Karte in die Hand. Wir stapften zwei lange Treppen hoch zum Bahnsteig. Ich eilte voraus, meine Mutter wegen ihrer Körperfülle schnaubte hinterher. Der Zug fuhr ein.

Der Schaffner mit seiner roten Mütze öffnete eine Abteiltür und fragte mich, wohin es denn gehen würde. Warum sollte ich diesem neugierigen Fremden denn erzählen, wohin ich fahren würde.

Dementsprechend fiel auch meine Antwort aus. Ich sagte: „Nach Posemuckel."

Von hinten spürte ich auf einmal die Hand meiner Mutter mit einem kräftigen Schlag auf den Hinterkopf. „Sei nicht so frech. Und du", damit meinte sie meinen Bruder, „pass ja gut auf die Kleine auf."

Zum Schaffner gewandt meinte sie nur, dass der Grund für meine Patzigkeit daran läge, dass ich ohne sie noch nie so weit gereist und dadurch sehr aufgeregt sei. Ich dachte nur im Stillen: Was für ein Blödsinn, wollte mich aber wegen der drohenden Gefahr, noch eine Backpfeife zu kassieren, nicht laut äußern.

Ich verabschiedete mich von meiner Mutter, drückte und küsste sie ganz herzlich. Ich stieg in den Zug, wartete erst gar nicht auf meinen Bruder, rannte sofort zu einem der Fenster, drückte es herunter und winkte meiner Mutter so lange zu, bis ich sie nicht mehr sehen konnte.

Die Fahrt war doch sehr eintönig und langweilig. Mein Bruder und ich hatten so gar keine Berührungspunkte und keinen Gesprächsstoff. Zwischen uns lagen halt zehn Jahre.

Ich musterte die Mitreisenden. Einige komische Personen befanden sich im Abteil. Ein Mann las ununterbrochen in seiner Zeitung, ohne sie auch nur umzuschlagen, eine Frau daneben schaute nur missmutig auf ihre Fingernägel und auf der gegenüber liegenden Bank saß eine ältere Frau, die auf ihrem Schoß ein Blatt Papier ausgebreitet hatte. Auf diesem Papier lagen fertig geschmierte Brote und klein geschnittene Apfelstücke.

Nach schier unendlich langer Zeit fuhr der Zug in den Bahnhof von Bottrop ein. Mein Bruder verabschiedete sich von mir mit dem Ratschlag, ich solle gut auf mich aufpassen. Dann setzte sich der Zug wieder in Bewegung. Von Bottrop bis Essen-Dellwig war es ja nicht mehr so weit.

Ich war dennoch froh, als endlich der Zug in den Bahnhof Essen-Dellwig einfuhr. Tante Agnes und mein Vetter Heiniken wollten mich am Bahnhof in Empfang nehmen. Hoffentlich sind die auch da und hoffentlich sind sie auch pünktlich, waren meine Gedanken. Ich stand am Zugfenster und plötzlich sah ich die beiden dort stehen. Gott sei Dank! Ich winkte hinter dem geschlossenen Fenster den beiden zu. Sie hatten mich aber wohl nicht erkannt. Der Schaffner riss die Zugtür auf und wir konnten aussteigen. Ich war mit meinem Koffer so eilends zu der geöffneten Tür gerannt, dass ich den zeitungslesenden Mann fast umgerannt hätte. Dieser fasste mich von hinten an der Jacke, zog mich zurück und meinte: „Nicht so eilig, kleines Fräulein. Die Alten haben Vorrang."

„Blödsinn", sagte ich laut und reihte mich hinter den Alten ein.

In diesem Augenblick hatten mich Tante Agnes und Heiniken erkannt und kamen auf mich zu. Wir umarmten und begrüßten uns ganz herzlich. Meine Patentante war überhaupt eine ganz warmherzige Frau. Heiniken fing unterwegs an, mir zu erzählen, welche Pläne er schon für die nächsten Tage gemacht hatte. Ich war hellauf begeistert. Bei Tante Agnes' Haus angekommen, war mein Onkel Heini schon von der Arbeit zu Hause. Onkel Heini war der jüngste Bruder meiner Mutter. Auch er begrüßte mich sehr herzlich und wünschte mir, ich möge ein paar schöne Ferientage bei ihnen verbringen.

Am Abendbrottisch musste ich von zu Hause erzählen. Wie es allen gehe, was sie alle so machten und so weiter und so weiter.

Zögerlich erzählte ich auch von Tante Christel, Onkel Emils zukünftiger Frau und erzählte auch, dass Tante Christel und Gitte sich nicht so gut verstünden. Ich meinte zum Abschluss: „Sie ist anders als wir und sie quatscht in einem fort in ihrem Kölner Dialekt, sodass keiner ein Wort dazwischen bekommt. Vater geht das auch tierisch auf den Geist."

Tante Agnes und Onkel Heini sahen sich nur bedeutungsvoll an. Ich glaube, die waren schon von meiner Mutter über Tante Christel informiert, gaben es jedoch nicht preis. Durch die vielen Geschichten, die ich von zu Hause mitgebracht hatte, verging die Zeit wie im Flug. So langsam wurden meine Augen auch schwerer, einmal von der für mich anstrengenden Reise und zum anderen dadurch, dass ich völlig aus dem Häuschen und aufgeregt war.

Tante Agnes zeigte mir, wo ich schlafen könne. Es war das Zimmer meines älteren Vetters, Heinikens älterem Bruder Rudi. Rudi war inzwischen von zu Hause ausgezogen und war bei seiner Freundin gelandet.

Wir wünschten uns gegenseitig eine gute Nacht. Trotz meiner Aufgeregtheit schlief ich wie ein Stein. Was zu Hause nicht erforderlich war, mich morgens zu wecken, trat hier ein. Am frühen Morgen rüttelte Tante Agnes mich wach und meinte, es sei ja ein gutes Zeichen, dass ich so gut und fest geschlafen habe.

Sie forderte mich auf, aus den Federn zu steigen. Heiniken habe schon für heute einen Schlachtplan entworfen. Nach meiner schnell vorgenommenen Katzenwäsche ging ich in die Küche. Heiniken saß am Frühstückstisch und war mit dem Frühstück bereits fertig. Ungeduldig und demonstrativ schaute er auf seine Armbanduhr. Ich dachte bei mir: Was für ein Affe. Ich verschlang mein Frühstück. Während ich noch den Mund voll hatte, fragte ich Heiniken, was denn heute so anliege und was denn so geplant sei. Wie gesagt, das Wetter war traumhaft schön.

Die Sonne knallte schon am frühen Morgen vom Himmel. Heiniken meinte: „Ich habe meine Freunde zusammengetrommelt. Wir wollen heute ins Freibad gehen. Ich hoffe, du hast deinen Badeanzug mitgebracht?"

„Wenn nicht, wäre das denn so schlimm?", fragte ich zurück. „Es wäre doch sicher die Sensation in eurem Freibad, wenn ich dort mal nackig in das Schwimmbecken spränge."

Heiniken war nun doch etwas irritiert. Zu seiner Mutter gewandt meinte er: „Tante Julchen hat schon recht, wenn sie sagt, sie habe eine unmögliche Tochter."

Mein Kommentar dazu war kurz und knapp: „Du musst es ja wissen." Ich war doch ein wenig verschnupft.

Auf jeden Fall packten wir unsere Badesachen zusammen. Vor der Haustür von Tante Agnes war schon die ganze Bagage von Heiniken versammelt; fünf Mädchen und vier Jungen. Alle beäugten mich, als käme ich von einem anderen Stern. Wer weiß, was Heiniken denen über mich erzählt hatte.

Er stellte mich als seine Cousine vom Land vor. Ich bemerkte, wie sich ihre Gesichter zu einem breiten Grinsen verzogen. Es stand darin wirklich zu lesen, dass sie mich für eine Landpomeranze hielten, Trampel vom Land. Es störte mich schon ein wenig. In Gedanken stufte ich sie allesamt als großstädtische Großmäuler ein. Dies sollte sich zum späteren Zeitpunkt auch noch bewahrheiten.

Die ganze Kolonne setzte sich in Bewegung zur Straßenbahnstation. Wir fuhren also mit der Straßenbahn bis vor die Badeanstalt. Ich war von der der Größe des Schwimmbades, von der Ausstattung und den tollen Umkleidekabinen überwältigt. So was hatte ich noch nicht gesehen. Die hatten tatsächlich einen

10-Meter-Sprungturm mit einem Tieftauchbecken. Mann, war das toll. Bei uns zu Hause war alles viel kleiner und primitiver. Wir hatten nur die Startblöcke und ein 3-Meter-Sprungbrett. Es sollte schon lange ein 5-Meter-Sprungbrett kommen. Es wurde darüber viel erzählt, jedoch installiert wurde es bis zum heutigen Tag nicht.

Heiniken zeigte mir die Mädchenumkleidekabinen, beziehungsweise die Mädchen nahmen mich einfach mit. Sie stellten sich mir vor, eine, sie hieß Ilse, verhielt sich mir gegenüber etwas komisch. Ich muss anmerken, dass die ganze Kolonne sowie mein Vetter drei bis vier Jahre älter waren als ich. Ein Mädchen, Hedwig, sie nannten sie alle Heti, ging mit mir zusammen in eine Umkleidekabine. Sie sah wohl meinen fragenden Blick hinsichtlich des Verhaltens von Ilse. Ohne, dass ich sie gefragt hätte, meinte sie zu mir: „Ilse ist die Freundin von Heiniken."

„Na und, was habe ich damit zu tun?"

„Du musst wissen, sie ist auf alles und jeden eifersüchtig", meinte Heti zu mir.

„Ist doch nicht mein Problem", gab ich nur kurz angebunden zur Antwort.

Nachdem wir uns umgezogen hatten, trafen wir uns alle am Schwimmbecken. Zuvor mussten wir am Nichtschwimmerbecken entlang gehen, in dem viele Mütter mit ihren Kleinen saßen. Ich schaute mir alles genüsslich an und meinte zu Heti: „In dieses Becken möchte ich wirklich nicht hinein. Die kleinen Koten (so nannten wir zu Hause die Kleineren) pinkeln sicherlich allesamt in das Becken. Nein Danke."

Heti fing an zu lachen und meinte: „Auf jeden Fall ist dort das Wasser um einige Grad wärmer als im großen Becken."

„Mit Sicherheit" war meine Reaktion darauf. Auch ich konnte mir ein Lachen nicht verkneifen.

Es wurden tolle, ausgelassene Stunden. Bis zu dem Augenblick, an dem mein hinterhältiger Vetter Heiniken auf die glorreiche Idee kam, wir könnten doch alle mal vom 10-Meter-Brett hüpfen. Alle Mädchen und zwei der Jungen lehnten ab. Ich selbst war skeptisch. Ich hatte ja noch nie auf einem 10-Meter-Sprungbrett gestanden, geschweige denn war ich von so hoch oben gesprungen. Mutig, wie ich nun mal war, ging ich mit den restlichen Verbündeten zum Sprungturm. Ganz, aber auch nur ganz langsam stieg ich die Stufen hoch. Mein Magen machte sich vor Aufregung bemerkbar. Es kribbelte überall in meinem Körper, sogar bis in die Fingerspitzen und bis in die kleinen Zehen. Als Erster sprang Willi, er war der beste Freund von Heiniken, danach Peter und im Anschluss Heiniken. Ich selbst riskierte und traute mich noch nicht. Ich ging an den Rand des Sprungbretts, schaute hinunter und plötzlich wurde mir ganz mulmig zumute. Verließ mich mein Mut?

Inzwischen waren die drei schon wieder auf dem Sprungturm und standen hinter mir. Heiniken meinte, ich solle jetzt springen. Ich hätte doch wohl keine Angst und stets immer einen so großen Mund. Ich traute mich noch nicht; ich musste mich erst einmal auf die Situation, die mich zu überwältigen drohte, konzentrieren und einlassen.

Als ich so am äußersten Rand des Sprungbretts stand, in die Tiefe starrte, verspürte ich auf einmal im Rücken einen heftigen Stoß. Ich fiel vom Sprungbrett in die Tiefe. Ich wollte schreien. Der Ton blieb mir jedoch im Hals stecken. Mir kam die Zeit vom Sturz in die Tiefe, durch die Luft wirbeln bis zum Eintauchen in das Schwimmbecken wie eine Ewigkeit vor. Im Wasser gelandet hatte ich das Gefühl, nie wieder hochkommen zu können. Dieses blöde Gefühl vermittelte mir auf einmal eine höllische Angst. Ganz plötzlich schoss mein Kopf wieder in die Höhe über die Wasseroberfläche. Ich schnappte nach Luft wie ein Fisch, der auf dem Trockenen liegt. Ich schwamm zum Beckenrand, harrte dort eine ganze Weile aus, bis ich mich wieder einigermaßen beruhigt hatte. Wortlos kletterte ich die vielen Stufen zum 10-Meter-Brett hoch, ging wortlos auf die lachenden Jungen zu. „Wer hat mich gestoßen?“, war meine kurze, sehr laut vorgebrachte Frage.

Keiner gab eine Antwort. Alle lachten nur und meinten, es sei doch nur ein Spaß gewesen. Diesen Spaß konnte ich absolut nicht verstehen. Ich ging auf den besten Freund meines Vetters zu und wiederholte meine Frage: „Warst du das?“ Keine Antwort. Ich gab ihm eine schallende Ohrfeige, stieß ihn mit voller Wucht zum Rand des Sprungbrettes, sodass er ebenfalls hinunterfiel. Ich ging auf Peter zu. Die gleiche Frage: „Warst du es?“ Er grinste mich nur blöd an. Ich trat ihn in den Hintern und stieß ihn ebenfalls mit aller Kraft, die mir zur Verfügung stand, hinunter. Nun zu meinem Vetter gewandt: „Oder du?“

Ihm wurde die ganze Situation inzwischen etwas peinlich. Er merkte, dass ich zum einen immer noch etwas ängstlich war und zum anderen total sauer und wütend. Ich bekam von ihm keine schnelle Antwort, geschweige denn eine Entschuldigung. Wahrscheinlich wollte er sich eine Ausrede überlegen. Doch dazu kam er erst gar nicht. Ich marschierte auf ihn zu, versetzte auch ihm eine schallende Ohrfeige, fasste in seine strohblonden Haare, zog ihn bis an den Sprungbrettrand und stieß auch ihn mit aller Macht hinunter. Ich rieb mir die Hände an meinen Oberschenkeln ab, klatschte in die Hände und stieg ganz, ganz langsam die Stufen hinab.

Die Mädchen, die von unten die ganze Situation beobachtet hatten, wagten allesamt nicht, einen Ton von sich zu geben. Nur Heti schälte sich aus der Gruppe heraus, legte ihren Arm und meine Schultern und meinte: „Haste richtig gemacht. Ich finde es ganz prima. Die meinen nämlich, sie seien die Größten.“ Heiniken kam ganz betreten auf mich zu und meinte, es sei doch nicht so gemeint gewesen und es sei doch nur ein Spaß gewesen.

„Klappe“, hatte ich nur zur Antwort. „Ich habe jetzt Hunger. Hol mir von der Bude dort drüben ’ne Bratwurst mit Brot und frag die übrigen Mädchen, was die essen möchten.“ Der Bann war gebrochen. Eilfertig rannten alle Jungen zur Fressbude und brachten für uns Mädchen Wurst und Brot mit. Nur Ilse, die wollte eine Extrawurst; kein Brot, sondern Pommes.

Es kam jedoch an diesem restlichen Nachmittag nicht mehr so eine ausgelassene Stimmung auf wie vor dem Vorfall. Ich muss hier einflechten, dass ich seit dieser Geschichte nicht mehr schwindelfrei war. Zum Beispiel konnte ich zu Hause in unserem Schwimmbad lange Zeit nicht einmal mehr vom Startblock ins Becken springen. Das hat sich erst gelegt als ich erwachsen war und mit dem Segeln anfing.

Als die Sonne so langsam verschwand, standen wir auf, zogen uns an und fuhren mit der Straßenbahn wieder nach Hause. Die Fahrt verlief wesentlich schweigsamer als auf dem Hinweg. Ich glaube, die Jungen hatten allesamt ein schlechtes Gewissen.

Zu Hause angekommen, öffnete Tante Agnes uns die Haustür. Sie sah uns prüfend an. Sie hatte stets ein feines Gespür dafür, wenn etwas nicht in Ordnung war. „Na, wie war es?"

„Gut" war meine knappe Antwort.

Sie packte Heiniken am Arm, zog ihn zur Seite und fragte, was vorgefallen sei. Dieser mochte ob dem drohenden Unterton in der Stimme der Tante wohl nicht lügen und er erzählte ihr, dass die Jungen mich einfach vom 10-Meter-Brett gestoßen hätten.

„Was heißt, die Jungen?" Du warst doch auch dafür und hast noch obendrein blöde gegrinst."

Tante Agnes war ganz betroffen. „So einen Unsinn hättet ihr nicht machen dürfen. Es hätte ja weiß Gott was passieren können", war ihre Antwort und sie gab Heiniken eine schallende Ohrfeige. „Dass mir so etwas nicht noch einmal vorkommt."

„Nee, das kann nicht mehr passieren. Mit denen gehe ich nicht noch einmal zum Schwimmen", antwortete ich.

An diesem Abend saßen wir alle etwas schweigsam am Abendbrottisch. Ich ging früh zu Bett und hatte schon am zweiten Abend aufgrund dieses Vorfalles Heimweh. Bevor ich einschlafen konnte, war meine feste Überzeugung, dass es doch zu Hause am Schönsten sei.

Die folgenden Tage waren dann doch wieder sehr nett. Tante Agnes schlug einen Besuch in der Essener Grugahalle vor. Wir verlebten dort einen wunderschönen Nachmittag.

An einem der anderen Tage besuchten wir eine Zeche. Ich hatte bis zu dahin noch nie eine Zeche von innen gesehen, obwohl ich im Ruhrgebiet geboren wurde. Es war schon sehr imposant. Onkel Heini, Steiger auf einer dieser Zechen, nahm uns in Empfang. Wir durften in die Zechenvorhalle eintreten. Für mich war alles befremdlich und neu. Plötzlich hielt ein Fahrstuhl. Heraus kamen Männer, total schwarz im Gesicht und die Kleidung war ebenfalls total voller Kohlenstaub. Einer dieser Männer strich mir mit seiner schwarzen Hand über die Nase und malte mir einen breiten, schwarzen Strich darauf. Dabei lachte er und meinte: „Jetzt könntest du glatt zu uns gehören." Bei dem Vorgang grinste er mich weiter freundlich an. Im Stillen dachte ich bei mir: Was für ein Blödmann.

Interessiert fragte ich meinen Onkel, was die jetzt machen würden. Er erklärte mir, dass deren Schicht zu Ende sei und sie jetzt in die Kaue gingen, um sich zu duschen. „Was ist denn eine Kaue?", fragte ich.

„So nennt man auf der Zeche die Duschräume", meinte Onkel Heini.

Ich hatte noch einige schöne und erlebnisreiche Tage bei meiner Patentante.

Dann kam der Tag meiner Abreise. Insgeheim war ich froh, endlich wieder nach Hause fahren zu können. So schön das Verreisen war, so schön war es, wieder nach Hause zu kommen. In diesem Augenblick hatte ich erstmals so richtig bemerkt, wie innig ich an meinem Zuhause hing.

Am Abend vor meiner Abreise hatte mir mein Onkel Heini gesagt, dass mein Bruder noch eine Weile bei unserer Tante Lene bleiben wolle. Er war der Ansicht, dass er im Ruhrgebiet eher eine Arbeit finden könne als in unserer Kleinstadt. Dann verabschiedete sich mein Onkel von mir, da er am folgenden Tag bereits um 6.00 Uhr an seiner Arbeitsstelle sein musste. Er gab mir noch liebe Grüße an alle zu Hause mit auf den Weg. Sein guter Ratschlag war, ich solle es ja nicht vergessen.

„Nee, mache ich schon nicht", meinte ich.

Am anderen Morgen war ich schon sehr früh wach. Tante Agnes musste mich nicht einmal wecken. Als sie mein Schlafzimmer betrat, stand ich schon abreisebereit in Stuss und Start mitten im Raum. Mein Koffer war ebenfalls bereits gepackt und lag auf dem Bett.

„Meine Güte, erst mal einen guten Morgen. Du bist schon abreisebereit? Hat es dir bei uns nicht gefallen?“

„Doch, sehr gut, Tante Agnes. Aber jetzt freue ich mich doch, wieder nach Hause zu kommen.“

„Ist ja verständlich“, meinte Tante Agnes. „Zuerst wollen wir aber noch einmal gemeinsam gemütlich frühstücken.“

Sie nahm mich in den Arm und wir zwei begaben uns in die Küche. Dort saß bereits schmatzend mein Vetter Heiniken am Tisch.

„Schmeckt es dir?“, fragte ich.

Er vermutete mal wieder eine Gemeinheit oder Anzüglichkeit hinter meiner Frage. Darum antwortete er etwas mürrisch mit einer Gegenfrage: „Warum fragst du?“

„Warum nicht?“ Ich wollte von ihm wirklich nur wissen, ob es ihm gut schmeckt.

Er traute dem ganzen Braten jedoch nicht. Daher war seine kurze, knappe Antwort: „Hm, ja danke!“ Seit unserem gemeinsamen Erlebnis im Freibad war unser Verhältnis doch etwas gestört. Jeder von uns vermutete vom anderen stets eine Boshaftigkeit, wenn einer nur von uns den Mund auftat. Daher war ich wegen seiner knappen Antwort auch etwas gereizt und ahmte sein Schmatzen nach: „Heiniken, schmatz, schmatz, schmatz!“

„Was soll das denn schon wieder bedeuten?“

„Du schmatzt am Tisch wie unsere kleinen Schweine im Stall.“ Bevor unser Hin und Her eskalieren konnte, mischte sich Tante Agnes ein und bat mich, am Tisch Platz zu nehmen.

Nach dem Frühstück gingen wir alle drei zum Bahnhof. Da dieser nicht sehr weit von der Wohnung meiner Tante entfernt lag, konnten wir zu Fuß gehen. Heiniken hatte sein Fahrrad aus dem Fahrradschuppen geholt. Er klemmte meinen Koffer auf den Gepäckträger. Etwas wortkarg gelangten wir zum Bahnhof. Tante Agnes kaufte mir die Fahrkarte und für sich und Heiniken Bahnsteigkarten. Sie brachten mich auf den Bahnsteig, von dem mein Zug abfahren würde. Nach geraumer Wartezeit war es endlich so weit. Der Zug fuhr in den Bahnhof ein. Tante Agnes verabschiedete sich ganz herzlich von mir; sie drückte und küsste mich.

Da ich das Küssen nicht so gern mochte, wischte ich mir verstohlen über die Wangen, die sie geküsst hatte. Auch sie gab mir liebe Grüße für zu Hause mit auf den Weg. Dann verabschiedete ich mich von Heiniken. Wir schlugen mit beiden Händen gegeneinander. Dabei rückte er mir verdächtig nahe auf den Pelz. Ich wich ein wenig zurück und meinte verschmitzt: „Du musst mich zum Abschied nicht auch noch küssen."

Er schaute mich etwas verwirrt an und meinte: „Bist du verrückt? Ich küsse doch keinen Kaktus!"

Wir sahen einander an und auf einmal lachten wir beide laut los. Ich meinte zum Abschied lediglich: „Blödmann, mach's gut. Vielleicht kommst du in den nächsten Ferien einmal zu uns zu Besuch. Wäre doch mal was Neues."

Er meinte nur: „Mal sehen."

„Wieso? Haste Schiss, dass ich dir auch so einen Streich spielen könnte wie du mit mir in der Badeanstalt?"

„Schiss? Vor dir? Nee!"

Ich lachte ihn aus und meinte, dass ich der festen Überzeugung sei, dass er doch vor mir Schiss habe.

Der Zug lief ein. Der Schaffner riss die Zugtür auf und rief mit lauter Stimme: „Alles einsteigen bitte! Alles einsteigen bitte!"

Ich marschierte zu einer geöffneten Zugtür und stieg ein. Heiniken schob meinen Koffer hinterher. Der Schaffner schloss die Tür und im gleichen Augenblick setzte sich auch schon der Zug in Bewegung. Ich rannte zu einem Fenster und versuchte krampfhaft es zu öffnen, was mir jedoch nicht gelang. So winkte ich hinter dem geschlossenen Fenster Tante Agnes und Heiniken so lange zu, bis ich sie nicht mehr sehen konnte. Ich hob meinen Koffer in das obere Gepäckfach und setzte mich auf einen freien Platz. Neben mir befand sich eine Frau mit einem kleineren Mädchen. Ich glaube, der war es genau so langweilig wie mir.

Es nörgelte ständig herum, zog ihrer Mutter ununterbrochen am Rock. Diese strich sich in einer stoischen Ruhe immer wieder den Rock glatt und wiederholte zigmal den gleichen Satz: „Nun lass das doch bitte." Das ständige Wiederholen dieses einen Satzes ging mir schon mächtig auf den Keks. Ich versuchte, die kleine Göre mit Grimassen von ihren Nörgeleien abzulenken.

Ihr werdet es nicht glauben, was dann passierte. Die Kleine stierte mich eine geraume Zeit schweigend an und plötzlich, ohne dass man es hätte vermuten können, spuckte sie mich an.

Ich war völlig perplex.

Die Mutter, die den Vorgang schweigend beobachtete, zog ihr Kind zu sich heran. Das Einzige, was sie zu dieser frechen Göre sagte, war: „Das macht man doch nicht. Mach das bitte nicht noch einmal."

Ich schaute die Mutter bitterböse an und meinte zu ihr: „Normalerweise würde ich in solchen Fällen zurückspucken. Tue es aber nicht." Ich schob noch hinterher: „Sie haben Ihr Kind aber nicht gut erzogen."

Die verdutzte Mutter schaute mich weiterhin nur schweigend an und erwiderte keinen Ton. Im Stillen musste ich jedoch in mich hineinlachen. Meine Erkenntnis war, das hätte auch ich in jüngeren Jahren sein können.

Die Fahrt plätscherte so vor sich hin. Mir tat schon der Po von dieser harten Holzbank weh. Endlich, nach für mich viel zu langer Fahrt, rollte der Zug zu Hause in den Bahnhof ein. Ich stand schon eine geraume Zeit am Fenster, was wiederum einem älteren mitreisenden Herrn missfiel. Ich ließ mich aber weder provozieren noch von dem Fenster vertreiben. Auf dem Bahnsteig entdeckte ich meine Mutter mit Gitte im Schlepptau. Als der Zug hielt, konnte ich nicht schnell genug meinen Koffer aus der Gepäckablage herunterbekommen, trat in meiner Hektik zu allem Überfluss dem alten Herrn auf die Füße, sodass dieser maulte.

Dies alles jedoch störte mich in diesem Augenblick nicht im Geringsten. Ich war nur darauf bedacht, so schnell wie möglich aus dem Zug zu kommen. Der Zugschaffner riss wieder die Zugtür auf, kündigte mit lauter Stimme den Ort an, in dem gerade der Zug eingelaufen war. Im Aussteigen dachte ich noch so bei mir: Was für ein Quatsch. Als wenn nicht jeder Passagier wüsste, wie der Ort hier heißen würde. Meine Mutter nahm mir den Koffer ab, umarmte und drückte mich innig. Ich glaube, sie hatte mich ebenso vermisst wie ich sie und sicher war sie froh, ihren Quälgeist wieder zu Hause zu haben. Dann stürzten Gitte und ich aufeinander zu und wir umarmten uns. Jede von uns wollte von der anderen wissen, was sie so in den Ferien erlebt hatte. Meine Mutter meinte, wir sollten erst einmal zum Ausgang gehen, wir würden ja den gesamten Verkehr aufhalten. Wir hätten zu Hause ja noch genug Zeit, um zu schwatzen. Draußen vor dem Bahnhof standen noch mein Fahrrad und das Fahrrad meines Vaters, welches mein Bruder auf der Hinreise benutzt hatte. Meine Mutter, etwas hilflos meinte: „Und wie kriegen wir das Fahrrad von Vater mit nach Hause?"

„Tja, da musst du deinen lieben Sohn fragen, der ja im Ruhrgebiet geblieben ist", meinte ich.

„Sei nicht so frech. Vielleicht kannst du es ja gelegentlich abholen. Vater benötigt es Gott sei Dank nicht so oft."

Eine Antwort darauf verdrückte ich mir. Ich wollte nicht schon bei meiner Ankunft meine Mutter reizen. Sie wusste aber schon Bescheid, dass mein Bruder vorerst im Ruhrgebiet bleiben würde, entweder von ihm selbst oder Tante Agnes oder doch von Tante Lene? Egal. Mir war es völlig egal. Ich kannte meinen Bruder ja nicht einmal gut.

Wir drei radelten gemütlich nach Hause. Zu Hause angekommen, wollten Gitte und ich nun endlich unsere Urlaubserlebnisse austauschen. Meine Mutter unterbrach jedoch unseren Wortschwall, indem sie mich aufforderte, zuerst mal meinen Koffer auszupacken.

„Die schmutzige Wäsche bringst du sofort in den Waschkeller. Wäre ja noch schöner, dass ich dir diese Arbeit abnehme", war ihre eindeutige Ansage mir gegenüber.

Meine Meinung hierzu war: Tatsächlich, ich bin wieder zu Hause. Es hat sich nichts geändert. Alles beim Alten. Unter Protest und lautem Rummaulen gehorchte ich jedoch. Eilig erledigte ich die mir aufgetragene Arbeit. Danach bat ich Gitte, mit nach draußen zu gehen, damit wir dort in aller Ruhe erst einmal ausführlich quatschen konnten. Ich erzählte Gitte von meinem Erlebnis in der Badeanstalt. Gitte meinte zu dem Vorfall nur: „Ich hab doch immer gesagt, dass Heiniken ein Blödmann ist."

„Sag ich doch die ganze Zeit", war meine Antwort darauf. Nun sollte Gitte von ihren Ferienerlebnissen erzählen. Sie wurde auf einmal ganz still.

„Nun, sag schon, wie war es denn bei dir und der buckeligen Verwandtschaft deiner zukünftigen Mutter?", fragte ich Gitte.

„Hör bloß auf. Ich habe dir schon früher mal gesagt, dass die nicht meine Mutter wird. Die mag mich im Übrigen auch nicht leiden.

„Das hast doch du nicht zu bestimmen. Wenn dein Vater sie nun bald heiratet?"

Gitte meinte darauf cool: „Na ja, dann sage ich einfach immer Stiefmutter zu ihr."

„Na ja, wenn du das so meinst. Hoffentlich geht das mal gut", war meine Reaktion auf Gittes Äußerung.

„Nun erzähl aber endlich mal, wie war es denn dort?", fragte ich schon ganz neugierig.

„Weißt du, die Tante Gerda, das ist die Schwester meiner zukünftigen Stiefmutter. Die ist ganz nett. Aber ihr Mann, das ist vielleicht ein Lackaffe."

„Wieso Lackaffe?", fragte ich.

„Der trägt die Nase so hoch, dass es beim Regnen rein regnet. Und der Opa erst mal. Der Vater von Tante Gerda und der ‚Demnächst-Frau' von meinem Vater. Ich sage dir, alles Verrückte. Der Opa ist schon total alt. Eines Abends beim Abendessen kam das Gespräch auf die Hochzeit von Vater. Du kannst dir nicht vorstellen, was der alte Opa tatsächlich von sich gegeben hat."

„Nee, was denn? Erzähl doch und lass dir nicht alles aus der Nase ziehen."

„Der hat doch tatsächlich gesagt, dass er auch noch mal heiraten wolle. Tante Gerda hatte ihn ob seiner Äußerung voll ausgelacht. Und was soll ich dir sagen: Der Alte meinte es todernst. Er meinte noch weiter, dass er doch noch jung genug sei, um auch noch zu heiraten und Kinder bekommen zu können."

„Nee, nicht wirklich. Das hat er tatsächlich gesagt?"

„Sag ich doch. Das ist eine total verrückte Familie."

Gitte und ich sahen uns an und plötzlich lachten wir uns halb tot. Im gleichen Augenblick hörten wir die Stimme meiner Mutter, die uns bat, zum Essen ins Haus zu kommen.

Die restlichen Ferientage verliefen wie im Fluge. Der Sommer meinte es wirklich gut mit uns. Jeder Tag trocken und heiß. Kein Regen. Wir Kinder fanden es total geil. Nur die Bauern jammerten mal wieder rum und sehnten sich wegen der bereits eingetretenen Dürre nach Regen, was wir Kinder wiederum absolut nicht gut fanden.

Wenn wir bei dem schönen Wetter allesamt nicht im gegenüberfließenden Bach badeten, gingen wir mit unseren Blechdüppen (Milchkannen) in den Wald. Die Brombeeren und Blaubeeren reiften allmählich und manchmal hatten wir auch Lust, Beeren zu sammeln. Unsere Eltern fanden dies natürlich sehr löblich. Dann hatten sie die Quälgeister vom Hals.

Den wahren Grund unseres starken Interesses verrieten wir natürlich nicht. Wir zogen meistens mit unseren Nachbarn Irmi, Marianne und Reinhold los in den Wald. Nur die verhasste Gisela von nebenan durfte nie mit uns kommen. Wie gesagt, der Wald begann ja bereits nach etwa 50 bis 100 Metern von unserem Haus entfernt. Für die Blaubeeren mussten wir jedoch ein ganzes Stück durch den Wald laufen. Die besten Blaubeersträucher befanden sich nämlich auf einer Lichtung vor dem Moorgebiet. Hier wurde der Wald immer lichter und langsam hörte er gänzlich auf. Es kamen riesige Blaubeerfelder zum Vorschein, dahinter das Moorgebiet und dahinter verlief die Eisenbahnstrecke. Hier verkehrte immer der „Pängelanton", ein Bummelzug, den wir nur Pängelanton nannten, gelegentlich auch Güterzüge. Wir hatten schnell unsere Blechkannen mit den Beeren gefüllt.

Unser Ritual war im Anschluss stets: Schuhe aus, Socken aus, Kleider in die Unterhose gesteckt und mutig, so weit es ging, ins Moor zu stapfen. Einer musste immer am Ufer mit einem langen Stock stehen bleiben, falls mal jemand von uns doch schneller und tiefer einsacken würde. Das war für uns immer eine große Mutprobe. Wenn man ganz, ganz langsam im Moor einsank, kribbelte es vor Aufregung im Bauch bis in die Zehenspitzen. So vertrieben wir uns die Zeit und warteten, bis sich ein Zug näherte. Wir bewiesen allesamt großen Mut. Wenn wir nämlich meinten, jetzt ist die Zeit, dass bald ein Zug kommen müsste, rannten wir geschlossen zum Bahndamm, legten unsere Ohren auf die Schienen, um zu horchen, ob der Zug auch bald kommen würde. Wenn wir nichts hörten, vertrieben wir uns die Zeit damit, mit den Steinen aus dem Schienenbett die Porzellantöpfchen, die sich an den hölzernen Strommasten befanden, zu treffen. Jeder von uns hatte gleich viele Versuche. Da ich ja im Werfen stets sehr gut war, hatte ich meistens Glück und traf mit den vorgegebenen Wurfmöglichkeiten ein Porzellantöpfchen. Endlich näherte sich ein Zug und rollte an uns vorbei. Wenn es der Pängelanton war, winkten wir und hofften, dass einige Fahrgäste uns sehen und zurückwinken würden. In den häufigsten Fällen passierte dies jedoch nicht. Wenn ein Güterzug nahte, waren wir meistens enttäuscht. Dann bewarfen wir aus Frust und Enttäuschung den letzten Waggon mit den aufgesammelten Steinen.

So vertrieben wir uns die Zeit. Auf dem Nachhauseweg entwarfen wir dann schon den Schlachtplan für den kommenden Tag.

15

Gegen Ende der großen Ferien war es dann so weit. Die Hochzeit von Onkel Emil und Tante Christel stand an. Meine Mutter hatte für uns drei Mädchen total hübsche Kleider gezaubert. Darin war sie mehr als geschickt, geradezu ein Meister ihrer Kunst. Meine Patentante, Tante Agnes, meinte dazu, meine Mutter könne einfach noch aus Nichts etwas machen. Wir sahen sehr adrett aus. Es sollte eine sehr große Feier werden. Die gesamte „bucklige Verwandtschaft" aus dem Ruhrgebiet mütterlicherseits nebst Ehemännern und Kindern wurden eingeladen. In Gegenwart meiner Mutter durften wir „bucklige Verwandtschaft" gar nicht in den Mund nehmen. Sie ging jedes Mal bei dieser Wortwahl auf die Barrikaden und verbot uns strikt, diesen Ausdruck zu gebrauchen. Wir Kinder hatten den Begriff jedoch bei gelegentlichen Diskussionen zwischen meiner Mutter und meinem Vater aufgeschnappt. Mein Vater verwendete diesen Ausdruck immer dann, wenn er der Meinung war, meine Mutter würde von ihren Geschwistern nur ausgenutzt. Bei solchen Diskussionen behielt in der Regel jedoch meine Mutter die Oberhand, was meinen Vater wiederum frustrierte und er das Weite suchte. Dies war in der Regel sein geliebter Taubenschlag. Na ja, so war meine Mutter halt! Ich glaube, sie fühlte sich als ältere Schwester immer noch für ihre jüngeren Geschwister, auch wenn diese inzwischen ebenfalls bereits alle erwachsen und verheiratet waren, verantwortlich.

Nun aber zurück zur Hochzeit:

Und was soll ich sagen? Alle kamen. Zum einen liebten sie das tolle Essen meiner Mutter, die mal wieder als Köchin fungieren musste und zum anderen kamen sie aus Neugierde. Sie hatten zum größten Teil Onkel Emils zukünftige Frau noch nicht in natura gesehen. Hinzu kam noch die Verwandtschaft von Tante Christel aus dem Rheinland. Hier trafen Welten aufeinander. Auf der einen Seite die etwas sturen Westfalen, zu denen auch mein Vater zählte und auf der anderen die geschwätzigen Rheinländer. Wenn die erst einmal loslegten und ins Reden kamen, bekam kein anderer mehr ein Wort dazwischen. Jedoch Tante Toni, zweitjüngste Schwester meiner Mutter aus Bottrop, ihr wisst schon, die mit dem verschluckten Roastbeef in Holland, verschaffte sich ganz einfach Luft, indem sie zu den „Rheinländern", wie wir sie nur nannten, einfach sagte, sie sollten doch einfach mal die Luft anhalten. Danach wurde es deutlich ruhiger. So allmählich nahm die Hochzeitsfeier deutlich an Fahrt auf. Auch mein Bruder war aus dem Ruhrgebiet angereist. Er sollte als Trauzeuge bei Onkel Emils Hochzeit fungieren.

Alsdann brach die ganze Bagage zur Kirche auf. Onkel Emil, Tante Christel, Helga, Gitte und ich durften vorweg mit der Kutsche zur Kirche fahren. Alle übrigen pilgerten hinterher. Die Nachbarn hatten die Kirche sehr schön mit Blumen und Birkengrün geschmückt. Der Pfarrer gab sich redlich Mühe, die Zeremonie feierlich zu gestalten. Nach der Lesung des Evangeliums ging der Küster mit dem Klingelbeutel rum. Jeder warf seinen Obolus hinein. Mutter hatte uns Mädchen zu diesem Zweck jeder von uns 1 DM in die Hand gedrückt.

Es ereignete sich jedoch ein Vorfall, bei dem die ganze Gesellschaft den Atem anhielt. Der Mann unserer Cousine Friedchen legte einen 10-DM-Schein in den Klingelbeutel, kramte mit seinen Händen in demselben herum, nahm einen 5-DM-Schein heraus und steckte diesen in seine Hosentasche. Der Küster schaute ihn nur sprachlos an und schüttelte ob seiner Frechheit nur den Kopf.

Nach Beendigung der kirchlichen Trauung bewegte sich die ganze Gesellschaft wieder nach Hause. Unterwegs hatten die Nachbarn an mehreren Stellen dicke Seile gespannt. Hier musste die Hochzeitsgesellschaft jeweils anhalten. Die Nachbarn verlangten Wegezoll. Dieser bestand darin, dass einer aus der

Hochzeitsgesellschaft den Nachbarn einen Schnaps ausschenken musste. Als Mundschenk fungierten mein Bruder und der Mann meiner Cousine Friedchen. Friedchens Mann war dem Alkohol nicht abgeneigt. Jedes Mal, wenn er den Nachbarn einen einschenkte, trank auch er einen Schnaps mit.

So nahm die Hochzeitsfeier schon auf dem Rückweg von der Kirche Fahrt auf. Zu Hause angekommen, prosteten die Erwachsenen sich zu. Nachdem Tante Toni dies einige Male zu viel getan hatte, begann sie mit einem Redeschwall. Sie erzählte all die alten Geschichten und Kamellen der ganzen Familie aus früheren Zeiten. Und hier gab es viel zu erzählen. Letztendlich waren sie immerhin neun Geschwister. Da sie inzwischen alle verheiratet waren und alle zwei oder mehr Kinder hatten, könnt ihr euch sicher vorstellen, dass es sehr, sehr viel zu erzählen gab.

Wir Kinder fanden die alten Geschichten, die Tante Toni immer so lustig vortrug, mehr als interessant und spaßig. Wenn sie mal eine Pause einlegte, um ein weiteres Likörchen zu trinken, forderten wir Kinder sie stets auf, noch mehr zu erzählen.

Nach geraumer Zeit unterbrach meine Mutter den Redefluss von Tante Toni, indem sie meinte: „Toni, jetzt ist es aber genug. Mach mal 'ne Pause. Sonst muss ich allen erzählen, wie du ausgesehen hast, als du mich in Holland besucht hast. Du sahst nämlich wie eine Vogelscheuche aus."

„Julchen, ich weiß gar nicht, was du hast. Ich war damals 16 Jahre alt und fand mich in dem Mantel von Mutter und ihrem Hut total schön. Zwar konnte ich in den zu großen Schuhen nicht so gut laufen, aber auch die hab ich geliebt."

Meine Mutter erwiderte nur kurz „Ich habe doch gesagt, Vogelscheuche" und lachte lauthals los.

Die gesamte Hochzeitsgesellschaft fing ob dieser alten Geschichten an zu lachen und jeder begann, aus den Erinnerungskisten von früher zu erzählen. Es wurde eine lustige Hochzeitsfeier. Nur die „Rheinländer" hörte man nicht mehr so viel. Sie wurden von den Westfalen einfach überstimmt.

Im Anschluss an die Hochzeit wurde mit Hochdruck an Onkel Emils Neubau gearbeitet. Meine Mutter forderte meinen Bruder auf, sich ebenfalls daran zu beteiligen, was dieser auch ohne Murren tat.

Helga, Gitte und ich konnten uns noch gar nicht vorstellen, wie es sein würde, wenn wir nicht mehr gemeinsam tagtäglich zur Schule gehen würden, wenn wir nachmittags nicht mehr gemeinsam etwas aushecken und erleben würden. Diese Vorstellung war für uns einfach schrecklich, besonders für Gitte und für mich. Mit wem sollte ich noch all die Dinge, die mit Gitte so viel Spaß gemacht hatten, machen können? Mit dem Mamasöhnchen Reinhold von nebenan bestimmt nicht und mit seiner Schwester Irmi? Mit der auch nicht. Die hatte einfach in der letzten Konsequenz viel zu viele Bedenken und keine guten Ideen. Sie redete vorher schon immer alles schlecht. Also konnte man auch die vergessen. Und ihre kleine Schwester Marianne? Die war einfach noch zu klein und noch zu dumm. Die kapierte noch gar nichts. Sie kam ja auch demnächst erst in die Schule.

Das Abendessen verlief sehr schweigsam und es herrschte eine komische, bedrückte Stimmung bei Tisch. Meine Mutter, zu der ich sonst noch manchmal auf den Schoß kroch, nahm diesmal Gitte unvermittelt in den Arm, nahm sie auf ihren Schoß, drückte sie ganz fest an sich und meinte: „Es wird bestimmt alles gut."

Wir wünschten meinen Eltern eine gute Nacht und trotteten in unser Schlafzimmer. Wir konnten einfach nicht einschlafen. Die halbe Nacht redeten wir und schmiedeten schon Pläne für die Zukunft.

Auf einmal meinte Gitte: „Hör mal, wie es draußen regnet. Vielleicht können wir morgen gar nicht in die Schule gehen, weil die Berkel mal wieder über die Ufer steigt." (Die Berkel war der Bach, der vor unserer Haustür floss.)

Und wirklich: Es prasselte sehr laut gegen die Fenster. Schon völlig übermüdet, meinte ich nur: „Mal sehen, wie's morgen ist. Vielleicht steht die Brücke tatsächlich wieder unter Wasser."

Gitte, ebenfalls bereits im Halbschlaf: „Ja, mal sehen. Wäre nicht das Schlechteste."

„Nee, da hast du mal wieder recht. Gute Nacht."

„Ebenfalls gute Nacht."

Plötzlich wurden wir, viel, viel früher als sonst, von meiner Mutter geweckt. „Ihr müsst aufstehen. Es hat die ganze Nacht durchgeregnet und es regnet immer noch sehr stark. Ihr müsst früher zur Schule aufbrechen. Sonst kommt ihr zu spät. Und ihr müsst vorsichtshalber eure Gummistiefel anziehen."

Gitte und ich sahen uns bedeutungsvoll an. Wir hofften inständig, dass die Berkel tatsächlich wieder über die Ufer gelaufen war und die kleine Holzbrücke, die wir stets auf dem Schulweg überqueren mussten, mal wieder unter Wasser stand. Wir verschlangen unser Frühstücksbrot und konnten gar nicht schnell genug das Haus verlassen. Wir sprangen vom Frühstückstisch auf, zogen unsere Regensachen an, stiegen in die immer zu großen Gummistiefel, setzten die so verhassten, von meiner Mutter selbst gestrickten Mützen auf und wollten aus dem Haus rennen. Meine Mutter lief hinter uns her, packte an unsere Tornister und meinte: „Stopp! Euer Schulfleiß in Ehren. Den legt ihr ja sonst auch nicht alle Tage an den Tag. Ihr habt euer Pausenbrot vergessen." Sie öffnete unsere Tornister, steckte jedem ein Pausenbrot hinein, gab uns einen Klaps auf den Hintern und meinte: „So, jetzt könnt ihr abziehen."

Bereits im Weglaufen sagten wir nur: „Tschüs, bis heute Mittag."

„Ja, Tschüs" meinte meine Mutter. Ich sah, wie sie beim Weggehen den Kopf schüttelte.

Ich dachte nur im Stillen: Wenn du wüsstest, woran wir denken und was wir vorhaben, dann hättest du uns sicher nicht so freundlich verabschiedet.

An der Kreuzung trafen wir auf unsere Mitschülerinnen, Irmi, die verhasste Gisela mit ihren künstlichen Locken, ihre kleinere Schwester Renate sowie auf das Muttersöhnchen Reinhold. Helga trottete wie immer ganz gelassen neben uns her. Gitte und ich stapften durch die größten Wasserpfützen, stießen mit unseren viel zu großen Gummistiefeln das Wasser in die Höhe in der Hoffnung, dass die Spritzer die anderen auch tatsächlich treffen würden. Da wir ja in solch ähnlichen Dingen erprobt waren, gelang es uns auch recht gut. Gisela, die alte Zicke, wurde weil sie am stärksten maulte und jammerte, von uns am stärksten getroffen. Sie war total sauer und meinte, sie wolle alles zu Hause erzählen. Diese Äußerung hätte sie lieber bleiben lassen sollen. Damit hatte sie uns nur noch mehr angespornt, sie weiterhin mit Wasser zu bespritzen. So allmählich näherten wir uns der Holzbrücke. Wir waren allesamt gespannt, ob diese tatsächlich bereits unter Wasser stand. Unser Schulweg verlief zur Holzbrücke hin etwas abschüssig. Von Weitem sahen wir dann die Bescherung. Tatsächlich! Die Holzbrücke stand wirklich unter Wasser. Wir konnten sie nicht überqueren. Unser Muttersöhnchen Reinhold meinte „Und nun? Wie sollen wir zur Schule kommen?"

Gitte und ich lachten ihn aus und meinten: „Du kannst dich ja nackig ausziehen, deine Sachen zusammenbinden, über dem Kopf hochhalten und versuchen, auf die andere Seite zu schwimmen."

„Seid ihr verrückt?", meinte Reinhold. „Und wenn ein Brett locker ist? Und wenn ich dann absaufe?"

„Ich dachte, du kannst schwimmen. Oder hast du uns beim Schwimmen immer verarscht, indem du stets einen Fuß am Boden hattest?", fragte ich ihn.

„Quatsch", meinte er nur.

Gitte fügte noch hinzu: „Und wenn du absäufst, sagen wir deiner Mutter Bescheid, ha ha ha!"

Wir alle zusammen beratschlagten erst mal, was zu tun sei: Gisela meinte, wir könnten ja wieder umkehren, über den Mühlenhof gehen und dann den langen Umweg zur Schule nehmen.

„Du bist nun aber total verrückt. Weißt du, wie lange wir benötigen, um pünktlich an der Schule anzukommen?", fragte ich.

Helga, die einzige Vernünftige in der Runde, meinte sehr ruhig und gelassen: „Das können wir total vergessen. Wenn wir dort ankommen, ist der Unterricht bereits vorbei."

„Klar", meinten Gitte und ich nur.

Uns juckte es schon überall, in den Fingerspitzen und auch in der Bauchgegend. Wir überlegten angestrengt, was wir aus dieser Situation machen könnten. Wir schlugen vor, dass jeder von uns sich einer Mutprobe unterziehen solle.

„Und wie soll diese aussehen?", fragte Reinhold etwas dümmlich.

„Na ja, jeder versucht, ganz vorsichtig über die Brücke zu stiefeln. Einer nach dem anderen."

Helga meinte, dafür sei das Wasser schon viel zu hoch. Und übrigens sei es auch zu gefährlich. Man wisse ja nicht, ob nicht bereits eine Planke locker oder bereits weggespült sei.

„Das ist ja das Schöne", meinte ich. „Keiner von uns weiß es. Jeder soll erst mal so weit laufen, wie er es sich zutraut. Ich will auch als Erste starten." Gesagt, getan. Gitte folgte mir auf dem Fuße. Wir hielten uns an den Händen fest, gingen ganz, ganz langsam Schritt für Schritt vorwärts. Auf einmal bemerkten wir, wie ein Brett, auf dem wir gerade standen, langsam nachgab. Wir schauten uns vielsagend an und gingen ebenso langsam wieder zurück. Am Ufer angekommen, meinten wir nur: „Jetzt der Nächste."

Reinhold fasste sich ein Herz und stolzierte los. Er ging jedoch nur halb so weit, wie wir gegangen waren und kam zurück. So stachelten wir uns gegenseitig hoch; jeder von uns versuchte, ein kleines Stück auf der überfluteten Brücke zu gehen. Es kam eine ganz lustige Situation auf. Wir alle hatten riesigen Spaß, bespritzten uns gegenseitig mit Wasser. Durch das Toben wurde uns sehr warm. Wir kamen regelrecht ins Schwitzen. Wir rissen uns unsere Mützen vom Kopf, warfen sie zur Seite und weiter ging es mit der Wasserschlacht. Nur Gisela behielt ihre Mütze auf dem Kopf. Meine Güte! Es durfte bloß kein Spritzer Wasser an ihre künstlichen Locken kommen. Gerade deswegen legten wir es darauf an, besonders sie mit viel Wasser am Kopf zu treffen. Wir fanden es lustig. Nur sie nicht. Sie fing auf einmal an zu heulen und verbot sich unsere „Frechheiten." Gitte und ich meinten nur, es sei doch nur Spaß. Helga fuhr dazwischen und befahl, schon ganz im Ton meiner Mutter. „Nun aber Schluss. Es macht doch wirklich keinen Spaß, total nassgespritzt zu werden. Wenn wir nach Hause kommen, werden wir sowieso von Tante Julchen eine Abreibung bekommen."

Gitte flüsterte mir zu: „Howgh, der große Häuptling hat gesprochen. Und noch so eine Spielverderberin."

„Hast recht", meinte ich nur leise darauf.

Wegen dieser beiden Spielverderberinnen war unsere gute Laune auf einmal wie weggeblasen. Das Gute daran war: Der Regen hörte allmählich auf. Da wir ja nun nicht mehr in die Schule konnten, beschlossen wir gemeinsam, den Heimweg anzutreten. Der verlief sehr einsilbig. Darüber hinaus empfanden wir die nassen Sachen am Körper auch nicht gerade sehr angenehm.

Zu Hause angekommen, empfing meine Mutter uns mit den Worten: „Wie seht ihr denn aus? Und wieso kommt ihr denn schon so früh nach Hause?"

„Na, wie sollen wir denn aussehen?" Es hat doch die ganze Zeit geregnet", war meine lakonische, etwas kleinlaute Antwort.

Sie sah uns drei durchdringend an, schüttelte den Kopf und meinte nur: „Zieht euch erst einmal trockene Sachen an, damit ihr euch nicht erkältet. Zudem ist das Essen auch gleich fertig." Auf dem Weg zur Küche drehte sie sich noch einmal um und fragte streng: „Und wie war es in der Schule?"

„In der Schule?", fragte ich zurück.

„Ja, in der Schule. Du hast mich schon richtig verstanden."

Kleinlaut antwortete ich, dass wir gar nicht in der Schule waren. Dass wir nicht über die Brücke konnten, weil diese total überschwemmt gewesen war. Die Frage meiner Mutter ließ jedoch nicht lange auf sich warten: „Und, warum kommt ihr dann jetzt erst nach Hause? Es ist bereits Mittag. Was habt ihr denn so lange in der Nässe und vor allen Dingen im Bereich der Brücke getrieben?"

Sie kam auf mich zu, zog an meinem rechten Ohrläppchen und forderte mich auf, eine Antwort auf ihre Fragen zu geben.

Bevor ich jedoch einen Ton herausbrachte, meinte Helga: „Tante Julchen. Wir haben alles versucht, um über die Brücke zu kommen. Jeder von uns hat es versucht. Es war einfach zu gefährlich. Bis wir dann alle mit den Mutproben und dem Beratschlagen zu Ende waren, war es für die Schule bereits viel zu spät und wir sind alle umgekehrt."

„Und das soll ich glauben?" Sie sah mich dabei strafend an, ließ mein Ohrläppchen los und begab sich in die Küche.

Gitte und ich grinsten nur stumm.

Helga, völlig aufgelöst, fauchte uns an: „Was gibt es da zu grinsen? Meint ihr, es hat mir Spaß gemacht, für euch Blödköppe zu lügen? Das werde ich in Zukunft auf keinen Fall mehr machen. Ihr seid einfach unmöglich und unbelehrbar. Eigentlich sollte Tante Julchen euch den Hintern mal so richtig versohlen."

Meine Güte, dachte ich so bei mir. Sie spricht ja fast schon wie meine Mutter. Na ja, vielleicht verständlich. Letztendlich war sie halt drei Jahre älter als Gitte und ich.

Schweigend gingen wir gemeinsam in die Küche, setzten uns an den bereits gedeckten Mittagstisch und genauso schweigsam verschlangen wir das Essen. Nach dem Essen sprangen Gitte und ich auf. Wir wollten nach draußen zum Spielen; vor allen Dingen wollten wir unsere Wasserschlacht in den Pfützen fortführen. Aber hier hatten wir die Rechnung ohne meine Mutter gemacht.

Sie zog uns beide mehr als energisch zu sich heran und meinte: „Da ihr ja keine Hausaufgaben aufhabt, werdet ihr zwei zuerst den Abwasch übernehmen, danach den Küchenboden fegen und bohnern und danach die Treppe zu den Schlafzimmern reinigen. Habt ihr mich verstanden?"

Ich wollte schon ein Widerwort geben, kam aber gar nicht erst dazu. Denn meine Mutter fuhr fort: „Und wenn ihr dann fertig seid und wenn mir dann nichts mehr einfallen sollte, was ihr erledigen könntet, vielleicht dann, aber auch nur vielleicht dann könnt ihr nach draußen zum Spielen. Ich sage spielen und nicht wie geisteskrank in den Pfützen herumspringen." Sie sah uns dabei durchdringend an, drehte sich auf dem Absatz um und verschwand im Wohnzimmer. Ob dieser energischen Art verkniffen wir uns jegliche Bemerkung. Gitte und ich beeilten uns, mit den uns aufgetragenen Hausarbeiten so schnell wie möglich fertig zu werden, damit uns ja keine kostbare Zeit verloren ging. Helga beäugte uns und ihr Gesichtsausdruck sagte mehr als tausend Worte. Sie grinste einfach nur breit und unverschämt. Wir dachten nur im Stillen „blöde Kuh“.

Es wurde für uns trotz allem doch noch ein ausgelassener Nachmittag.

16

Es kam der Herbst und mit ihm das feuchte, schlechte Wetter. Wir konnten häufig nicht mehr draußen rumtollen. Im Haus wurde es uns langweilig und wir versuchten irgendwie die Zeit totzuschlagen. Meine Mutter jedoch erfand immer wieder etwas, was uns die Langeweile vergessen ließ. So machten wir mit ihr Bratäpfel. Die eine wusch die Äpfel, eine andere durfte das Gehäuse aus den Äpfeln drücken. Dafür gab es extra ein Gerät. Die Spitze war aus Metall, rund, wie ein geschlossener Löffel an einem Holzstiel.

Die so ausgestochene Öffnung der Äpfel wurde mit Zuckerwürfeln und Zimt gefüllt.

Der Backofen wurde vorgeheizt, das Backblech eingefettet, die fertigen Äpfel darauf gelegt und anschließend alles in den Backofen geschoben. Die warmen Äpfel schmeckten einfach lecker. Es war schon ein Vorgeschmack auf Weihnachten. Häufig rafften meine Eltern sich abends nach dem Abendessen auf, mit uns Kindern eine Runde Karten zu spielen. Wir saßen dann alle um den Küchentisch herum; es gab Süßigkeiten zum Naschen dabei und häufig auch Bratäpfel. Das Kartenspielen machte allen riesig Spaß. Häufig uferte es aus und wurde sehr spät. Wir Kinder gaben keine Ruhe; wir wollten immer, immer weiterspielen. Wenn meine Mutter nicht jedes Mal energisch Feierabend gerufen und dabei mit der Faust auf den Tisch gehauen hätte, wären wir erst nach Mitternacht ins Bett gelangt.

Die Adventszeit begann. Wir Kinder tigerten mit Hackebeil in den Wald, um Tannengrün zu holen. Gemeinsam mit Mutter wurde dann ein großer Adventskranz gebunden. Vater musste diesen abends mit einem Draht, der vorher mit roten Bändern umwickelt wurde, an der Decke aufhängen. Das war zu dieser

Jahreszeit sehr heimelig und gemütlich. Das ganze Haus roch nach frischem Tannengrün und Gebäck. Jeder Haushalt hatte damals seine Weihnachtsplätzchen selbst gebacken Es wurde Spritzgebäck hergestellt. Dazu benötigten wir den Fleischwolf, den wir auch beim Schlachten für die Würste verwendeten. Eine von uns stopfte den fertigen Teig oben in den Trichter, eine andere hielt die Hände unter die Öffnung, aus der die langen Teigwürste kamen, schnitt sie in kleine Stücke und die Dritte durfte die Stücke mit Zuckerguss bestreichen, bevor alles in den Ofen geschoben wurde. Eine Sorte Zuckerguss war mit Kakao angerichtet, eine andere mit Vanillepulver und schließlich noch welche mit roter und grüner Speisefarbe. So entstand ein Teller bunter, leckerer Plätzchen. Komisch, während dieser Zeit haben wir Kinder uns selten gestritten. Es herrschte immer Einigkeit in allem, was wir taten, ob nun Fleischwolf drehen oder die Teigwürste klein schneiden oder die kleinen Stücke mit Zuckerguss bestreichen, es gab so gut wie keinen Streit.

Richtig ist aber auch, dass wir während dieser Zeit am häufigsten Bauchweh hatten. Wenn wir uns unbeobachtet fühlten, aßen wir jede Menge von dem rohen Teig, löffelweise von dem angerührten Zuckerguss und wunderten uns später warum wir so heftige Leibschmerzen hatten. Wenn wir anfingen zu jammern, lachte meine Mutter uns aus und meinte: „Was habe ich euch vorher gesagt, esst bloß nicht vom rohen Teig. Aber ihr könnt ja nicht hören. Und wer nicht hören kann, muss jetzt eben fühlen. Was von alleine kommt, geht auch von alleine wieder weg."

Damit wurden unsere Wehwehchen einfach abgetan. Von wegen Tee kochen oder bemitleidet werden, das gab es nicht. Wir hatten ja auf den Rat meiner Mutter nicht gehört.

Im Dezember, kurz vor Nikolaus, kam mein Bruder mal wieder nach Hause. Er hatte im Ruhrgebiet angefangen, wieder zu studieren und zwar in der Abendschule. Er konnte mit seinem Diplom als Flugzeugbauer dort nichts anfangen. Nebenher ging er, um Geld zu verdienen, zur Zeche arbeiten. Meine Mutter fand das natürlich für ihren Sohn mehr als bedauerlich. Jedoch freute sie sich am meisten, dass er mal wieder nach Hause kam.

Einige Tage vor Nikolaus wurde innerhalb der Nachbarschaft immer beratschlagt, wer die Aufgabe des Nikolaus übernehmen würde. Dies sollte jedoch vor uns Kindern geheim gehalten werden.

Am Nikolaustag wurden alle Kinder der Nachbarschaft zusammengetrommelt. Die Nikolausfeier fand reihum immer bei einem anderen Nachbarn in dessen Küche statt. In diesem Jahr sollte es bei uns stattfinden. Zu diesem Zweck hatten meine Mutter und die Nachbarfrauen für alle Kinder der Nachbarschaft aus alten Jutesäcken Nikolaussäckchen genäht. Schön bestickt mit buntem Garn und oben zum Schließen war eine dicke Kordel aus farbigem Garn durchgezogen. Fertige Nikolaustüten gab es zur damaligen Zeit nicht. Diese Säckchen wurden dann am Nikolaustag morgens, bevor wir zur Schule gingen, vor die Haustür gelegt, damit die Helfer des Nikolaus sie abholen und füllen konnten. Gitte und ich mussten über diese Zeremonie lachen. Wir beide glaubten ja nicht mehr an den Nikolaus, mussten aber wegen der kleineren Nachbarkinder den Mund halten.

Wir konnten uns während des Schulunterrichts nicht so recht konzentrieren. Unsere Gedanken kreisten einzig und allein um den Nikolaus. Wer wird in diesem Jahr wohl Nikolaus sein? Und wer Knecht Ruprecht?

Irgendwie war die gesamte Klasse heute nicht so recht bei der Sache. Unser Lehrer hatte mit uns ein Einsehen und brach den Unterricht etwas früher als sonst ab. Das Wetter an diesem Nikolaustag war nicht so berauschend. Es hatte Tage zuvor geschneit und ausgerechnet am Nikolaustag fing es etwas an zu regnen, sodass der Schnee eine matschige Angelegenheit wurde.

An diesem Tag wollte und wollte es nicht dunkel werden. Gegen Abend wurden wir Kinder zusammengetrommelt. Endlich war es so weit. Langsam trudelten Reinhold, Irmi und Marianne mit ihrer Mutter bei uns ein. Gisela und ihre kleinere Schwester kamen nicht zu uns herüber. Deren Mutter bestand darauf, dass der Nikolaus sie im eigenen Haus besuchen sollte. Uns war das mehr als recht. Die hätten bei unserer Feier auch nur gestört.

Aufgereiht wie auf einer Hühnerleiter saßen wir in der großen Wohnküche um den Küchentisch herum. Wir Kinder quasselten alle durcheinander. Die Erwachsenen forderten uns auf, Lieder zu singen. Was alle konnten, war das Lied: „Nikolaus komm in unser Haus." Das wurde rauf- und runtergeträllert. Der Nikolaus kam und kam nicht. Allmählich wurde es mir mit der Singerei zu dumm und auch zu langweilig. Ich gab meiner Mutter zu verstehen, dass ich keine Lust mehr hätte, stundenlang immer und immer wieder dieses blöde Lied zu singen. Ständig vertrösteten die Erwachsenen uns mit den Worten, es würde nicht mehr so lange dauern, bis der Nikolaus käme.

Na endlich! Auf einmal hörten wir draußen eine Glocke läuten, die uns signalisieren sollte, dass der Nikolaus nun tatsächlich vor der Tür stand. Von draußen vernahmen wir ein Getrampel und Getrappel.

Ich, neugierig wie ich nun mal war, sprang vom Sofa auf, ging ans Fenster und sah, wie der Nikolaus schwerfällig von einem Esel abstieg. Meine Mutter sagte mir, ich solle mich sofort wieder hinsetzen. Ich nahm meinen zugewiesenen Platz wieder ein.

Gitte fragte flüsternd: „Na, was hast du gesehen?"

„Der Nikolaus kommt mit einem Esel."

„Wie, Esel?"

„Ja, Esel. Vielleicht ist er selbst ein Esel", antwortete ich.

Wir beide fingen an zu kichern. Im selben Augenblick läutete auch schon die Glocke sehr laut vor der Küchentür. Herein kam zuerst der Nikolaus und hinter ihm der Knecht Ruprecht. Er wurde uns vom Nikolaus als „Schwarzer Mann" vorgestellt. Dann wurden wir vom Nikolaus aufgefordert, noch einmal dieses verdammte Lied „Nikolaus komm in unser Haus" zu singen.

Im Anschluss daran schlug er sein goldenes Buch auf. Von allen Kindern hatte er etwas darin stehen, meistens nur die „Schandtaten", die er jedes Mal kommentierte. Als ich die Stimme des Nikolaus vernahm, wurde mir schlagartig bewusst, dass der Nikolaus mein Bruder war. Ich flüsterte dieses Gitte zu. Die bekam kreisrunde, große Augen.

Unser Flüstern entging dem Nikolaus natürlich nicht. Er sagte zum Knecht Ruprecht, er solle das ungezogene Kind – damit meinte er wohl mich – vom Sofa holen und ihm mal anständig den Hintern versohlen. Knecht Ruprecht, dem Nikolaus gehorchend, kam auf mich zu, zog mich vom Sofa, ging mit mir vor den großen Küchentisch und schlug mit seiner Rute etliche Male auf meinen Allerwertesten.

Ich war so wütend und sauer, dass ich dem Knecht Ruprecht vors Schienbein trat. Dafür bekam ich nochmal eine ordentliche Abreibung. Zuletzt rief Nikolaus meinen Namen laut auf. Er tat so, als kenne er mich nicht. „Na, wo ist denn das ungezogene Kind?“, fragte er in die Runde.

Ich sah in das hochrote Gesicht meiner Mutter und wusste, bloß keine falsche Antwort geben, bloß nicht den anderen Kindern den Abend verderben. Mir lag nämlich auf der Zunge, zu meinem Bruder, dem Nikolaus zu sagen: „Du Blödmann kennst mich doch. Und was in deinem Buch steht, hat Mutter dir sicher aufgeschrieben.“

Jedoch verkniff ich mir diese Anmerkungen, stand brav auf, ging um den Küchentisch herum, knickste artig vor dem Nikolaus und sah ihn wütend an. Der hatte ebenfalls bemerkt, dass ich ihn erkannt hatte. Allein sein Gehabe brachte mich auf die Palme. Mit einer mehr als großzügig übertriebenen Geste griff er in seinen Rucksack, holte die letzte Nikolaustüte heraus und übergab sie mir mit den Worten: „Eigentlich hat ein so ungezogenes Kind gar keine Tüte verdient, aber wenn du brav ‚Bitte lieber Nikolaus‘ sagst, bekommst auch du eine Tüte.“

Dies war nun doch zu viel des Guten. Mein Bruder hatte einfach nach meinem Geschmack den Bogen überspannt. Ich brachte kein Wort heraus. Trotzig stand ich ihm gegenüber. Meine Mutter nickte dem Nikolaus zu und deshalb erhielt ich endlich die Tüte. Ich konnte und ich wollte mich für die Tüte nicht bedanken.

Während meines Abganges schlug Knecht Ruprecht mir noch einmal von hinten eins auf den Po. Hier war nun endlich für mich die Feier vorbei. Ich setzte die Tüte auf dem Küchentisch ab, teilte der mehr oder minder erstarrten Gesellschaft mit, ich müsse mal zum Klo.

Ich wartete gar keine Antwort ab, ging schnurstracks durch die Diele und zielstrebig auf die Toilette zu. Die Toilette hatte ein kleines Fenster, von dem aus man auf die Straße sehen konnte. Ich musste gar nicht aufs Klo. Ich stieg auf den Toilettenrand, sah, wie draußen eine Person den Esel festhielt. Von meinem Ausblick wartete ich auf das Erscheinen vom Nikolaus und Knecht Ruprecht. Inzwischen wurde mir auch klar, wer der Knecht Ruprecht war. Es war der Gehilfe aus der Mühle. Na, der kann später noch was erleben. Ich schwor Rache.

So harrte ich auf dem Klo stehend aus in der Hoffnung, dass der Nikolaus und der Knecht Ruprecht doch bald nach draußen kommen würden. Hier war etwas Geduld gefragt, mit der ich zum Leidwesen meiner Mutter nicht so reichlich ausgestattet war.

Endlich, nach für mich gefühlter unendlich langer Zeit verließen die beiden Pappnasen das Haus. Sie lachten und amüsierten sich wohl über das Verhalten der Kinder.

Plötzlich sah ich, wie der Nikolaus, mein lieber Bruder, unter seinem Gewand eine Flasche hervorholte, einen Schluck daraus nahm und sie dann Knecht Ruprecht übergab und zu ihm „Prost“ meinte. Sie waren so mit sich beschäftigt, dass sie gar nicht bemerkten, dass ich die Toilette verlassen hatte, ganz leise die Haustür öffnete und mich ganz, ganz leise anschlich. Sie waren viel zu sehr mit ihrer Schnapsflasche und ihrem Gelächter zugange. Knecht Ruprecht und der andere, der den Esel festgehalten hatte, bemühten sich, Nikolaus auf den Esel zu bekommen. Ich hatte den Eindruck, Nikolaus hatte schon einen „im Tee“. Ich schlich mich von hinten an die drei heran. Nikolaus saß noch nicht ganz auf dem Esel, als ich dem Esel mit aller Wucht ins Hinterteil trat. Dann rannte ich, so schnell ich konnte, wieder ins Haus, wieder zurück zur Toilette, schloss die Toilettentür ab und sah aus dem Fenster. Helle Freude befiel mich. Ich sah, wie der Nikolaus im Schneematsch lag. Er hatte wohl durch meinen Tritt gegen den Esel sein Gleichgewicht verloren und war heruntergefallen. Ich wartete so lange auf der Toilette, bis sich die Karawane fortbewegte. Erst dann traute ich mich, die Toilette zu verlassen und wieder in die Küche zu gehen. Alle schauten mich fragend an. Die Frage sollte wohl heißen, wie kann jemand nur so lange auf der Toilette hocken?

Gitte sah in mein grinsendes Gesicht und flüsterte: „Was ist los? Ist was passiert? Habe ich etwas verpasst?"

„Klar, hast du was verpasst. Ich habe dem Esel, als der Nikolaus drauf steigen wollte, in den Hintern getreten und er Nikolaus ist in den Dreck gefallen."

„Nee, das glaube ich nicht", meinte Gitte.

„Na, dann lass es eben sein." Damit war unser kurzes Gespräch beendet. Wir Kinder tauschten untereinander noch einige Dinge aus den Nikolaustüten. Der eine mochte kein Marzipan, tauschte es gegen einen Riegel Schokolade und so weiter. So allmählich lösten die Erwachsenen die Nikolausrunde auf. Reinhold, Irmi, Marianne gingen mit ihrer Mutter wieder nach Hause und wir wurden aufgefordert, uns auch langsam fürs Bett zu rüsten.

Ich konnte lange Zeit gar nicht einschlafen. Mich beschäftigte der Vorfall mit dem Nikolaus doch sehr. Ich konnte oder wollte nicht verstehen, dass ausgerechnet mein eigener Bruder den Knecht Ruprecht aufgeforderte hatte, mich zu schlagen.

Einige Tage später stand bei uns der große Waschtag an. Wir Kinder mussten an diesem Tag Wasser in den Waschkeller pumpen. Dazu wurde ein langer Schlauch an die Handpumpe angeschlossen und der Schlauch über die Kellertreppe in den Waschkeller geleitet. Dort floss das Wasser dann in eine große Zinkwanne. Diese Prozedur war nötig, weil die elektrische Pumpe defekt war und man nicht so schnell Ersatzteile in der damaligen Zeit bekommen konnte. Bevor meine Mutter dann mit dem Wäschewaschen begann, mussten wir Kinder die Wäsche aussortieren: dunkle Teile auf einen Haufen, hellere Buntwäsche auf einen anderen Haufen und die Weißwäsche getrennt von allen anderen Teilen. Wir drei Mädchen sortierten und sortierten. Auf einmal fiel mir ein weißes Gewand in die Hände.

Das sah doch aus wie das vom Nikolaus. Dieses Gewand war verschmiert mit angetrocknetem Schlamm. Ich hielt es stolz in die Höhe und rief Gitte zu: „Hier hast du den Beweis. Das ist das Hemd vom Nikolaus. Und siehst du den Dreck drauf? Das ist passiert, als der vom Esel fiel."

„Mensch, und ich dachte, du hättest gelogen."

Ich war nun beruhigt, dass Gitte mir endlich glaubte.

Die Zeit bis Weihnachten verrann wie im Flug. Es wurde gebacken und gebacken, unter anderem auch noch mal Spritzgebäck. Eine von uns durfte wieder die Wurstmühle bedienen, die sonst nur während des Schlachtens rausgeholt wurde, die andere den Teig in die Mühle stecken und eine andere wiederum schnitt die lange Wurst, die aus der Mühle kam, in portionsgerechte längliche Plätzchen. Meine Mutter wiederum legte diese auf ein vorher mit Fett eingeriebenes Backblech. Wir drei konnten gar nicht die Zeit abwarten, bis die Plätzchen endlich fertig waren.

In der Zwischenzeit war mein Bruder zurück ins Ruhrgebiet gefahren, um seine Arbeit wieder aufzunehmen.

Weihnachten stand vor der Tür. Vater besorgte aus dem nahegelegenen Wald einen schönen, dichten Tannenbaum. Wir durften Mutter beim Schmücken helfen. Wieder mal gab es Streit zwischen Gitte und mir wegen der Weihnachtskugeln. Jede von uns wollte nicht die kleineren, sondern die größeren Kugeln an den Baum hängen. Es kam, wie es kommen musste. Bei dem Gerangel fielen zwei schöne, silberne Kugeln zu Boden und zerbrachen. Das Resultat dieser Aktion war, dass wir beide eine Backpfeife von meiner Mutter bekamen und in die Küche verbannt wurden. Das Tannenbaumschmücken war somit für uns passé.

Einen Tag vor Heilig Abend kam mein Bruder wieder nach Hause. Wir trauten unseren Augen nicht. Im Schlepptau hatte er ein Mädchen. Er stellte sie meinen Eltern als seine Freundin vor. Gitte und ich sahen uns nur scheel von der Seite an. Meine Güte, wo hatte er denn seine Augen, dachten wir bei uns und wo hatte er die denn aufgegabelt? Eine Rothaarige. Vater sagte über

Menschen mit roten Haaren stets, sie seien link. Wir wussten zwar nicht, was er damit meinte, aber was Gutes konnte es nicht sein. Also fiel unsere Meinung über diese Freundin auch nicht positiv aus. Dies sollte sich in den nächsten Tagen auch noch bewahrheiten.

An einem der nächsten Tage kam zufällig Maria aus dem dritten Nachbarhaus bei uns vorbei. Sie war vielleicht zwei Jahre jünger als mein Bruder, aber so genau wussten wir das nicht. Sie hatte sich während der kurzen Zeit, in der mein Bruder vor seiner Abreise ins Ruhrgebiet zu Hause war, mit ihm angefreundet. Als sie mitbekam, dass mein Bruder zu Hause sei, kam sie schnurstracks angewackelt. Maria begrüßte meinen Bruder mehr als herzlich.

Seine Freundin stand oben am Fenster und beobachtete die ganze Zeremonie. Auf einmal sprang sie auf, wollte so schnell wie möglich die Treppe hinunter, blieb mit ihren hohen Absätzen an einer Treppenstufe hängen, brach sich von ihren hochhackigen Schuhen einen Absatz ab und fiel einige Treppenstufen hinunter. Unten aufgekommen rannte sie mit ihren ungleichen Absatzschuhen wie eine Furie nach draußen zu Maria und meinem Bruder.

Gitte und ich konnten uns ein breites Grinsen nicht verkneifen. Auch wir rannten nach draußen. Wir mussten unbedingt mitbekommen, was dort geschehen würde. Noch bevor wir die Küche verließen, hörten wir meine Mutter sagen: „Oh Gott, oh Gott. Die rennt doch nicht nur aus reiner Neugierde wie eine Furie aus dem Haus. Jetzt bekommt mein Sohn auch noch eine Freundin, die krankhaft eifersüchtig ist.“

„Wieso eifersüchtig?“, wollte ich wissen.

„Ach, halt du bloß deinen Mund. Das geht euch gar nichts an. Ich will, dass ihr hierüber keinen Ton verlauten lasst.“

Damit war für uns die Sache jedoch nicht beendet. Wie gesagt, auch wir rannten eiligst nach draußen, gesellten uns zu den dreien und fanden, dass die Stimme von der Freundin meines Bruders doch sehr schrill klang, ähnlich wie die von unserer

Lehrerin Fräulein Schmeing, wenn sie aufgebracht war. Maria und meinen Bruder störte das jedoch nicht im Geringsten. Sie sprachen von alten Zeiten und lachten darüber sehr herzlich. Wir sahen in das Gesicht von Hilde, so hieß nämlich die Freundin meines Bruders und sahen, wie sie total rot anlief. Ganz unvermittelt zog sie meinen Bruder zur Seite und forderte ihn auf, mit ihr ins Haus zu gehen. Sie habe sich auf der Treppe einen Absatz vom Schuh abgebrochen. Maria sah ganz verdutzt drein. Und was soll ich sagen, was mein Bruder machte?

Er verabschiedete sich von Maria und ging mit seiner Tusnelda, so nannten wir sie heimlich, ins Haus. Gegen Abend erzählte meine Mutter meinem Vater den Vorfall, als er nach Hause kam. Sie meinte: „Hoffentlich geht das mit den beiden gut."

Mein Vater meinte dazu nur kurz und knapp: „Wieso? Die beiden sind doch alt genug."

Seine Aussage ließ keine weitere Diskussion zu.

Das Weihnachtsfest verlief doch recht harmonisch und feierlich. Zuerst wurde ausgiebig gegessen mit Vorspeise, Suppe, Hauptgericht und Nachspeise. Das ließ sich meine Mutter nicht nehmen. Sie ging in ihrem Beruf als Köchin mal wieder total auf. Es machte ihr riesigen Spaß, für uns ein so köstliches Mahl zu bereiten.

Nach dem Essen wurde schnell der Tisch abgeräumt, eine frische weiße Damast-Tischdecke wurde aufgelegt. Wir Kinder mussten die gute Stube verlassen, denn das Christkind wollte die Geschenke hereinbringen.

Dies war für uns, obwohl wir nicht mehr an das Christkind glaubten, eine unbeschreiblich spannende Situation. Wir saßen still in der Küche und lauschten. Endlich. Eine helle Glocke ertönte. Wir durften zurück ins Wohnzimmer. Das elektrische Licht war ausgeschaltet, nur die echten Wachskerzen am Weihnachtsbaum brannten. Meine Mutter stimmte ein Weihnachtslied an und wir alle, sogar mein Vater, stimmten mit ein. Es war einfach schön und feierlich.

Nach dem ausgiebigen Singen durften wir Kinder die Kerzen ausblasen. Vater schaltete das Licht an und alle bekamen ihre Weihnachtsgeschenke. Zu der damaligen Zeit gab es jedoch noch nicht allzu viel zu kaufen. Es gab für unsere Puppen neue Puppenkleider, die meine Mutter mit sehr viel Liebe gehäkelt und genäht hatte, dazu für uns Mädchen neue, selbst genähte Schürzen, für meinen Vater eine neue Pfeife und für meinen Bruder einen Schlafanzug. Da wir mit Hilde nicht gerechnet hatten, hatte meine Mutter auf die Schnelle für sie noch ein Paar Nylonstrümpfe besorgt. Die waren zu der damaligen Zeit eine Rarität und sehr teuer.

Wie meine Mutter an die Strümpfe gekommen war, hat sie uns nicht verraten. Für jeden stand auf dem Tisch ein vollgefüllter Weihnachtsteller. Mit Äpfeln, Nüssen, selbst gebackenem Gebäck und, ihr werdet es nicht glauben, für jeden eine Tafel Schokolade. Auch hier hat sie uns nicht verraten, wie sie an die Schokolade gekommen war. Die gab es schließlich nicht im Geschäft zu kaufen. Aber meine Mutter war einfach ein Organisationstalent.

Nach Silvester reiste mein Bruder mit seiner Tusnelda wieder ins Ruhrgebiet.

In unserem Haushalt normalisierte es sich wieder, wie mein Vater sich ausdrückte.

Die restlichen Ferien verliefen auch so lala. Das Wetter hat uns auch nicht gerade begeistert.

An einem der nächsten Tage jedoch, als wir aufwachten und nach draußen schauten, trauten wir unseren Augen nicht. Es hatte geschneit. Und das nicht wenig. Berge von Schnee türmten sich vor unserem Haus auf. Wir konnten gar nicht schnell genug nach draußen kommen. Rein in die Sachen, rein in die Holzschuhe und nur ab nach draußen.

Auf einmal spürte ich die Hand meiner Mutter im Nacken, die mich von der Tür wegzog. Wir wurden zuerst gefragt, ob wir uns denn schon gewaschen und die Zähne geputzt hätten. Natürlich nicht, wir hatten es ja eilig. Meine Mutter ließ jedoch keinen Widerspruch zu. Wir mussten uns waschen, wir mussten die Zähne putzen und wir mussten uns an den Frühstückstisch setzen.

„Mir geht hier keiner aus dem Haus, ohne zu essen“ war ihre Devise. Wir gehorchten natürlich, aber in solchen Situationen waren wir Meister im schnellen Essen. Wir verschlangen förmlich unser Frühstücksbrot und wollten natürlich so schnell wie möglich nach draußen. Wiederum wurden wir von meiner Mutter aufgehalten. Wir mussten zuerst den Essenstisch abräumen, den Tisch abputzen, das schmutzige Geschirr ordentlich wegräumen und uns warm anziehen. Ich war total sauer. Wieder mal die blöde verhasste Strickmütze aufsetzen. Ich kam mir mit der Mütze richtig wie ein Clown vor. Da wir jedoch ohne diese blöden Mützen das Haus nicht verlassen durften, setzten wir sie widerwillig auf.

Wir rannten so schnell es ging aus dem Haus. Herrlich! Die Sonne schien. Sie hatte schon richtig Kraft und versprühte eine angenehme Wärme. Vor dem Haus standen schon unternehmungslustig bereit Reinhold, Irmi und Marianne.

„Du siehst mit dieser Mütze scheiße aus“, sagte Reinhold. Er wusste genau, dass er mich mit dieser Mütze aufs Äußerste treffen konnte. Ich war aber heute zu gut aufgelegt und nicht auf Krawall getrimmt. Ich zog mir nur schweigsam die Mütze vom Kopf, steckte sie in meine Jackentasche und meinte zu den anderen, dass wir doch endlich losstiefeln könnten.

Wir beratschlagten, wohin wir denn überhaupt gehen sollten. Einer meinte, zu den großen Wiesen, die immer unter Wasser stünden; die seien doch jetzt sicherlich zugefroren und wir könnten dort ausgiebig schlindern (schlindern war für uns über die Eisfläche gleiten).

„Schlindern? Ha, da kann ich nur lachen. Bei dem vielen Schnee, der runtergekommen ist, kann man schlindern vergessen.“

„Und was sollen wir dann machen?“, fragte die kleine Marianne.

Helga, stets ruhig und besonnen, schlug vor, zu dem Berg im nahe gelegenen Wald zu gehen. Dort könnten wir doch allesamt runterrodeln. Berg war wohl mehr als etwas übertrieben. Es war vielmehr ein etwas größerer Hügel. Jedoch der Vorschlag von Helga wurde einstimmig angenommen. Jeder klemmte seinen Schlitten unter den Arm und so trotteten wir Richtung Wald.

Am Hügel angekommen, musste zuerst festgelegt werden, wer als Erster herunterrodeln durfte. Es brach heillose Streiterei aus. Auf einmal brüllte Helga los, ganz im Stil meiner Mutter. „Ruhe! Ich bestimme, wer zuerst runterrodeln darf. Und ihr haltet einmal, nur einmal eure Klappen", wandte sie sich an Gitte und mich. Helga wies auf die kleine Marianne. Die jedoch hatte Angst, alleine den Hügel herunterzurodeln. Reinhold, ihr Bruder, bot sich an, mit Marianne gemeinsam zu fahren.

„Und warum können wir nicht Marianne mitnehmen und als Erste rodeln?", fragte ich.

Helga stolzierte auf mich zu, plusterte sich auf wie ein Gockel und meinte nur: „Was habe ich gesagt? Klappe halten. Und wenn ich das sage, dann meine ich es auch so."

Ich war total sauer, nickte mit dem Kopf und meinte zu Helga gewandt: „Ja, Mama!"

Diese drehte sich zu mir um und meinte nur: „Wir wollen doch alle heute einen schönen Tag verleben. Also trag auch du dazu bei."

Ich wandte mich ab. In diesem Moment hab ich mich richtig geschämt.

Los ging die Rodelei. Reinhold nahm Klein Marianne an die Hand, stapfte den Hügel hinauf und setzte Marianne vorne auf den Schlitten. Unten gab Helga das Kommando: „Und los!"

Beide rasten den Hang hinab. Klein Marianne schrie vor Freude. Als sie unten ankamen, hatte sie richtig rote Backen vor Aufregung.

Die Nächste war Irmi. Reinhold musste ihr seinen Schlitten übergeben, denn die drei besaßen nur einen Schlitten. Gleiche Prozedur: Hang hinauf, auf den Schlitten setzen und Hang runter. Wie gesagt, da der Hügel nicht sehr hoch war, war auch das

Herunterfahren relativ kurz. Die Nächste war Gitte; sie hatte mit Helga gemeinsam einen Schlitten. Nach Gitte kam ich. Ich besaß, dank meinem Vater, einen eigenen Schlitten. Nach mir war Helga an der Reihe. So ging es abwechselnd hinauf und herunter. So allmählich wurde uns diese Fahrerei zu langweilig. Wir beratschlagten, was wir noch ändern könnten. Plötzlich hatten Gitte und ich die glorreiche Idee, zwei Schlitten zusammenzubinden und gemeinsam runterzurasen. Da wir jedoch kein Band zum zusammenbinden hatten, überlegten wir gemeinsam, was zu tun sei.

Reinhold hatte um seine Hose einen Gürtel. Dieser Gürtel musste herhalten. Nun wurde festgelegt, welche zwei Schlitten zuerst fahren durften. Gitte und ich drängten uns vor und begründeten unsere Fahrt damit, dass wir ja auch beim ersten Einteilen die Letzten gewesen seien. Helga fand das gerecht. Reinhold gab uns widerwillig seinen Hosengürtel. Wir beide klemmten unsere Schlitten unter die Arme und stampften den Hügel hinauf. Oben banden wir gemeinsam die Schlitten aneinander.

Gitte saß mit ihrem Schlitten vorne und ich mit meinem dahinter.

„Auf los geht's los. Ich zähle bis drei und dann stoßen wir uns gemeinsam ab", meinte Gitte.

„Jau."

Gesagt, getan.

Auf drei stießen wir uns gemeinsam vom Boden ab und runter ging die Fahrt. Zu zweit waren wir jedoch sehr schnell. Unten angekommen, bremste Gitte ihren Schlitten so stark ab, dass ich mit meinem Schlitten gegen ihren stieß. Bei dieser hektischen Aktion hatte ich ganz vergessen, meine beiden Hände vorne vom Schlitten zu nehmen. Ich schrie auf einmal wie am Spieß auf. Helga zog die Schlitten auseinander. Sie zog mir die Strickhandschuhe aus und sah sich die Bescherung an. Meine beiden Hände schwollen ganz plötzlich an. Es tat schweinisch weh. Helga versuchte, meine Hände mit Schnee zu kühlen. Sie meinte, dann würde die Schwellung nicht so stark werden.

Ich weigerte mich jedoch, ihren guten Rat anzunehmen.

Wir standen alle betreten in einer Runde. Rodeln war auf einmal passé. Nun mussten wir nach Hause und meiner Mutter einmal wieder erklären, was geschehen sei. Reinhold, sonst auf uns nicht so gut zu sprechen, bot sich an, meinen Schlitten nach Hause zu tragen. Klein Marianne nahm ganz zaghaft meine Hand und fragte, ob es denn wehtue. Ich wollte sie nicht erschrecken und meinte nur, dass es nicht so schlimm sei.

Zu Hause angekommen, verabschiedeten sich Reinhold, Irmi und Marianne von uns. Wir stellten unsere Schlitten in den Schuppen, zogen unsere Holzschuhe aus und gingen ins Haus.

Mir fiel es schwer, meine Jacke alleine auszuziehen. Helga half mir dabei. Als meine Mutter das sah, beäugte sie uns zuerst stillschweigend. Dann meinte sie: „Kann Reni sich nicht allein ausziehen?" Sie wollte Helga die ausgezogene Jacke abnehmen und plötzlich sah sie meine geschwollenen Hände, die bereits blau angelaufen waren. Sie fragte gar nicht erst, wie das passiert sei. Sie war sicherlich der Meinung, sie bekäme doch keine eine ehrliche Antwort. So ging sie zum Medizinschränkchen, was in der Küche hinter dem Schrank hing, holte eine Sprühflasche heraus, sprühte meine Hände damit ein. Diese wurden auf einmal ganz kühl. Mutter meinte nur, dass das fürs Erste reichen müsse. Ich wagte nicht, überhaupt einen Wehlaut von mir zu geben.

An den folgenden, restlichen Ferientagen genossen wir das schöne Wetter draußen im Schnee. Auch gingen wir zu den Feldern mit den zugefrorenen Eisflächen. Wir nahmen einige Besen mit, fegten den Schnee vom Eis, sodass wir darauf im Anschluss gut schlindern konnten. Erst wenn die Sonne sich allmählich verzog, wurde es für uns Zeit, nach Hause zu gehen.

17

Im Januar war es dann soweit. Das Haus und die Werkstatt waren fertiggestellt.

Der Umzug von Helga und Gitte in die Stadt sollte nun erfolgen. Da der Umzug sich über mehrere Tage erstreckte, gingen wir noch gemeinsam einige Tage in unsere „alte“ Schule. Gitte und mir war es in der Magengegend schon komisch zumute. Wir waren in den letzten Tagen auch nicht mehr so gut aufgelegt und so lustig wie sonst. Dies fiel besonders meiner Mutter auf.

Sie meinte zu uns: „Ihr sitzt da, als wäre jemand gestorben.“

Gitte und ich sprachen wie aus einen Mund: „Viel schlimmer und so fühlen wir uns auch.“

„Quatsch. Es ist doch nur ein Umzug. Ihr könnt euch doch auch weiterhin sehen. Du kannst ja“, hier meinte sie mich, „Gitte in der Stadt besuchen. Und du, Gitte, besuchst uns so oft du willst.“ Meine Mutter sah uns verstohlen von der Seite an.

„Das ist aber nicht das Gleiche. Und wer weiß, ob Tante Christel das so recht sein wird“, war meine Antwort darauf.

Auf einmal wurde Gitte putzmunter und meinte, so wie ich sie nun mal kannte: „Das wäre ja gelacht. Das lass mal meine Sorge sein.“

Meine Mutter meinte daraufhin nur: „Recht so, kleine Gitte.“

„Na, so klein bin ich ja nun auch nicht mehr“, meinte Gitte dazu.

Ich lachte sie schallend aus und meinte nur: „Immerhin bist du ja von uns dreien, Helga, du und ich, die kleinste.“

„Bilde dir nur nichts auf diesen halben Zentimeter ein, den du größer bist als ich.“

„Halben Zentimeter? Du spinnst wohl. Zieh mal deine Schuhe aus. Wir stellen uns Rücken an Rücken hin. Dann wollen wir mal sehen, wer von uns größer ist.“

Meine Mutter unterbrach uns ob unserer heftigen Debatte und meinte: „Jetzt aber Schluss mit dieser Albernheit. Ihr seid beide fast genau gleich groß.“

Ich musste aber das letzte Wort haben, indem ich antwortete: „Aber nur fast."

Meine Mutter sah mich mehr als strafend an und meinte nur: „Schluss jetzt. Musst du immer das letzte Wort haben?" Dann sagte sie uns, dass wir die Schulsachen für den nächsten Tag packen sollten, denn die schöne Ferienzeit war leider vorbei. „Der Ernst des Lebens", so der Ausspruch meiner Mutter, begann wieder. Uns Kinder beschäftigte jedoch der anstehende Umzug gewaltig.

Damals fand auch einmal jährlich in der Schule eine Gesundheitsuntersuchung statt. Es kam dafür extra aus der Stadt ein Arzt vom Gesundheitsamt mit einer Schwester. Alle Kinder wurden untersucht.

Als ich an der Reihe war, meinte der Arzt zu unserer Lehrerin, ich sei für mein Alter recht groß. Dafür sei mein Gewicht aber zu gering. Er untersuchte mich auf Herz und Nieren. Anschließend durfte ich mich setzen. Der Arzt stand auf, ging mit unserer Lehrerin an ihr Pult und unterhielt sich eine ganze Weile mit ihr.

Nach der Untersuchung ging der Schulunterricht weiter. Am Ende des Unterrichts bat mich meine Lehrerin, meine Mutter zu bitten, morgen zur Schule zu kommen.

„Wieso das denn? Habe ich etwa was verbrochen?"

„Nein, nein", meinte sie nur, sie müsse mit meiner Mutter lediglich über die Untersuchung sprechen.

Diese Nachricht beunruhigte mich doch sehr. An diesem Tag konnte ich nicht schnell genug nach Hause kommen.

„Warum rennst du denn heute so schnell?", fragte Gitte mich. „Und was wollte die blöde Schmeing denn noch von dir?"

„Weiß ich nicht so genau. Der Arzt hat ihr aber gesagt, ich sei zu dünn."

„Dass ich nicht lache. Du und zu dünn. Was soll denn dann die schwindsüchtige Elisabeth sagen?"

„Das beruhigt mich jetzt aber auch nicht im Geringsten", meinte ich.

Zu Hause angekommen, konnte Gitte sich nicht verkneifen, meiner Mutter vor mir die Neuigkeit zu erzählen. Meine Mutter vergewisserte sich bei mir: „Nun erzähl mal, was deine Lehrerin zu dir gesagt hat."

„Nichts, eben nichts. Sie meinte nur, du sollst morgen doch einmal zur Schule kommen."

„Wenn sie nichts gesagt hat, warum soll ich denn dann zur Schule kommen?"

„Regt mich bloß nicht auf. Ich weiß es auch nicht. Ich habe nur mitbekommen, dass der Arzt zu ihr gesagt hat, ich sei zu dünn." Ich warf meinen Tornister angesäuert in die Ecke, setzte mich an den Küchentisch und wartete darauf, dass endlich das Mittagessen serviert würde.

Ich sah, dass meine Nachricht meine Mutter doch mehr berührte, als sie vor uns zugeben wollte.

Am anderen Morgen, als wir geweckt wurden, war meine Mutter schon ausgehfein angezogen.

Nach dem Frühstück holte sie ihr Fahrrad aus dem Schuppen, sagte zu uns, wir sollten schon mal zur Schule lostippeln; sie komme gleich nach.

Wir saßen noch keine halbe Stunde im Unterricht, als es an der Tür klopfte. Natürlich meine Mutter. Die Lehrerin ging mit ihr vor die Klassentür. Sie unterhielten sich im Flur eine ganze Weile.

Dann kam Fräulein Schmeing wieder ins Klassenzimmer und tat so, als sei nichts gewesen. Ich konnte meine Ungeduld nicht unterdrücken und fragte sie, was sie mit meiner Mutter denn besprochen hätte. Sie meinte nur, dass meine Mutter das persönlich mit mir bereden würde.

In der Pause kam die stinkige Hildegard grinsend auf mich zu und meinte: „Vielleicht hast du die Krätze."

Sie wollte gerade lachend weggehen, als ich sie von hinten an ihren Schürzenbändern festhielt, sie zu mir heranzog und ihr eine schallende Ohrlasche versetzte. Sie sah mich nur verdutzt an und meinte, ob man denn überhaupt keinen Spaß mehr machen dürfe.

„Mit so einer Krankheit spaßt man nicht", meinte ich sehr ernsthaft.

An diesem Tag war ich im Unterricht mit meinen Gedanken nicht bei der Sache. Es interessierte mich ungemein, was die Lehrerin so Wichtiges mit meiner Mutter besprochen hatte.

Nach dem Unterricht lief ich so schnell ich konnte nach Hause. Ich stürzte ins Haus und wollte von meiner Mutter haargenau wissen, was los sei. Meine Mutter sagte, ich solle mich erst einmal hinsetzen.

Bin ich tatsächlich todkrank?, waren meine Gedanken. Meine Mutter erzählte mir, dass der Arzt gemeint habe, ich sei kerngesund. Mir fehle nichts. Da ich aber für mein Alter zu schnell gewachsen sei, würde er vorschlagen, dass ich zur Kur verschickt werden solle.

„Was heißt verschickt? Ich bin doch kein Paket."

„Nun beruhig dich erst einmal. Ich fahre morgen zum Gesundheitsamt und erkundige mich, was der Arzt tatsächlich meint."

Damit war zu Hause die Debatte über meine „Krankheit" erst einmal beendet.

Als am Abend mein Vater von der Arbeit heimkam, erzählte meine Mutter ihm, was die Lehrerin mit ihr besprochen hatte und dass sie morgen zum Gesundheitsamt fahren würde.

Am anderen Tag fuhr meine Mutter mit dem Fahrrad zum Gesundheitsamt. Sie hatte wohl ausgiebig mit dem Arzt gesprochen. Als wir aus der Schule heimkamen, wollte ich von meiner Mutter erfahren, was denn jetzt los sei.

Meine Mutter aber, manchmal stur wie ein Panzer, meinte lediglich, sie würde dies heute Abend, wenn Vater von der Arbeit daheim sei, erzählen. Sie habe keine Lust, alles dreimal durchzukauen.

Ihre Aussage beruhigte mich aber nicht im Geringsten. Ich war unruhig, ich war neugierig und ich war sauer, dass ich bis abends warten musste.

An diesem Tag konnte ich gar nicht abwarten, bis mein Vater nach Hause kam.

Wir saßen alle gemeinsam am Abendbrottisch, als ich meine Mutter bat, nun endlich zu erzählen, was es denn so Wichtiges gäbe. Meine Mutter ließ sich sehr viel Zeit. Sie versorgte uns erst mit Tee, dann gab sie jedem eine Schnitte Brot auf den Teller, reichte die Butter herum, dann den Wurstteller. Nun platzte mir aber der Geduldsfaden. Ich forderte meine Mutter lautstark auf, nun endlich zu erzählen, was es so Interessantes gäbe.

Meine Mutter wandte sich an meinen Vater, erzählte ihm von der Gesundheitsuntersuchung in der Schule, von ihrem Besuch beim Gesundheitsamt und davon, dass der Arzt der Ansicht sei, ich solle zur Kur.

Na ja, das wusste ich ja bereits. „Und was noch?", fragte ich ungeduldig. Meine Mutter meinte weiter, dass das Amt noch einige Plätze zu einer Kur im Schwarzwald freihätte. Jedoch müsse man die Kur bereits in drei Wochen antreten. Zu meinem Vater gewandt, meinte sie noch, dass sie kurzfristig dem Gesundheitsamt eine Nachricht geben müsse, da die Plätze sehr begehrt seien.

„Nee, da kriegen mich keine drei Pferde hin", war meine Reaktion. Mein Vater saß schweigend am Tisch. Meine Mutter, schon ganz unruhig meinte: „Paul, nun sag doch auch mal was dazu."

„Was soll ich denn sagen. Wie lange soll denn die Kur dauern. Und hast du auch bedacht, dass Reni noch nie länger als 14 Tage alleine von zu Hause weg war?"

„Sie dauert wenigstens vier Wochen. Und was heißt sie war noch nie länger als 14 Tage von zu Hause weg? Hm? Vielleicht tut es ihr mal ganz gut, eine Weile weg zu sein. Dann weiß sie erst einmal, wie gut sie es zu Hause hat."

Mein Vater schwieg, Helga schwieg, Gitte schwieg und ich? Ich bekam einen dicken Hals. Ich hatte jedoch bereits aus dem Verlauf des Gespräches entnommen, dass es für meine Mutter bereits eine beschlossene Sache war, dass ich die Kur antreten würde.

Mir war auf einmal der Appetit vergangen. Auch wollte ich an dem anschließenden Kartenspiel nicht teilnehmen. Ich verkroch mich ins Schlafzimmer und überlegte, wo der Schwarzwald liegt. Ich stellte mir die Landkarte vor und ging in Gedanken

Richtung Süden. Auf jeden Fall Richtung Süden. Ich war so angestrengt mit meinen Gedanken bei der bereits beschlossenen Kur, dass mir die Augen zufielen und ich einschlief. Ich habe nicht einmal bemerkt, ob und wann Helga und Gitte zu Bett gegangen sind.

Am anderen Morgen stand ich putzmunter auf. Ich hatte mich bereits damit abgefunden, zur Kur fahren zu müssen. Wenn ich erst einmal ein Problem für mich akzeptiert hatte, konnte ich im Anschluss dann auch damit sehr gut leben.

In den folgenden Wochen wurde von fast nichts mehr geredet, als von meiner Kur im Schwarzwald. Da ja noch Winter war, nähte meine Mutter mit Tante Anna mir aus einem alten Mantel einen Skianzug. Man muss schon sagen. Der war gar nicht so schlecht ausgefallen. Die Jacke war taillenbetont, so eine Art Blouson – nicht schlecht. Es wurde alles Mögliche zusammengesucht, was man halt so für vier Wochen benötigen würde. Meine Patentante Agnes schenkte mir einen Kulturbeutel. Zur damaligen Zeit eine wirkliche Rarität. Jeder wollte etwas beisteuern. Mir wurde der gesamte Aufwand bereits zu viel. An einem der folgenden Abende meinte ich: „Ihr tut ja gerade so, als würde ich für immer fortgehen."

„Wäre gar nicht so eine schlechte Idee", meinte Gitte und grinste übers ganze Gesicht.

So ging es bis zu meiner Abreise hin und her. Endlich war der Abreisetag gekommen. Ich hatte in der Magengegend doch ein sehr komisches Gefühl. Vier Wochen von zu Hause weg, vier Wochen keinen Austausch mit Gitte. Es fiel mir schwer, mich von allen, ohne in Tränen auszubrechen, zu verabschieden.

Meine Mutter brachte mich mit dem Fahrrad zum Bahnhof. Unterwegs gab sie mir weise Ratschläge, was ich alles tun und was ich alles, bitte, unterlassen sollte. Mir ging das ganze Gerede doch am „Arm" vorbei. Ich hörte nur mit halbem Ohr hin.

Am Bahnhof angekommen, stand vor dem Bahnhofseingang schon die Reisebegleitung vom Ordnungsamt, eine etwas ältere, aus der Mode gekommene Frau mit einem Mädchen, ungefähr in meinem Alter, sowie einem Jungen, der älter als wir war. Sie hatte für alle bereits die Fahrkarten in der Hand. Nun ging alles sehr fix. Meine Mutter drückte mir den Koffer in die Hand, einen dicken Kuss auf die Wange und gab im Verabschieden noch einige weise Ratschläge mit auf den Weg.

Wir bestiegen den Zug. Es war anfangs eine stumme Situation. Keiner von uns mochte ein Wort an die anderen richten. Nach unendlich langer Zeitspanne, so mein Empfinden, holte die Betreuerin aus ihrem Gepäck eine Thermoskanne mit warmem Tee, vier Blechbecher, ein Paket mit Stullen und reichte jedem von uns einen gefüllten Becher sowie ein Brot. So allmählich löste sich die Stille. Jeder fing an, etwas von sich zu geben. Ich war die Letzte, die den Mund auftat. Ich musste für mich erst einmal prüfen, ob ich mit denen überhaupt reden wollte. Aber es gelang der Betreuerin, mit listigen Fragen auch mich aus der Reserve zu locken.

Nach unendlich langer Fahrt und dreimaligem Umsteigen kamen wir spät am Nachmittag im Schwarzwald an. Dort wurden wir bereits von einem Kutscher mit einem Pferdefuhrwerk empfangen. Er hievte unsere Gepäckstücke auf den Wagen, half ganz elegant der Betreuerin auf den Wagen, wollte mir ebenfalls behilflich sein, als ich bereits flott selbst auf den Wagen aufgesprungen war.

Die Fahrt dauerte nicht allzu lange. Wir bewunderten die Landschaft. Riesige Tannen, total vollgeschneit, sodass die langen Zweige sich zum Teil fast bis zum Boden neigten und im Hintergrund sah man von Weitem eine Bergkette. Ich dachte so bei mir: Das ist doch etwas ganz anderes als unser kleiner Hügel bei uns im Wald.

Am Ziel angekommen, wurde dem Jungen, der mit uns mitgereist war, ein Haus an der linken Straßenseite zugewiesen. Wir zwei Mädchen wurden direkt daneben in ein anderes Haus geleitet. In einer großen Halle stand die Heimleiterin. Eine kleine Frau mit einem dicken, blonden Knoten im Nacken. Mit resoluter Stimme fragte sie nach unseren Namen und stellte uns dann unsere Gruppenleiterin, Fräulein Gisela, vor. Sie meinte, Fräulein Gisela sei in den nächsten Wochen so etwas wie eine Mutter für uns.

Dann wurden uns Zimmer zugewiesen. In meinem Zimmer standen fünf Betten, drei Betten längs und zwei Betten quer. Zwei Schränke befanden sich in dem Raum. Mir wurde ein Fach für meine Utensilien zugeteilt. Die Koffer wurden irgendwo vom Hausmeister verstaut. Fräulein Gisela zeigte uns im Anschluss dann auch noch den Waschraum. Das hatte ich noch nie gesehen. An der linken Wand Waschbecken, in der Mitte des Raumes ebenfalls zwei Reihen Waschbecken; die Becken waren immer gegenüberliegend angeordnet. An der rechten Wand befanden sich Duschen, die mit einem Plastikvorhang versehen waren. Uns wurde ein Zahnbecher in die Hand gedrückt und ein Waschbecken zugeordnet, welches wir mit jeweils einem anderen Mädchen zu teilen hätten, so die Anweisung von Fräulein Gisela.

In der äußersten Ecke des Waschraumes befand sich eine kleine Stiege. Über dieser Stiege ein Holzdeckel mit einem eisernen Griff daran. Ich fragte Fräulein Gisela, wo denn die Leiter hinführe. Sie meinte, dort würden immer die Badesachen aufgehängt, denn wir würden ein- bis zweimal in der Woche nebenan im Haus der Jungen in die Schwimmhalle gehen. Oh, das fand ich wiederum toll.

Anschließend nahm sie uns mit in den Speisesaal. Da saßen bereits die übrigen, vor uns angereisten Mädchen am Tisch und starrten uns erwartungsvoll an. Die Heimleiterin forderte uns mit ihrer schrillen Stimme auf, uns vorzustellen. Die mit mir Gereiste stellte sich als Hildegard vor. Sie kam aus einem Nachbarort von uns.

Als ich an der Reihe war mich vorzustellen, kam instinktiv ein trotziger Reflex in mir hoch. Auf einmal merkte ich, dass mit der Heimleitung nicht gut Kirschen essen sei. Ich kniff meine Augen zusammen, sodass ich nur durch kleine Schlitze sehen konnte, schaute stur die Heimleitung an und wollte gerade meinen Namen sagen, als diese bereits verärgert von sich gab: „Wird's noch was? Wir wollen doch gefälligst noch vor dem Dunkelwerden mit dem Essen beginnen."

Ich gab mit belegter Stimme meinen Namen Preis und den Ort, aus dem ich stammte. Ich wies noch darauf hin, dass ich eigentlich Renate-Theresia heißen würde, jedoch alle in der Verwandtschaft würden mich Reni nennen. „Das wollen wir gar nicht wissen. Du heißt hier Renate und fertig", gab die Heimleitung zu verstehen.

In diesem Augenblick hatte ich den Papp schon auf. Ich sehnte mich nach meinem Zuhause und spürte, wie mich eine gewisse Wehmut befiel. Fräulein Gisela kam auf mich zu, nahm mich bei der Hand, wies mir einen Platz am Tisch zu und flüsterte: „Sie meint es nicht so. Das ist halt ihre eigene Art."

Ich, total sauer, flüsterte ebenfalls zurück: „Die meint es ganz bestimmt so, wie sie es sagt."

Damit war das Gespräch beendet. Das Essen war nicht schlecht. Nach dem Abendessen mussten wir alle gemeinsam die Tische abräumen, abwischen und das Geschirr in die Küche bringen. Dort standen drei Frauen mit Hauben auf dem Kopf und warteten bereits, dass sie mit dem Abwasch beginnen konnten.

Inzwischen hatten Fräulein Gisela und noch eine andere Aufsichtsperson Gesellschaftsspiele aus dem Schrank geholt. Fräulein Gisela stellte die andere Person als Fräulein Hanne vor. Hanne war für die zweite Mädchengruppe eingeteilt. Aha, also unser Haufen bestand aus zwei Gruppen. Der Abend verlief dann doch noch einigermaßen harmonisch, bis die Heimleitung im Türrahmen erschien und die Anweisung gab, die Spiele zusammenzufalten, uns in den Waschraum zu begeben und anschließend bitte schön leise die Schlafzimmer aufzusuchen.

Als ich in den Waschraum kam, war an „meinem" Becken bereits ein anderes Mädchen. Etwas angesäuert schaute ich sie an. Sie meinte, sie sei gleich fertig. Ich solle doch nicht so eine Panne ziehen.

In diesem Augenblick schwor ich mir, am kommenden Morgen vor ihr im Waschraum zu sein. Dann soll sie mal gefälligst warten.

Im Schlafraum stellten wir Mädchen uns untereinander vor. Ich musste feststellen, dass sie doch alle irgendwie nett waren. Während des Ausziehens entdeckte ich an einem der Betten am Fußende über der Bettstange ein Handtuch hängen. Eines der Mädchen nahm mich zur Seite und flüsterte mir zu: „Musst sie nicht darauf ansprechen. Die ist nämlich Bettnässerin. Sie wird regelmäßig nachts geweckt, damit sie zur Toilette gehen kann und nicht ins Bett macht."

„Ach du grüne Sch..." flüsterte ich zurück. Inzwischen kam Fräulein Gisela ins Zimmer, wünschte uns eine gute Nacht, knipste das Licht aus und befahl uns, nicht mehr so lange zu reden. Mir kam die ganze Situation so fremd vor. Das fremde Bett, die fremde Umgebung mit vier weiteren Mädchen in einem Raum. Ich fühlte mich richtig unwohl. Einfach gesagt, ich hatte Heimweh. Doch allmählich wurden meine Augen schwer. Die lange Fahrt, die vielen neuen Eindrücke taten ein Übriges. Ich fiel in einen tiefen Schlaf. Ich bekam nicht einmal mit, dass die „Bettnässerin" in der Nacht geweckt wurde.

Am anderen Morgen läutete eine Glocke. Das bedeutete, dass wir aufstehen und ins Bad gehen sollten. Ich konnte nicht schnell genug aus den Federn kommen, rannte wie eine Furie ins Badezimmer. Ich wollte ja unbedingt vor meiner Mitbenutzerin des Waschbeckens dort sein. Es gelang mir auch. Während des Waschens streckte ich ihr die Zunge raus und grinste unverschämt. Und was machte sie? Sie zeigte mir den Stinkefinger. Aber das berührte mich nicht im Geringsten.

Im Erdgeschoss war der Frühstückstisch bereits gedeckt. Jeder suchte seinen ihm bei der Ankunft zugewiesenen Platz auf. Stühle wurden hin- und hergeschoben. Sie verursachten auf dem Steinfußboden laute Geräusche. Dies rief wieder die Heimleiterin auf den Plan, die uns aufforderte, gefälligst leise die Stühle zu bewegen.

Nach dem gemeinsamen Frühstück teilte uns die Heimleiterin mit, dass wir in zwei Gruppen eine Wanderung in die Umgebung machen würden. Das Wetter sei herrlich – trockene Luft und strahlender Sonnenschein. Wir konnten gar nicht schnell genug das Frühstück beenden, wir wollten allesamt so schnell wie möglich nach draußen stürmen. Daraus wurde zuerst einmal nichts. Die Heimleitung forderte uns auf, gemeinsam die Teller und Tassen zusammenzustellen, sie in die Küche zu bringen, die Tische abzuwischen, um uns dann zu gestatten, nach draußen zu gehen.

Wir zogen unsere warmen Jacken an, ich meinen neuen Skianzug, zogen unser festes Schuhwerk an, mussten unsere Strickmützen aufsetzen, unsere Schals um den Hals binden und dann ging es los. Der Schnee lag meterhoch; die riesigen Tannen bogen sich mit der schweren Schneelast nach unten, die langen Tannenzapfen taten ein Übriges dazu. Fräulein Gisela stellte uns in einer Zweierreihe auf, um einen besseren Überblick über die Rasselbande, wie sie uns nannte, zu haben. Sie stimmte ein Lied an, was die wenigstens von uns kannten. Sie nahm sich vor, an einem der nächsten Tage mit uns die Lieder zu üben. Wir wanderten und bestaunten die tolle Landschaft. Für uns Flachlandtiroler war es ein besonderes Erlebnis. Während der Wanderschaft alberten wir herum, bewarfen uns mit Schneebällen und hatten einen Heidenspaß.

Auf einmal warf unsere Bettnässerin mir einen dicken, eisigen Schneeball an den Kopf und das in voller Absicht. Das kann ja lustig werden. Ich formte einen ebenso großen Schneeball und traf sie ebenfalls am Kopf. Und was machte sie? Sie fing auf einmal jämmerlich an zu schreien. Fräulein Gisela stürzte herbei und erkundigte sich, was geschehen sei. Die Bettnässerin zeigte mit dem Finger auf mich und sagte, ich hätte ihr einen sehr dicken Schneeball an den Kopf geworfen.

Ich wollte mich rechtfertigen und erwidern, dass sie ja zuerst geworfen habe, kam aber erst nicht dazu.

Fräulein Gisela tadelte mich und meinte, an den Kopf zu werfen solle ich gefälligst unterlassen. Da ich zu Unrecht getadelt worden war, machte mir unser Spaziergang auf einmal keinen Spaß mehr. Ich sann nach Rache und überlegte krampfhaft, wie ich dieser „Lügnerin“ eins auswischen könne. Mir fiel auch etwas Besonderes ein.

Unser Spaziergang endete gegen Mittag. Pünktlich zum Mittagessen trudelten wir im Heim wieder ein. Zuerst mussten wir unsere dicken Schuhe an der Haustür ausziehen, sie im Flur auf einen langen Schuhständer stellen, danach entledigten wir uns unserer dicken Jacken und Hosen, schlupften in unsere Trainingshosen und nahmen dann allesamt und diesmal geräuschärmer am Mittagstisch Platz.
Nach dem Essen wurden wir aufgefordert, Briefe nach Hause zu schreiben. Jeder von uns bekam Schreibpapier und Stift. Ich beschloss, im Brief nach Hause nichts von meinem Heimweh zu schreiben. Ich schilderte das Erholungsheim, die Landschaft und alles drum und dran in den höchsten Tönen. Nachdem wir die Briefe beendet hatten, mussten wir sie Fräulein Gisela vorlegen. Sie meinte zwar, sie würde die Briefe auf Schreibfehler prüfen, ich hatte jedoch das untrügliche Gefühl, das Heim wollte nicht, dass sich einer von uns eventuell über etwas beschweren würde. Und ich sollte recht behalten. Ein Mädchen am Nebentisch musste plötzlich zum Tisch von Fräulein Gisela kommen. Ihr wurde gesagt, sie möge doch den Brief noch etwas anders schreiben.

Neugierig, wie ich nun mal war, setzte ich mich zu ihr und wollte wissen, warum sie den Brief noch einmal schreiben müsse. Sie flüsterte mir zu, sie habe sich im Brief über die Heimleiterin beschwert und Fräulein Gisela hätte gemeint, das, was sie geschrieben habe, sei doch wohl so nicht richtig.

Aha, dachte ich bei mir. Die wollten wohl nicht, dass wir unseren Lieben zu Hause mitteilen, wenn uns hier mal das Eine oder Andere missfiel oder wir zu Unrecht getadelt oder bestraft würden.

Als Fräulein Gisela meinen Brief gelesen hatte, fragte sie mich vor versammelter Mannschaft, was ich für eine Note in Deutsch hätte. Ich war völlig irritiert. Deshalb fragte ich etwas patzig: „Wieso? Ich habe doch keine Schreibfehler gemacht?“ Ich war mir sicher, fehlerfrei geschrieben zu haben.

„Nein, nein“, meinte Fräulein Gisela. „Du hast deinen Eltern einen so schönen und ausführlichen Brief geschrieben. Hast unsere Landschaft wundervoll erklärt. Du musst doch sicher in Aufsatz und Deutsch eine Zwei haben."

„Ja, habe ich", war meine kurze Antwort. Alle starrten mich etwas komisch ob dieses Lobes an.

Der Abend verlief wie der vorherige. Essen, Tisch abräumen, Spiele rausholen, anschließend wieder einpacken, ab ins Bad und danach ab in die Betten. Ich konnte an diesem Abend lange nicht einschlafen. Ich hielt mich krampfhaft wach. Ich wollte mich an der Bettnässerin rächen. Dazu musste ich unbedingt wach bleiben und warten, bis alle in unserem Zimmer eingeschlafen waren. Die Zeit wollte und wollte nicht schneller verrinnen. Ich ging, um wach zu bleiben, bereits zum dritten Mal auf die Toilette. Endlich! Alle schliefen fest. Ich stand auf, nahm das Handtuch vom Fußende des Bettes der Bettnässerin weg, hängte es an eines der anderen Betten wieder auf. Nun wartete ich ungeduldig auf die Nachtwache. Ich lauschte und lauschte. Endlich näherten sich Schritte in Richtung unseres Zimmers. Die Tür ging auf. Die Nachtwache stand im Türrahmen. Sie leuchtete mit ihrer Taschenlampe ins Zimmer, suchte nach dem Bett mit dem Handtuch, ging auf das Bett zu und weckte diese Zimmergenossin. Diese wurde wach und wusste gar nicht, was ihr geschah. Die Nachtwache forderte sie auf, mit ihr zur Toilette zu gehen. Die wiederum meinte, sie müsse gar nicht auf die Toilette.

„Doch. Du gehst jetzt mit mir zur Toilette."

Die zu Unrecht geweckte gab patzig zur Antwort: „Ich glaube, mein Schwein pfeift." Widerwillig stand sie jedoch auf, ging artig mit der Nachtwache zur Toilette, kam ganz sauer wieder in unser Schlafzimmer zurück, legte sich in ihr Bett und meinte, dass dieser Vorfall noch ein Nachspiel haben würde.

Gegen Morgen ertönte wiederum die Glocke. Gleiche Zeremonie, gleicher Ablauf; Aufstehen, ab ins Badezimmer und so weiter und so weiter. Ich hatte es an diesem Morgen gar nicht eilig, als Erste am Waschbecken zu sein. Zu neugierig wollte ich erleben, was passiert, wenn die Bettnässerin aufsteht und feststellt, sie hat ins Bett gemacht. Insgeheim stieß ich ein Stoßgebet aus und bat den lieben Gott, sie möge doch ins Bett gemacht haben. Und richtig. Sie wollte erst gar nicht aufstehen. Sie hatte nämlich bemerkt, dass es unter ihr nass war. Ganz, aber auch ganz langsam stieg sie aus ihrem Bett, schaute in die Runde, sah mich mit durchdringendem Blick an, wagte aber nicht, nur ein einziges Wort an mich zu richten. Sie ging schweigsam aus dem Zimmer, suchte nach Fräulein Gisela, um ihr ihre „Schandtat" zu erzählen.

Diese kam auch sofort mit finsterer Miene in unser Zimmer, sah jeden Einzelnen von uns mit bitterbösem Blick an und forderte, dass sich diejenige melden sollte, die diesen unverschämten Streich gespielt habe. Wir sahen uns alle unschuldig an und versicherten, dass es von uns keiner gewesen sei. Da aus uns vieren nichts herauszubekommen war, verließ Fräulein Gisela mit der Bettnässerin das Zimmer, ging mit ihr in die Wäschekammer, gab ihr ein neues Bettlaken um es mit dem alten auszutauschen. Neugierig verfolgten wir die ganze Handlungsweise. Dabei stellten wir fest, dass sie unter dem Bettlaken eine Gummimatte liegen hatte. Na ja, dachte ich bei mir. Gott sei Dank ist wenigstens die Matratze nicht nass geworden. Damit war dieses Kapitel für mich auch abgeschlossen. Jedoch nicht für die Bettnässerin, wie sich einige Tage später herausstellen sollte.

An einem der nächsten Tage wurde uns durch die Heimleitung mitgeteilt, dass wir an diesem Nachmittag das Schwimmbad im Nebengebäude benutzen dürften. Es war das Haus, in dem die Jungen untergebracht waren. Unser Haus besaß kein Schwimmbad. Das betrachtete ich bereits als großes Manko.

Wir konnten es gar nicht abwarten, bis wir hinübergehen konnten. Bevor wir das Haus verließen, wurden wir noch von der Heimleiterin aufgefordert, uns anständig und sittsam zu benehmen. Eine Mitbewohnerin fragte unschuldig die Heimleiterin: „Wieso, schwimmen wir denn mit den Jungen? Dann könnte ich eventuell diesen Hinweis verstehen." Diese Mitbewohnerin war schon etwas älter und gerissener.

Die Heimleiterin sagte uns, dass wir das Schwimmbad für anderthalb Stunden für uns ganz allein haben würden.

Wiederum mussten wir uns in Reih und Glied aufstellen und marschierten zum Nachbarhaus herüber. Wir schielten zu den Fenstern hoch und bemerkten, dass an jedem der Fenster irgendwelche Jungengesichter zu sehen waren. Meine Mitbewohnerin aus unserem Schlafzimmer meinte zu mir verschmitzt: „Die sind aber gar nicht neugierig."

„Vielleicht meinen die, wir sind von einem anderen Stern oder die haben noch nicht so viele Mädchen auf einen Haufen gesehen", war mein Kommentar dazu.

„Kannst schon recht haben", antwortete sie. Wir grinsten vor uns hin und stürmten in die Umkleidekabinen.

Es war ein toller, ausgelassener Nachmittag. Wir tobten wie die Wilden umher, bespritzten uns gegenseitig mit Wasser. Fräulein Gisela erlaubte uns sogar, vom 3-Meter-Brett Arschbomben zu machen.

Die anderthalb Stunden gingen wie im Fluge vorbei. Wir wurden von Fräulein Gisela aufgefordert, so schnell wie möglich aus dem Wasser zu kommen, uns umzuziehen, da die Jungen im Anschluss Schwimmen hätten. Ich war noch gar nicht umgezogen, als die ersten Jungen bereits in die Schwimmhalle kamen. Dabei entdeckte ich den Jungen, der mit mir die Reise von zu Hause aus angetreten hatte. Wir kamen ins Gespräch, tauschten unsere Erfahrungen aus. Eine unserer Mädchen mischte sich ins Gespräch ein. Sie meinte, wir könnten doch noch ein wenig dort bleiben und mit den Jungen gemeinsam schwimmen. Es war die Ältere, die vorher schon einen so großen Mund gehabt hatte. Ich war unschlüssig. Mir war es auch peinlich. Ich wollte hier nicht aus der Rolle fallen und bei Fräulein Gisela einen schlechten Eindruck erwecken. Nachdem diese Halbstarke, wie ich sie bei mir nannte, mich als Feigling tituliert hatte, fasste ich den Entschluss, doch noch ein wenig mitzumachen. Ein weiteres Mädchen schloss sich uns an. Wir sprangen mit den Jungen ins

Becken, hatten einen Heidenspaß und tobten herum. Aber ganz allmählich kroch in mir doch ein Zweifel hoch, ob es von uns nicht doch falsch sei.

In der Zwischenzeit war nämlich unsere gesamte Gruppe, bis auf uns drei, wieder in das Nachbarhaus gegangen. Es war keinem aufgefallen, dass drei Mädchen fehlten oder sie hatten es bemerkt und nicht weitergegeben. Nur unsere Bettnässerin hatte uns während des gesamten Aufenthaltes in der Schwimmhalle nicht aus den Augen gelassen.

Es kam, wie es kommen musste. Wir beeilten uns, so schnell wie möglich zu unserem Heim zu gelangen. Dort angekommen, saßen alle bereits am Abendbrottisch. Die Heimleiterin stand als Empfangskomitee an der Eingangstür des Speisesaales. Unsere Bettnässerin hatte in der Zwischenzeit bereits Fräulein Gisela und der Heimleitung davon berichtet, dass wir gar nicht mit der Gruppe zurückgegangen seien.

Nun standen wir wie die Sünder mit gesenktem Kopf vor der Heimleiterin. Diese musterte uns minutenlang, ohne ein Wort zu sagen. Dann sagte sie nur diesen einzigen Satz: „Ihr könnt euch nach oben begeben. Abendessen ist gestrichen. Und muckst euch ja nicht mehr." Wir drehten uns auf dem Absatz um, trotteten die Stufen nach oben hoch und konnten es gar nicht fassen, dass uns ein so kleiner Spaß nicht vergönnt war.

Wir gingen ins Badezimmer und kamen uns in dem großen Waschraum ganz verloren vor. Ganz allmählich kroch in mir eine Stinkwut hoch. Nun standen wir da in unseren Schlafanzügen und wussten nicht so recht, was wir tun sollten. Da entdeckte ich die kleine steile Stiege mit der Luke, die zu dem oberen Speicher führte. Hier wurden stets die nassen Handtücher, auch unsere nassen Sachen von den Spaziergängen sowie unsere Badeanzüge aufgehängt. Plötzlich hatte ich eine glorreiche Idee. Ich schlug meinen Plan den beiden anderen vor. Zuerst waren sie nicht so recht davon zu überzeugen. Erst als ich darauf hinwies, was für ein blödes Gesicht die Heimleitung wohl machen würde, wenn wir verschwunden seien, überzeugte sie das.

Ich öffnete zwei der großen Fenster im Badezimmer. Dort unten rauschte der kleine Bach, der an unserem Heim entlang floss. Dann stiegen wir die kleine Stiege hoch, nahmen die trockenen Teile von der Leine, bauten uns ein molliges Bett, legten uns da hinein und lachten und schwatzten noch eine ganze Weile. Ich war richtig stolz auf meine Idee. So allmählich wurden wir müde, stellten das Gerede ein und schliefen tatsächlich fest wie in Abrahams Schoß.

Gegen Morgen wurden wir von lautem Gekreische und Geschrei geweckt. Wir verhielten uns mucksmäuschenstill. Wir hörten aufgeregte Stimmen. Eine fiel uns besonders stark auf. Es war die Stimme der Heimleiterin. Aber komisch, jetzt klang sie gar nicht so herrisch wie sonst. Wir hörten ihrer Stimme an, dass sie sehr betroffen war. Wir tuschelten untereinander und beschlossen, die kleine Luke zu öffnen, um nach unten steigen zu können. Die Älteste von uns voran, dann ich und zuletzt die kleinere von uns dreien. Ganz verdutzt sahen uns zig Augen an und wollten es nicht glauben, dass wir wohlbehalten die Stiege herunter stapften. Der Heimleitung fiel die Kinnlade nach unten. Sie sah uns entgeistert an. Wir hatten schon damit gerechnet, dass jetzt ein riesiger Hagel an Vorwürfen auf uns einprasseln würde, vielleicht noch eine Backpfeife. Aber nein, nichts dergleichen geschah. Ihre kurze und knappe Antwort war lediglich: „Na, Gott sei Dank, da seid ihr ja“, sagte es, drehte sich um und verließ das Badezimmer. Fräulein Gisela kam auf uns zu und meinte: „Ihr habt uns allen ja einen riesigen Schreck eingejagt. Wir dachten schon, ihr seid aus dem Fenster geklettert oder gesprungen.“

„Nee, so blöd sind wir denn doch nicht“, war die Antwort der Ältesten von uns dreien.

Ich fragte ganz unschuldig, wie sie denn auf solch einen Gedanken gekommen sei.

„Na, weil die Fenster sperrangelweit offen gestanden haben.“

„Ach so“, war meine knappe Erwiderung. Ich konnte nur ganz schlecht ein Schmunzeln unterdrücken. Ich hatte tatsächlich das erreicht, was ich erreichen wollte. Nämlich, dass die sich ängstigen würden, es sei uns was passiert. Den halben Tag lang war dieser Vorfall Gesprächsstoff für alle.

Da das Wetter am Nachmittag nicht besonders freundlich war, es hatte nämlich begonnen zu nieseln, holte Fräulein Gisela die Gesangbücher hervor und übte mit uns neue Lieder ein. Sie waren für mich alle neu und ich übte fleißig mit. Ich nahm mir vor, diese zu Hause zum Besten zu geben. Vor allen Dingen wollte ich eines dieser Lieder in der Schule im Musikunterricht vortragen. Ihr müsst wissen, um eine gute Note in Musik zu bekommen, mussten wir stets unter anderem auch ein Lied vortragen.

Die folgenden Tage und Wochen verliefen wie im Fluge. Eines Morgens standen wir auf und trauten unseren Augen nicht. Fast der ganze Schnee war über Nacht geschmolzen. Es wurde tagtäglich wärmer. Wir staunten, dass hier im Schwarzwald der Wechsel von Winter zum Frühjahr so schnell vor sich ging. Die vielen Kirschbäume begannen zu blühen. Es gab riesige Flächen die mit Kirschbäumen bepflanzt waren. Wenn man über diese Flächen mit den unzählig vielen weiß überzogenen Bäume schaute, konnte man glauben, es hätte wieder geschneit, so dicht waren die weißen Blüten.

Es näherte sich der Tag der Abreise. Wir wurden herzlich von Fräulein Gisela und, oh Wunder, auch von der Heimleiterin, verabschiedet. Jeder von uns bekam zum Abschied eine kleine Puppe geschenkt. Diese trug auf dem Kopf den berühmten Schwarzwälder Hut mit den roten Bommeln darauf. Artig bedankten wir uns. Der Bus stand schon abfahrtbereit vor dem Heim. Wir stiegen ein, winkten noch bis der Bus um die Ecke bog und wir das Heim nicht mehr sahen. Im Bus saß neben dem Fahrer die Begleitperson, die uns schon auf der Hinreise betreut hatte. Während der Fahrt zum Bahnhof wurde mir auf einmal bewusst, dass ich nach anfänglichem Heimweh auch ohne meine Eltern zurechtgekommen war. Ich hing meinen Gedanken nach und kam zu dem Ergebnis, dass ich vielleicht ein wenig erwachsener geworden war.

18

Die Heimfahrt mit dem Zug war wieder eine Höllenqual. Das Sitzen auf den Holzbänken trug auch nicht gerade dazu bei, sich einigermaßen wohlzufühlen. Zwischendurch wurden wir von unserer Reisebegleiterin wieder mit Getränken und Stullen versorgt.

Nach unendlich langer Fahrt und dreimaligem Umsteigen erreichten wir endlich unsere geliebte Heimatstadt. Ich konnte gar nicht schnell genug meinen Koffer oben aus dem Gepäcknetz bekommen, um mich als Erste an der Zugtür zu platzieren.

Der Zug hielt. Der Schaffner mit seiner roten Mütze öffnete die Abteiltür. Ich stürzte nach draußen. Von Weitem sah ich meine Mutter. Ich schaute und konnte Gitte nicht sehen. Ich rannte auf meine Mutter zu, drückte und umarmte sie so sehr, dass wir beide fast umgefallen wären. Ich fragte, wo denn Gitte sei. Ich hatte in meiner Aufregung total vergessen, dass sie ja nicht mehr bei uns wohnte.

Ich wurde auf einmal sehr still und traurig. Mir wurde bewusst, jetzt ändert sich viel in meinem Leben.

Meine Mutter nahm mir den Koffer ab. Gemeinsam gingen wir zum Ausgang. Dort stand ihr Fahrrad. Sie klemmte den Koffer auf den Gepäckträger und wir zwei gingen zu Fuß nach Hause. Unterwegs musste ich unentwegt Fragen meiner Mutter beantworten wie: Wie war das Essen? (Dies interessierte sie natürlich wegen ihres Berufes als Köchin besonders.) Wie hast du geschlafen? Waren die Betten auch gut? Hat man euch auch gut behandelt?

So ging es in einer Tour. Gleichzeitig musterte sie mich von der Seite. Plötzlich meinte sie: „Die Kur hat dir doch gut getan. Du bist tatsächlich ein wenig dicker geworden."

Da ich meinen eigenen Gedanken nachhing, gab ich nur kurz zur Antwort: „Na, dann war ja die Kur wenigstens erfolgreich.

Und du und Tante Anna könnt mir dann ja wieder neue Kleider nähen."

Meine Mutter lachte und meinte, das würde sie gerne machen. Sie bemerkte in diesem Augenblick gar nicht, dass es mich nicht im Geringsten interessierte.

Zu Hause angekommen, stand Vater schon vor dem Haus. Auch er begrüßte mich herzlich und war heilfroh, sein „Mäuschen", wie sie mich nannten, wieder zu Hause zu haben. Vater, der ansonsten nicht so redselig war, fragte mir ebenfalls Löcher in den Bauch. Die gleichen Fragen, die Mutter bereits gestellt hatte. Ich verwies ihn an meine Mutter, der ich schon alles lang und breit erklärt hätte.

Ich glaube, in diesem Augenblick war er ein bisschen eingeschnappt. Er ließ es sich auf jeden Fall nicht anmerken. So lenkte er vom Thema ab, indem er sagte: „Hast sicher nach einer so langen Reise Hunger. Julchen, ich glaube, wir können essen." Damit war die Schilderung meiner Reise beendet.

Nach dem Essen saßen wir noch eine Weile zusammen. Ich wollte wissen, ob sich in der Nachbarschaft etwas geändert habe. Meine Eltern verneinten es. Es sei nicht viel los gewesen. Im Stillen dachte ich so bei mir: Kein Wunder, Gitte fortgezogen, ich zur Kur. Was soll denn da wohl losgewesen sein.

Die lange Bahnfahrt hatte mich doch ein wenig geschlaucht. Daher wünschte ich meinen Eltern eine gute Nacht und ging in mein Zimmer. Bevor ich die Küche verließ, rief meine Mutter mir noch zu, dass ich erst übermorgen wieder zur Schule müsse. Na ja, das ist ja eine tolle Nachricht, war mein Gedankengang. Trotz großer Müdigkeit konnte ich anfangs gar nicht einschlafen. Ich vermisste Helga und Gitte, das abendliche Gequatsche im Bett, das gegenseitige Hänseln und vor allen Dingen das gemeinsame Pläneschmieden für den kommenden Tag. Die Anstrengungen des Tages forderten ihren Tribut und ich schlief endlich tief und fest ein.

Am anderen Morgen war es schon hell, als ich aufwachte. Da in meinem Zimmer keine Uhr war, vermutete ich, dass es doch schon etwas später sein musste. Ich stand auf, ging im Schlafanzug in die Küche. Dort saß meine Mutter bereits bei ihren Vorbereitungen für das Mittagessen.

Ich fragte sie, warum sie mich denn nicht geweckt hätte.

Sie meinte, sie habe ins Schlafzimmer geschaut und festgestellt, dass ich noch sehr fest schlief. Daher hätte sie sich entschlossen, mich noch ein wenig schlafen zu lassen. Zudem würde ich doch nichts versäumen, da ich an diesem Tag ja noch nicht in die Schule müsse.

Ich verzehrte im Schlafanzug mein Frühstück, fragte zwischendurch meine Mutter, wann wir denn Helga und Gitte in der Stadt besuchen würden.

Meine Mutter gab sehr einsilbig zur Antwort, dass wir das in den nächsten Tagen mal machen könnten. Sie wandte noch ein, dass ich sie ja auch alleine mit dem Fahrrad besuchen könne.

„Mach ich glatt", war meine Antwort. Mir fiel sofort die Einsilbigkeit meiner Mutter auf. War mal wieder etwas mit Tante Christel vorgefallen? Hatten die sich eventuell gestritten? Vielleicht wegen Gitte? Diese Gedanken ließen mich einfach nicht los und ich beschloss, sie in den nächsten Tagen tatsächlich zu besuchen.

Nach dem Waschen und Anziehen war mir langweilig. Ich wusste mit so viel Freizeit gar nichts anzufangen. Also ging ich nach draußen und wartete sehnsüchtig darauf, dass Reinhold, Irmi und Marianne von der Schule heimkämen. Das Wetter war auch hier zu Hause frühlingshaft schön geworden. Teppiche von Schneeglöckchen bedeckten den Boden, die Krokusse blühten schon im Rasen. In den Blumenbeeten standen die Narzissen und die ersten Knospen zeigten schon ihr helles Gelb. Ich ging den dreien entgegen. Sie freuten sich, mich wiederzusehen. Wir begrüßen uns herzlich. Sie erzählten die Neuigkeiten der letzten Wochen. Na ja, so aufregend war das alles nicht.

Der Tag verlief für mich mehr schlecht als recht. Meine Mutter meinte, falls ich Langeweile habe, könne ich ja mein Zimmer putzen. Dazu hatte ich aber am allerwenigsten Lust. Ich nahm meinen Tornister aus der Ecke und schaute nach, ob ich für den neuen Schulbeginn noch etwas hineinpacken müsse. Er war meines Erachtens vollständig und ich stellte ihn wieder in die Ecke. Ich war froh, als dieser Tag endlich zu Ende ging.

Am anderen Morgen ging ich mit den anderen aus der Nachbarschaft wieder zur Schule. Unser Klassenlehrer begrüßte mich sehr freundlich und war der Meinung, dass mir die Erholung sichtlich gut getan habe.

„Wie man's nimmt", war meine kurze Reaktion. Die Mitschülerinnen wollten alles genauestens über die Kur von mir wissen. Sie fragten mir Löcher in den Bauch. Ich jedoch hatte so gar keine Lust, denen alles brühwarm auf die Nase zu binden.

In diesem Augenblick fiel mir auf, dass ich in einigen Situationen die gleiche Manier an den Tag legte wie mein Vater. Wenn er etwas nicht von sich preisgeben wollte, verhielt er sich ebenfalls sehr wortkarg. Also hatte ich außer dem Aussehen doch noch etwas anderes von ihm geerbt, war mein Gedankengang, obwohl die Geschwister meiner Mutter stets behaupteten, ich hätte das Aussehen vom Vater und den Charakter von der Mutter.

An einem der nächsten Tage hatten wir Musikunterricht bei unserem „Fräulein" Schmeing, meiner Lieblingslehrerin.

Da in Kürze die Lehrer die Zeugnisse erstellen mussten, war es an der Zeit, im Musikunterricht neben anderem für die Zeugnisnote vorzusingen. Es ging reihum. Manche Mitschülerinnen und Mitschüler konnten wirklich gut singen. Vor allen Dingen die stinkige Hildegard. Deren Vater leitete bei uns den Kirchenchor. Die ganze Familie war sehr musikalisch. Hildegard war vor mir dran. Sie sang mit ihrer glockenklaren Stimme ein Kirchenlied. Die Lehrerin war sehr entzückt und meinte zum Schluss: „Sehr, sehr schön, Hildegard. Dafür bekommst du eine Eins." Ich flüsterte meiner Mitschülerin zu, dass sie mit dieser Note einen gerechten Ausgleich schaffe zu ihren ansonsten schlechten Noten. Hildegard hatte nämlich im letzten Diktat 32 Schreibfehler.

Nach Hildegard war ich an der Reihe. Ich sang ein Lied, welches ich bei Fräulein Gisela im Schwarzwald gelernt hatte. Ich fand das Lied wunderschön. Meine Stimme war nicht so glockenhell wie die von Hildegard, sondern viel tiefer, konnte sich aber sehen lassen, ach ja, muss wohl besser sagen: hören lassen. Ich sang aus voller Inbrunst und Überzeugung. Ich hatte die erste Strophe noch nicht einmal halb zu Ende gesungen, als Fräulein Schmeing mich mit den Worten unterbrach: „Renate, setzen. Du singst ja dreistimmig alleine."

Ich wusste genau, worauf sie abzielte. Sie konnte mich nicht leiden, ich sie aber auch nicht. Wie aus der Pistole geschossen antwortete ich schlagfertig „Dann können Sie sich in Zukunft ja den Chor ersparen" und setzte mich.

Mit schriller Stimme, die sich fast überschlug, fragte sie: „Was hast du da gesagt?"

„Sie haben mich schon richtig verstanden", antwortete ich.

Der Lehrerin blieb, glaube ich, die Spucke weg. Schnippisch antwortete sie: „Das wird noch ein Nachspiel haben."

„Wenn Sie meinen!" war meine kurze Antwort.

Die Lehrerin war ob dieser kleinen Begebenheit so von der Rolle, dass die anderen gar nicht mehr vorsingen mussten.

Auch dieser Schultag ging endlich zu Ende. Unterwegs meinte Irmi zu mir: „Du bekommst sicher in Musik eine Fünf."

„Wenn du meinst. Glaub mir aber, dann hat die Schrulle nicht mehr viel zu lachen", sagte es und überlegte, was zu tun sei, um ja keine Fünf im Zeugnis zu bekommen.

Am nächsten Tag rief mich nach dem Matheunterricht unser Klassenlehrer zu sich. Er sagte mir, dass Fräulein Schmeing sich über mein Verhalten beschwert habe. Er wollte von mir wissen, was sich denn tatsächlich zugetragen habe. Ich glaube, er traute der Schilderung Fräulein Schmeings nicht so recht. Ich erzählte wahrheitsgemäß, wie es sich zugetragen hatte, dass ich ein Lied vorgesungen habe, welches ich schön fand und während der Kur im Schwarzwald gelernt hatte. Ich wandte noch ein, dass ich der Meinung sei, ich habe durchschnittlich gut gesungen und wäre weiter der Meinung, dass die Lehrerin sauer gewesen sei, weil es ein Lied gewesen sei, welches sie selbst noch nicht kannte.

Unser Klassenlehrer hörte sich meine Argumentation in aller Ruhe an und entließ mich mit den Worten: „Ist gut. Ich kann mir jetzt meine eigene Meinung bilden." Ich verabschiedete mich mit einem Handschlag vom Lehrer; wir hatten eigentlich ein gutes Lehrer- Schülerverhältnis.

Auf dem Heimweg kreisten meine Gedanken nur um den einen Punkt: Welche Note bekomme ich in Musik? Hoffentlich keine Fünf.

Ich kam zu dem Schluss, dass ich es dann auch nicht ändern könne. Des Weiteren beruhigte ich mich damit, dass Musik für den Beruf, den ich mir aussuchen würde, sicher die geringste Rolle spielen würde. Damit wollte ich mein eigenes Gewissen beruhigen. So ganz gelang es mir aber nicht.

Am Abendbrottisch erzählte ich meinen Eltern von dem Vorfall. Mein Vater war völlig entsetzt. Er selbst war sehr musikalisch. Er spielte sehr gut Mundharmonika und einigermaßen gut Schifferklavier. Meine Mutter sang sehr gut. Alles in allem kann man wohl sagen, keine so unmusikalische Familie. Sollte hier die Tochter aus dem Rahmen fallen? Für meine Eltern undenkbar. Meine Mutter ging nach meiner Erzählung sofort auf die Barrikaden und meinte, sie würde morgen sofort zur Schule gehen und mit der Lehrerin ein ernstes Wörtchen reden.

Ich bremste meine Mutter aus, indem ich ihr weiter berichtete, dass ich schon ein Gespräch mit unserem Klassenlehrer gehabt hätte und er sich der Sache annehmen würde. Man würde ja sehen, welche Note ich demnächst im Zeugnis haben würde.

An einem der nächsten Tage hatte ich beschlossen, nach der Schule mit dem Fahrrad Helga und Gitte in der Stadt zu besuchen. Ich konnte gar nicht schnell genug von der Schule nach Hause kommen.

Zu Hause angekommen, warf ich meinen Tornister in die Ecke, wollte mir andere Sachen anziehen und sofort losradeln. Meine Mutter bremste mich mal wieder aus und forderte mich auf, zuerst einmal tüchtig zu essen. Mensch, die immer mit ihrem tüchtigen Essen. Manchmal ging sie einem damit doch schon richtig auf den Keks. Es ging jedoch kein Weg daran vorbei. Sie stellte den Teller mit dem Essen vor meine Nase und blieb so lange in der Küche neben mir hocken, bis ich tatsächlich meinen Teller leergegessen hatte. Ich stand auf, verabschiedete mich von meiner Mutter und rannte nach draußen. Meine Mutter rief noch hinter mir her: „Bestell Helga, Gitte und Onkel Emil schöne Grüße von mir."

„Mach ich. Tante Christel nicht?"

„Nee, die lass mal außen vor."

„Ok, mach ich", schwang mich auf mein Fahrrad und los ging es. Bis zur Stadt waren es etwa 6,5 Kilometer.

Meine Neugierde darauf, wie es den beiden in der Stadt wohl gefiel, vielleicht besser als bei uns auf dem Land, verliehen mir Flügel. Ich raste wie eine Wilde zur Stadt.

Völlig atemlos traf ich vor dem Haus von Onkel Emil an. Dieser kam gerade aus seiner Werkstatt. Er hatte einen total staubigen Kittel an. Als er mich sah, kam er auf mich zu, begrüßte mich herzlich und drückte mich ganz innig an sich.

Er freute sich tatsächlich richtig, mich wiederzusehen. Er meinte: „Geh schon mal ins Haus. Gitte ist schon von der Schule zurück. Helga kommt etwas später. Ich komme auch gleich nach."

Onkel Emil schloss mir die Haustür auf, ich ging hinein und rannte durch den Flur, das angrenzende kleine Büro in die Küche. Dort saß Gitte schweigsam am Tisch. Tante Christel hatte ihr wohl eine Gardinenpredigt gehalten. Ich ging auf sie zu und meinte: „Na, altes Haus, wie geht es dir? Lange nicht gesehen."

Tante Christel kam auf mich zu und meinte: „Willst du mich nicht auch begrüßen? Normalerweise begrüßt man doch die Erwachsenen zuerst." Ich sah sie nur groß und wortlos an. Mir fiel in diesem Augenblick keine Antwort ein. Und das wollte schon was heißen. Ich schielte verstohlen zu Gitte. Diese zeigte nur mit ihrem Zeigefinger an ihre Stirn. Aha, sie meinte wohl, Tante Christel sei nicht ganz gescheit. Es herrschte eine komische, bedrückende Stimmung. Deshalb bat ich Gitte, mit mir nach draußen zu gehen.

Vor der Haustür trafen wir auf Onkel Emil, der fragte, wo wir denn hin wollten. „Nirgends", antwortete ich, „wir wollen nur ein wenig ungestört quatschen."

„Wenn das so ist", war seine Antwort und er verschwand im Haus.

Gitte lief eine ganze Weile schweigsam neben mir her. Ich bohrte und ließ nicht locker. Mich interessierte es brennend, warum in der Küche eine so frostige Stimmung herrschte. Nach einer ganzen Weile platzte es aus Gitte heraus.

Sie meinte: „Die ist total verrückt. Ich wollte mir lediglich auf mein Butterbrot eine Tomate schneiden, als sie mir die wütend aus der Hand riss und meinte, die seien nur für Vater. Und, weißt du was das Schlimmste war? Na? Sie gab mir obendrein auch noch eine schallende Ohrfeige. Am liebsten würde ich mit dir wieder zu euch kommen. Ich kann dir nur eins sagen: Die wird niemals meine zweite Mutter werden."

Da mir meine Mutter vor meinem Antrittsbesuch in die Stadt eingebläut hatte, ja keinen Streit oder irgendeine Hetze loszutreten, überlegte ich krampfhaft, was ich darauf wohl erwidern sollte.

Gitte sah mich von der Seite an und meinte: „Nicht wahr, das hat dir auch die Sprache verschlagen? So einen Aufstand wegen einer dämlichen Tomate."

„Hast wohl recht", meinte ich dazu. „Meinst du nicht, dass ihr euch erst aneinander gewöhnen müsst? Ist ja auch zu plötzlich und unvermutet gekommen."

„Dann muss die sich aber noch gewaltig ändern."

„Meinst du nicht, du auch?"

„Nee! Auf welcher Seite stehst du eigentlich?"

„Ich meine ja nur, wenn ihr tagtäglich zusammen hockt, müsst ihr versuchen, miteinander, auch wenn es schwer fällt, auszukommen. Meinst du nicht auch? Du wirst es doch nicht ändern können. Sie ist nun einmal da. Wie kommt Helga denn mit ihr aus?", fragte ich.

„Die? Du kennst sie doch. Die gewöhnt sich ganz schnell an fremde Situationen."

„Vielleicht versuchst du es auch. Aber jetzt lass uns von was anderem reden. Ich muss ja pünktlich wieder zu Hause sein. Was macht die Schule? Und hast du schon Freundschaft in der Nachbarschaft geschlossen?"

„Habe die Nachbarschaft schon unter die Lupe genommen. Die meisten in unserem Alter sind Jungen. Mit dem einen oder anderen habe ich mich schon schlagen müssen. Die sind total doof."

„Na, ja, Gitte, unsere schönen Zeiten sind nun mal vorbei. Schade genug. Sonst gibt es nichts Interessantes? Bis jetzt war ja noch nicht so viel Aufregendes dabei."

„Doch, eine Sache muss ich dir noch erzählen. Aber erwähne das ja nicht bei mir zu Hause. Vorgestern, als es schon anfing, dunkel zu werden, traf ich mich mit den Mädchen und Jungen aus der Nachbarschaft. Die hatten mir erzählt, dass sie häufig, wenn es dunkel wird, in der Nachbarschaft Klingelmännchen spielen. Aber nur in den zwei großen Wohnblocks. Ich kann dir sagen. Das war eine Gaudi. Im ersten Block unten wohnt eine Familie, deren Vater sich immer am meisten über das Klingeln aufregt. Den ärgern wir am häufigsten."

„Ist doch wenigstens etwas", meinte ich kurz angebunden. So berauschend klang doch nun wirklich alles nicht.

Gitte meinte zu mir, ich solle doch heute länger bleiben. Dann könnten wir mit den Nachbarkindern dort wieder Klingelmännchen spielen. Ich war unschlüssig. Zum einen reizte mich dieser Schabernack schon, auf der anderen Seite würde es zu Hause sicher Theater geben, wenn ich erst im Dunkeln heimkäme. Wir gingen wieder zurück in Onkel Emils Haus und, oh Wunder, Tante Christel hatte bereits für jeden von uns einen Teller mit einem Stück Kuchen hingestellt. Der Kakao stand auch schon fertig auf dem Ofen.

Gitte flüsterte mir zu: „Das macht sie nur, weil du da bist."

„Ist doch ok. So haben wir beide etwas davon. Vielleicht sollte ich des Öfteren kommen, wenn das das Resultat sein sollte."

Gitte stieß mich in die Seite, ein Zeichen den Mund zu halten. Tante Christel fragte dann auch prompt: „Was habt ihr zwei denn so zu flüstern?"

Wie aus der Pistole kam von uns beiden die Antwort: „Nichts. Worüber sollten wir denn schon flüstern?"

„Na, ich weiß nicht. Wenn ich so den Erzählungen Helgas trauen kann, habt ihr zwei doch ständig etwas ausgefressen."

Aha, daher wehte der Wind. Helga in ihrer Gutgläubigkeit hat sicher einiges aus der Schule geplaudert. Wir jedoch hüllten uns in Schweigen und stopften den Kuchen in uns rein. Aber auch das wurde von Tante Christel kommentiert.

Sie meinte: „Esst nicht so schnell. Ein Stück muss wohl reichen, sonst habt ihr heute Abend keinen Appetit mehr."

Es war überflüssig, darauf zu antworten. Ich hatte in der Zwischenzeit beschlossen, doch noch bis abends in der Stadt zu bleiben. Ich wollte unbedingt an der Klingelaktion teilnehmen.

Als es dämmerig wurde, gingen Gitte und ich nach draußen. Vor der Haustür war schon die halbe Nachbarschaft an Kindern angerückt. Gitte stellte mich als ihre Cousine vor. Es wurde ausgelost, wer diesmal das Klingelmännchen sein sollte. Auf einmal kam von einem der Jungen der Vorschlag, dass doch ich als „Die Neue" es ausprobieren solle. Die Jungen rieben sich schon verschmitzt die Hände. Bevor Gitte überhaupt etwas sagen konnte, stimmte ich zu.

Was sie mir jedoch verschwiegen hatten, dass die Jungen bereits am Abend zuvor den hier in Rede stehenden Nachbarn geärgert hatten. Das war der Nachbar, der immer am meisten auf die Barrikaden ging. Also gingen wir geschlossen zu dem besagten Wohnblock. Das Haus lag etwas abseits von der Straße. Ein kleiner plattierter Weg führte zu der Eingangstür. An der Seite der Straße war ein Zaun mit einer kleinen verschließbaren Tür, wo der Weg begann. Ich nahm alles gelassen unter die Lupe. Dann forderte ich einen der Jungen auf, die Tür offen zu halten, während ich zum Haus marschierte und klingelte. Der Junge erklärte sich hierzu auch bereit. Also öffnete ich die Tür, sagte dem Jungen noch einmal, er solle es offen halten und lief auf das Haus zu. Man hatte mir gesagt, dass es die linke Klingel unten sei. Ich drückte also auf die Klingel. Im gleichen Augenblick hörte ich seitlich vom Haus schlurfende Schritte. Der besagte Nachbar lag bereits auf der Lauer und hatte wohl schon damit gerechnet, dass er mal wieder auf die Rolle genommen werden sollte und kam mit riesigen Schritten auf mich zu. Ich rannte, so schnell ich konnte auf die Tür zu, die aber hatte der Junge ins Schloss fallen lassen und war mit den anderen einfach abgehauen. Ich stand also vor der geschlossenen Tür. Hinter mir der Nachbar mit seinem schlurfenden Gang. In meiner Angst und Verzweiflung rannte ich um mein Leben, nahm Anlauf und sprang über die Tür. Dabei blieb ich mit dem Zipfel meines Rockes daran hängen. Ein Stückchen Stoff aus meinem Rock blieb an der vermaledeiten Tür hängen. Im Fortrennen hörte ich noch den verärgerten Nachbarn lauthals Fluchen. Die ganze Bande war bis an die Hecke des Friedhofs gerannt. Der Friedhof lag an der anderen Seite gegenüber dem Haus von Onkel Emil. Völlig außer Puste kam ich bei der Horde an. Alle lachten und die Jungen grinsten auch noch unverschämt.

Jetzt erst stellte sich heraus, dass sie bereits damit gerechnet hatten, dass der Nachbar an diesem Abend auf der Lauer liegen würde. Ich war wegen des linken Verhaltens total sauer und wütend, weil ich in deren Falle getapst war. Ich hätte auch mitgemacht, wenn sie mir ehrlich reinen Wein eingeschüttet hätten, so aber fand ich ihr Verhalten unmöglich. Ich schaute in die Runde, suchte nach dem Jungen, der die Tür offen halten sollte, marschierte auf ihn zu, gab ihm eine schallende Ohrlasche und meinte zu ihm, dass man so was doch nicht in einer eingeschworenen Kameradschaft mache und dass ich es überhaupt nicht lustig fände. Der Angesprochene schaute ganz perplex drein.

Gitte fing lauthals an zu lachen und meinte: „Ich habe euch gleich gesagt, was passieren würde.“

Wir verabschiedeten uns und gingen schnurstracks zu Gittes Zuhause. Inzwischen war es bereits stockdunkel geworden. Onkel Emil fragte, ob es nicht besser sei, mich wegen der Dunkelheit nach Hause zu begleiten. Dies lehnte ich jedoch dankend ab. Gitte musste natürlich ihren Senf auch noch dazu geben.

Sie meinte: „Vater, nicht wegen der Dunkelheit solltest du Reni nach Hause begleiten, sondern wegen Tante Julchen."

„Wieso denn das?", fragte Onkel Emil.

„Na, der wird doch sofort wieder die Hand ausrutschen. Reni sollte doch im Hellen zu Hause sein. Jetzt ist es dunkel. Und wenn Tante Julchen einmal etwas sagt, hat man sich auch daran zu halten. Sie sagt doch immer: Ich sage es nur einmal", sprach's und grinste dazu noch frech.

„Ist schon gut." Ich verabschiedete mich, schwang mich auf meinen Drahtesel und strampelte, so schnell ich konnte, nach Hause. Gott sei Dank funktionierte das Licht an meinem Rad. Auch waren nicht so viele Autos unterwegs. Abgehetzt kam ich zu Hause an, stellte mein Fahrrad in den Schuppen und ging ins Haus. Meine Mutter stand bereits wie eine Rachegöttin in der Küche. Mein Vater saß bereits am Abendbrottisch. Bevor meine Mutter loslegen konnte, mischte sich mein Vater ein und meinte: „Julchen, lass mal gut sein. Sie ist doch heile nach Hause gekommen."

Meine Mutter sah mich strafend an und meinte zum Abschluss: „Dass mir das ja nicht noch einmal vorkommt."

„Nein" war meine einsilbige Antwort. Sie setzte mir mein Abendbrot vor. Gleichzeitig war sie jedoch neugierig und wollte von mir alles haarklein erzählt bekommen. Nur von unserem Schabernack an dem Nachbarn erzählte ich nichts. Es wurde schon spät und meine Mutter forderte mich auf, zu Bett zu gehen mit der Begründung, dass ich ja morgen zur Schule müsse.

Als wenn ich das nicht selber wüsste, waren meine Gedanken. Ich wünschte meinen Eltern eine gute Nacht und verdrückte mich in mein Zimmer.

Ich ließ den Nachmittag in der Stadt noch einmal Revue passieren und musste feststellen, dass die Städter doch sehr armselig dran seien. Das einzige Vergnügen schien mir zu sein, dass sie Spaß daran hatten, den Nachbarn eins auszuwischen. Da hatten

Gitte und ich bis zu dahin doch eine ganze Menge mehr unternommen und erlebt. Mit diesen Gedanken schlief ich letztendlich ein.

In den folgenden Wochen bis zu den Ferien und Zeugnisvergabe ereignete sich sehr wenig. War ja auch verständlich. Man konnte sich so richtig mit keinem der anderen austauschen, mal was Neues ausprobieren, geschweige etwas Verbotenes anstellen. Es war langweiliger und einsamer für mich geworden.

So rückten die Ferien näher. Am letzten Tag vor den Ferien erhielten wir unsere Zeugnisse. Das einzige, was mich brennend interessierte war, ob die Musiklehrerin mir tatsächlich eine Fünf ins Zeugnis geschrieben hatte.

Unser Klassenlehrer übergab jedem Schüler das Zeugnis; zu jedem gab er aber auch seinen Kommentar ab, warum diese oder jene Note im nächsten Jahr besser werden müsse. So kam er auch auf mich zu. Er überreichte mir mein Zeugnis, schaute mich dabei verschmitzt an und meinte: „Na, hast ja noch mal Glück gehabt. Die Note ist wider Erwarten doch besser ausgefallen.“ Ich wusste sofort, worum es sich drehte. Natürlich um die Note in Musik.

Bevor ich mein Zeugnis in Augenschein nehmen konnte, meinte Maria, eine Mitschülerin neben mir: „Wie hat er das denn gemeint? Er ist ja bei dir besonders komisch drauf. Deine Deutsch- und Mathearbeiten waren doch immer gut. Oder habe ich eventuell etwas nicht mitbekommen oder verpasst?“

„Hast Recht, hast etwas verpasst. Lass es aber gut sein“, war meine Erwiderung. Ich hatte in diesem Augenblick keine Lust, mit ihr auch nur ansatzweise über etwas zu diskutieren. Ich mochte zuerst gar nicht richtig ins Zeugnis schauen, wünschte mir aber, dass die Note besser als Fünf und auch besser als Vier sein würde, sonst wäre mein gesamter Notendurchschnitt verwässert. Dieses Zeugnis war so wichtig für meine Anmeldung zur höheren Schule. Als ich mein Zeugnis las, war ich angenehm überrascht. Da stand tatsächlich bei Musik eine Drei. Ich schaute unseren Klassenlehrer an. Der nickte mir freundlich zu. Da wusste ich sofort, dass ich diese Note seiner Intervention zu verdanken hatte.

Nach der Zeugnisausteilung fand gar kein Unterricht mehr statt. Unser Lehrer gab uns für die Ferien noch gute Ratschläge mit auf den Weg. Für die mit den schlechten Noten war sein Ratschlag, sie mögen doch in den Ferien wenigstens an einigen Tagen noch Rechtschreiben oder Rechnen und üben. Das würde sich auf jeden Fall bei ihnen lohnen, noch sei bei ihnen Hopfen und Malz nicht verloren. An mich gerichtet war sein Ratschlag, ich möge in den Ferien etwas mehr ausruhen und nicht zu viel Sport treiben.

Endlich Ferien, sechs lange Wochen. Diesmal musste ich meine Ferienpläne alleine schmieden. Es war, gelinde gesagt, gewöhnungsbedürftig.

Zu Hause zeigte ich meiner Mutter sofort mein Zeugnis. Auch sie schaute zuerst nach der Note in Musik. Auch sie war hoch erfreut und meinte, wenn dort eine schlechtere Note gestanden hätte, wäre sie schnurstracks mit dem Zeugnis zur Schule marschiert.

Nun saß man da und wusste auf einmal mit so viel freier Zeit nichts anzufangen.

Am Abend, als mein Vater von der Arbeit heimkam, zeigte ich auch ihm freudestrahlend mein Zeugnis. Seine knappe Reaktion war, er habe von seinem Mäuschen auch nichts anderes erwartet. Man muss wissen, es gab bereits zwischen meinen Eltern und mir heftige Diskussionen hinsichtlich meines Wunsches, auf die höhere Schule zu gehen. Wenn das Thema auch nur im Geringsten auf den Tisch kam, reagierte mein Vater allergisch.

Seine Meinung war, dass es für mich unzumutbar sei, noch früher aufstehen zu müssen. Dies war jedoch nicht der einzige Grund. Er führte weiter ins Feld, wie gefährlich es gerade im Herbst und Winter sei, bei Dunkelheit und ganz allein mit dem Fahrrad rund sieben Kilometer zum Gymnasium zu fahren.

Er hatte einfach Angst, mir könnte unterwegs etwas passieren. Häufig arteten die Diskussionen zwischen meiner Mutter und meinem Vater in Streit aus.

Meine Mutter beendete in der Regel den Streit damit, indem sie meinte, für die Anmeldung bestehe ja noch etwas Zeit. Weiter schob sie den Satz nach: „Und wenn ich dir sage, das Kind kommt auf die höhere Schule, dann kommt sie auch auf die höhere Schule." Das war dann das Ende von Diskussionen. Am Ende herrschte meistens Schweigen.

In den folgenden Tagen beratschlagten meine Mutter und ich, was ich denn in den Ferien unternehmen könne. Nach Essen zu meiner Patentante wollte ich nicht mehr. Ich hatte noch vom letzten Mal wegen des Theaters in der Badeanstalt mit meinem Vetter die Nase voll. Meine Mutter meinte, ich könne doch für einige Tage Ferien bei Onkel Emil in der Stadt machen. Na ja, war ja nicht gerade die große weite Welt, aber der Vorschlag reizte mich doch.

Meine Mutter sprach anlässlich ihrer wöchentlichen Einkaufsfahrt mit dem Rad in die Stadt bei Onkel Emil und Tante Christel vor. Onkel Emil würde sicherlich nichts dagegen haben; ob Tante Christel es ebenfalls so toll finden würde, bezweifelte sie im Stillen. Ich wartete sehnsüchtig auf die Rückkehr meiner Mutter und stand schon geraume Zeit vor der Haustür.

Endlich sah ich sie um die Ecke des Feldweges kommen. Ich traute meinen Augen nicht. Sie schob ihr Fahrrad. Ich ging ihr entgegen. Meine Mutter war nassgeschwitzt. Vorne am Lenkrad zwei große Taschen voller Lebensmittel und, oh Schreck, im Vorderrad war eine Acht.

„Wie konnte das denn passieren?", fragte ich ängstlich.

„Du kannst aber auch dumm fragen. Was meinst du denn? Ich habe mir die Acht selbst reingefahren? Nein, Ich fuhr ordentlich auf dem Radweg. Du weißt ja, wir haben Richtung Stadt ja nur den einen Radweg."

„Mutter!", unterbrach ich sie. „Ich kenne den Radweg. Ich will einfach nur wissen, was passiert ist."

„Also ich fuhr wie bereits erwähnt, ordnungsgemäß auf dem Radweg. Mir entgegen kam ein junger Mann. Der fing plötzlich mit seinem Fahrrad an, hin- und her zu wackeln. Und, was soll ich sagen? Der fuhr mir doch tatsächlich ins Vorderrad. Ich habe noch riesiges Glück gehabt, dass ich nicht auch noch auf die Nase gefallen bin." Sie hatte sich bei Ihrer Erzählung richtig in Rage geredet.

Ich war der festen Überzeugung, dass sich diese Geschichte genau umgekehrt abgespielt haben musste. Jedoch wagte ich nicht, dies meiner Mutter auch nur im Entferntesten zu sagen.

„Und? Was hat der Junge dann gemacht? Ist sein Fahrrad auch kaputt?", fragte ich meine Mutter.

„Ja, natürlich. Er ist doch mit aller Wucht in mich reingefahren. Weißt du, was er dann noch für eine Frechheit an den Tag gelegt hat? Du wirst es nicht glauben. Er behauptete tatsächlich, ich sei ihm ins Rad gefahren. Nein, so eine Scheinheiligkeit. Und wegen seines schlechten Gewissens half er mir auch noch, die Lebensmittel wieder in die Taschen zu packen, die mir bei dem Zusammenstoß herausgefallen waren. Am liebsten hätte ich gesagt, er soll das gefälligst sein lassen. Aber du weißt ja, dass ich mich nicht so gut bücken kann."

„Mutter und dann?"

„Dann habe ich ihm gesagt, er könne froh sein, dass ich nicht die Polizei rufe."

„Und dann?"

„Dann hat er mich groß angesehen, seinen Mund weit aufgerissen, so als wolle er mir widersprechen. Und dann habe ich ihn einfach stehengelassen und musste dann mein Fahrrad schieben."

Ich drehte mich um, damit meine Mutter mein Lachen ja nicht bemerkte. Ich wollte sie nicht noch mehr reizen. Im Stillen war mir klar, dass sich dieser Vorfall genau umgekehrt ereignet haben musste.

Mein Vater musste sich abends von meiner Mutter ebenfalls die Story anhören und bekam den Auftrag, am nächsten Tag ihr Fahrrad zu reparieren. Woher mein Vater so schnell ein neues

Vorderrad bekäme, weil das alte nicht mehr zu reparieren war, war meiner Mutter völlig egal. Wegen diesem blöden Vorfall war ich noch gar nicht dazu gekommen zu fragen, ob ich denn einige Tage Ferien bei Onkel Emil machen könne. Deshalb fragte ich meine Mutter.

Sie meinte: „Ach ja, das habe ich wegen der ganzen Aufregung total vergessen. Onkel Emil und auch Tante Christel freuen sich, wenn du kommst, und auch Gitte. Soll dir von der besonders viele Grüße ausrichten."

„Danke." Toll. Dann war das ja auch geklärt.

19

An einem der nächsten Tage packte meine Mutter für mich einige Sachen zusammen. Sie war der Ansicht, sie könne das viel besser als ich und sie würde auch sicherlich am besten wissen, was ich gerne mitnehmen würde. Da ich vor meiner Abfahrt keinen Streit vom Zaun brechen wollte, ließ ich sie gewähren. Ich bat sie lediglich, meinen Badeanzug nicht zu vergessen.

„Ist doch selbstverständlich. Das Wetter wird sich wohl noch einige Zeit halten und dann brauchst du ihn sicherlich. Gib aber in der Badeanstalt acht, dass nichts passiert."

„Nein Mutter. Ich bin ja auch erst *acht* Jahre alt."

„Werd nur nicht frech. Ich weiß doch, wie es abläuft, wenn du und Gitte zusammen seid."

Ich hielt daraufhin meinen Mund.

Endlich konnte ich mit den mehr als guten Ratschlägen meiner Mutter im Gepäck losfahren. Von Vater hatte ich mich schon frühmorgens verabschiedet. Auch er gab mir gute Ratschläge und Verhaltensweisen mit auf den Weg. Meine Güte. Die behandelten mich noch immer wie ein Baby. Wird langsam Zeit, dass sie begreifen, dass ich doch wirklich kein kleines Kind mehr war.

Die Fahrt in die Stadt verlief reibungslos. Ich war recht flott am Ziel. Gitte stand bereits vor der Haustür, um mich zu empfangen. Wir begrüßten uns herzlich mit den Worten: „Na altes Haus, wie geht's?"

„Gut, altes Haus und dir?" Das war unsere Begrüßung. Wir gingen ins Haus. Onkel Emil war nicht da. Er befand sich laut Gitte auf einer Baustelle. Nur Tante Christel war im Haus. Auch sie begrüßte mich freundlich. Sie wandte sich aber auch an uns beide mit den Worten, doch nicht so viel Mist in den nächsten Tagen zu machen. Tatsächlich! Sie hatte Mist gesagt.

von links: Reni, Gitte, Helga

Ich erkundigte mich nach Helga. Gitte meinte, sie sei bei ihrer Freundin. Ich wisse doch, die mit dem Loch im Bauch. Wir lachten beide und wussten, dass Hedwig, genannt Heti, gemeint war. Wir zwei beratschlagten, was wir in den nächsten Tagen machen wollten.

Plötzlich fing Gitte an zu flüstern.

Ich fragte sie, warum sie denn flüstere.

„Pssst. Komm mit nach draußen."

Meine Neugier war geweckt. „Was gibt es denn so Wichtiges, was deine Mutter nicht wissen soll oder darf?"

„Helga hat einen Freund. Ich weiß ganz genau, dass sie ihn bei Heti trifft. Und manchmal geht sie und Heti mit ihren Freunden, wenn es dunkel wird, auf den Friedhof."

„Warum denn auf den Friedhof?", fragte ich verdutzt.

„Na, da werden sie nicht vermutet."

Helga war nun mal drei Jahre älter als wir. Daher auch schon das Geschmuse mit einem Jungen. Ich fragte Gitte, ob die denn heute Abend wieder auf dem Friedhof anzutreffen seien. Gitte meinte, dass wir das auskundschaften würden. Wir hatten eine neue Herausforderung. Sehnsüchtig warteten wir, dass es endlich dunkel würde. Plötzlich hatte Gitte eine glorreiche Idee. Sie meinte, wir würden zwei Taschenlampen mitnehmen und, wenn die auf dem Friedhof seien, würden wir sie mit den Taschenlampen erschrecken.

„Wieso denn mit den Taschenlampen? Und überhaupt weißt du denn, wo sie sich auf dem Friedhof befinden?"

„Na klar. Die suchen sich immer die gleiche Stelle aus. Das habe ich schon ausgekundschaftet."

„Und warum die Taschenlampen? Wozu das? Wenn wir in der Dunkelheit die Taschenlampen anmachen, sehen sie uns doch sofort."

„Nicht damit leuchten. Ich habe das vorm Spiegel ausprobiert. Ich habe in meinem Zimmer das Licht ausgedreht, die Taschenlampe in den Mund genommen, sie angemacht und dabei hat mein ganzes Gesicht geleuchtet. Damit können wir sie erschrecken."

„Na, ich weiß nicht, ob das eine so gute Idee ist."

„Doch glaub mir. Wir spielen auf dem Friedhof die Geister."

Ich war von dieser Idee nicht so überzeugt, wollte Gitte aber den Spaß nicht verderben. Als es endlich dunkel wurde, nahmen wir jeder eine Taschenlampe und wollten das Haus verlassen. Tante Christel fragte uns, wo wir denn so spät noch in der Dunkelheit hin wollten. Wir gaben ihr zur Antwort, dass wir nur kurz die Taschenlampen draußen ausprobieren wollten. „Kommt aber dann sofort wieder herein."

„Na klar" war unsere Antwort.

Draußen war es inzwischen dunkel geworden. Da Gitte sich ja hier total gut auskannte, ging sie vor in Richtung Friedhof. Wir befanden uns auf der Rückseite vom Friedhof, also nicht am großen Eingangstor. Gitte wusste, dass hier auf der Rückseite eine kleine Pforte vorhanden war, durch die man auch auf den Friedhof gelangen konnte. Wir gingen schnurstracks darauf zu. Sie meinte, wir müssten die Pforte ganz langsam öffnen, weil es sonst quietschen würde und man unter Umständen auch auf dem Friedhof das Geräusch wahrnehmen könne. Gesagt, getan. Wir gingen durch die Pforte, Taschenlampen natürlich noch aus. Gitte führte mich durch viele Wege bis zu den großen Grüften. Diese hatten das meiste Grün und höheres Strauchwerk. Gitte flüsterte mir zu, wenn die heute Abend auf dem Friedhof seien, dann hier. Wir gingen ganz, ganz leise weiter.

Und richtig, plötzlich hörten wir Stimmen und Gelächter. Gitte und ich nickten uns zu. Wir steckten die Taschenlampenköpfe in den Mund, knipsten sie an, sprangen hinter den Sträuchern hervor und wollten gruselige Sprüche loslassen. Gitte hat sie mir vorher aufgetragen. Da ich aber mit der Taschenlampe im Mund gar keinen Ton rausbrachte, nahm ich sie aus dem Mund und rief: „Hu hier ist der Geist, der alle Männer in den Hintern beißt." Im Anschluss steckte ich die Taschenlampe wieder in den Mund. Was dann geschah, konnten wir nicht voraussehen. Wir hatten nicht damit gerechnet, dass wir den Freund von Helga nicht erschrecken konnten. Er erhob sich von der Bank, kam auf Gitte zu, gab ihr eine schallende Ohrfeige und meinte, nun sei er der Geist. Gitte konnte vor Schreck den Taschenlampenkopf gar nicht schnell genug aus dem Mund bekommen. Sie fing an zu röcheln. Sie hatte sich wohl vor Schreck an ihrer eigenen Spucke verschluckt. Ich riss sie am Arm mit fort und hörte noch im Hintergrund die vier lachen.

Als wir weit genug entfernt waren, half ich Gitte, die blöde Taschenlampe aus ihrem Mund zu befördern. Das war gar nicht so leicht. Gitte hatte sich daran total festgebissen.

Als sie endlich sprechen konnte, kam erst kein Ton aus ihr heraus.

„Tolle Idee, wirklich tolle Idee, Gitte. Du glaubst, wir haben die nun als Geister so richtig erschreckt?"

Kleinlaut meinte sie: „Ich dachte, es wäre eine gute Idee!"

„Nee, wirklich nicht. Deine Idee war eine Scheißidee."

Wortlos trotteten wir wieder zum Haus zurück.

An diesem Abend wurde mir klar, dass unsere Kinderstreiche und Kinderideen inzwischen an Zugkraft verloren hatten. Wir kamen in die sogenannten Flegeljahre.

Über die Autorin

Die Autorin Renate Barth mit Guido Maria Kretschmer in der Sendung „Shopping Queen“

Renate Barth wurde 1938 im Ruhrgebiet geboren. Nach Abschluss des Abiturs begann sie ein Jurastudium, brach dieses jedoch aus familiären Gründen ab und machte eine Lehre in einer Anwaltskanzlei.
2019 wurde Renate Barth als älteste Kandidatin in der Showgeschichte bei der gleichnamigen Sendung zur „Shopping Queen“ gekürt.
Renate Barth lebt heute im Großraum Münster.